Bodo Ramelow (Hrsg.)
Made in Thüringen?
Nazi-Terror und Verfassungsschutz-Skandal

Bodo Ramelow (Hrsg.)

Made in Thüringen?

Nazi-Terror und Verfassungsschutz-Skandal

VSA: Verlag Hamburg

www.vsa-verlag.de

Die Veröffentlichung erfolgt mit freundlicher Unterstützung der Rosa-Luxemburg-Stiftung, Berlin.

Redaktionsschluss: 1.4.2012
Titelfoto: Fraktion DIE LINKE im Thüringer Landtag/Peter Lahn
Druck und Buchbindearbeiten: freiburger graphische betriebe
ISBN 978-3-89965-521-6

Inhalt

Vorwort

182 Todesopfer rechter und rassistischer Gewalt sind in Deutschland seit 1990 zu beklagen. Das sind die Zahlen der Amadeu-Antonio-Stiftung und der Initiative Mut gegen rechte Gewalt. Sechs der Morde geschahen in Thüringen. Doch die offizielle Statistik des Bundesinnenministeriums zählt »nur« 58 Mordopfer. Und die Thüringer Landesregierung kennt »nur« einen Toten rechter und rassistischer Gewalt im Freistaat, wie sie erst jüngst bekannt gab.

Allein diese Differenz der nackten Zahlen zeigt, wie die Verharmlosung des Neonazismus funktioniert. Die Unterscheidung zwischen der Gesinnung des Täters und des konkreten Tatmotivs ist zynisch. An der wirklichen Zahl der Toten, an der Zahl der rechten Gewalttaten und an der Verbreitung rassistischer Einstellungen in der Gesellschaft ändern solche Zahlendrehereien nichts.

Während die Bundesregierung und die Sicherheitsbehörden solche Rechenspiele veranstalteten, geschahen ungeheuerliche Morde in Serie. Zehn Hinrichtungen in sieben Jahren quer durch die Republik, zwei Anschläge mit unzähligen Schwerverletzten durch Nagelbomben und 14 bewaffnete Banküberfälle – das ist die blutige Spur, die der Nationalsozialistische Untergrund (NSU) zog.

Nun zeigen sich alle erschüttert. Die Bundesregierung organisierte eine Gedenkveranstaltung für die Opfer und ihre Angehörigen. Ich wundere mich, dass man über mindestens 172 Tote zuvor nicht so erschüttert war. Warum gab es für diese Menschen keine würdigen Gedenkveranstaltungen des Staates? Warum blieb es Angehörigen, Freunden, wenigen Journalisten oder antirassistischen und antifaschistischen Initiativen überlassen, ihre Trauer um die Toten und ihre Wut über die Taten öffentlich zu machen?

Doch diese Fragen sind nicht neu. Ich erinnere mich noch gut daran, wie wir 1992 vor dem Haus der Gewerkschaften in Erfurt eine riesige Platte aus Stahl, geformt als gelben Winkel aufstellten, darauf die Namen von Todesopfern rechter Gewalt. Es dauerte nur eine einzige Nacht, bis der erste Name weggekratzt war. Eine Zuschrift erklärte, dieser Mensch sei doch gar nicht aus rassistischen und rechten Motiven ermordet worden.

Die hohe Zustimmung zu rassistischen, antisemitischen und antidemokratischen Aussagen ist erschreckend; in Studien wie dem Thüringen Monitor wird das im Auftrag der Landesregierung jedes Jahr detailliert untersucht. Doch es geht nicht allein um die Einstellungen Einzelner, es geht nicht nur um organisierte Neonazi-Strukturen. Es geht in der aktuellen Debatte eben auch um staatliches Handeln. Wenn die Sicherheitsbehörden und die Geheimdienste von den Morden des NSU und den Anschlägen, den Tätern und ihren gut organisierten Netzen wirklich nichts gewusst haben, dann sind sie überflüssig. Trotz zahlreicher V-Leute in der Szene wollen die Behörden nichts gewusst haben? Die Mordserie zeigt, dass der Staat und die Zuständigen vollständig versagt haben.

Warum wurden von den Sicherheitsbehörden erkennbare Spuren nicht verfolgt? Warum wurden die Hinweise eines Bayerischen Profilers beiseite gewischt, der frühzeitig auf ein rassistisches Motiv hinwies? Warum konnte oder wollte keiner erkennen, dass Neonazis seit Langem den bewaffneten Gang in den Untergrund propagierten und vorbereiteten, um einen »Rassenkrieg« zu führen? Warum wurden Gemeinsamkeiten der Taten nicht gesehen? Allein die Tatsache, dass Fahrräder an mehreren Tatorten der Mordserie, der Banküberfälle und der Anschläge mit Nagelbomben eine Rolle spielten, hätte Hinweise auf den Zusammenhang geben können. Das wurde nicht erkannt. Einzig die Waffe, ein seltenes Modell der Marke Česká, wurde als verbindendes Element identifiziert. Sie war die Visitenkarten der Täter. Doch anstatt das rassistische und antimuslimische Motiv zu sehen, wurde das Umfeld der Opfer verdächtigt. Der unhaltbare Vorwurf, selbst in kriminelle Machenschaften verstrickt zu sein, wurde öffentlich ausgesprochen. Ermittlungen gegen Angehörige wurden durch Ressentiments gerechtfertigt, ebenso die Verdächtigungen gegen unbeteiligte Sinti und Roma.

Wenn die Sicherheitsbehörden allerdings etwas von den Taten und den Tätern wussten und nicht handelten, oder gar Unterstützung gewährten, dann erschüttert das die Grundfesten des Staates. Das wäre dann nicht allein ein Geheimdienstskandal. Das wäre eine Staatskrise. Doch dafür gibt es bisher keine Beweise.

In Thüringen herrschte lange Jahre eine politische Kontinuität. Unter mehreren Ministerpräsidenten und in der Verantwortung mehrerer Innenminister wurde die Neonaziszene systematisch verharmlost und mit Spitzellöhnen subventioniert. Der Verfassungsschutz wurde von der CDU in Wahlkämpfen gegen die PDS in Stellung gebracht und durch die unhaltbare Gleichsetzung von Links und Rechts der Blick auf die braune Gefahr verschleiert. Ein skandalöser Höhepunkt war das Verhalten der Landesregierung und der Sicherheitsbehörden nach einem Brandanschlag von Neonazis auf die Erfurter Synagoge am 20. April 2000. Die Polizei ermittelte zuerst gegen Linke und Antifaschisten, der damalige Regierungschef Bernhard Vogel (CDU) rechtfertigte das Vorgehen und warnte vor »falscher Aufgeregtheit«. Ein klares Signal gegen Rechts gab es von seiner Regierung nicht. Zu einer Menschenkette schickte sie keinen Vertreter. Begründung: Zu den Organisatoren gehöre auch die PDS. Zwei Neonazis gestanden die Tat.

Doch mittlerweile hat sich etwas verändert. Nach dem Auffliegen der Morde des NSU gibt es Ermittlungen gegen die Täter und ihre Unterstützer, es gibt Hausdurchsuchungen bei Neonazis und Verhaftungen. Auch im Thüringer Landtag und bei den Zuständigen hier zeigte sich der Wille, die Strategie der Verharmlosung und des Wegschauens zu beenden. Zu einer Mahnwache am 23. November 2011 für die Opfer der Mordserie vor der Erfurter Staatskanzlei kamen für die Landesregierung mehrere Minister von CDU und SPD. Vertreterinnen und Vertreter aller Parteien im Landtag, von Gewerkschaften, Flüchtlings- und Antifa-Initiativen, der Religionsgemeinschaften und der Landesregierung sprachen auf einer Bühne. Doch der Wille zur Aufklärung muss tragen. Er darf nicht nur leere Worthülse bleiben, sondern muss politische und juristische Konsequenzen haben.

DIE LINKE hat dazu konkrete Vorschläge unterbreitet. Antifaschismus muss Staatsziel werden. Daher fordern wir die Verankerung einer antifaschistischen Klausel in den Verfassungen der Länder als Leitplanken für die Politik. In Thüringen wollen wir die Einführung eines staatlich finanzierten Landesprogramms gegen Rechts, das seinen Namen auch verdient und das demokratische und antifaschistische Initiativen mit einbezieht. Außerdem wollen wir, dass der demokratisch nicht zu kontrollierende Inlandsgeheimdienst abgeschafft und in ein transparentes, präventiv wirkendes Informations- und Dokumentationszentrum für Demokratie gegen Rechtsextremismus umgewandelt wird.

Dieses Buch erscheint am 8. Mai, dem Tag der Befreiung. Wir wollen damit auf das Entstehen des braunen Terrors, dessen Unterstützer aus dem Thüringer Heimatschutz, den Neonazi-Kameradschaften, der NPD oder dem internationalem Neonazi-Netzwerk Blood & Honour sowie auf das jahrelange Wegschauen von Verantwortlichen in Politik und Sicherheitsbehörden und den Rassismus aufmerksam machen, der zu mindestens 182 Toten seit 1989 führte. Wir wollen das dubiose Handeln der Geheimdienste ins Licht der Öffentlichkeit zerren und die bisherigen Bemühungen um die parlamentarische Aufklärung resümieren. Wir wollen zeigen, dass eine andere Politik möglich ist. Eine Politik, die Demokratie und Menschenrechte in den Mittelpunkt stellt. Wir wollen politisches Handeln anmahnen und an die Opfer erinnern.

Bodo Ramelow, Vorsitzender der Fraktion DIE LINKE im Thüringer Landtag

Wolfgang Nossen

Rede zum Shoah-Gedenktag[1]

In seinem Buch »Jugend zwischen Hass und Hoffnung« schreibt der Historiker Friedrich Heer: »...die Jugend wird sich eine gute Zukunft nur erkämpfen, wenn sie dies wagen wird: Die Last der Väter, der Generationen, die hinter uns und unter uns in der Erde liegen, aber ihr Wesen und Unwesen in uns weitertreiben, auf sich zu nehmen.« Und er fährt fort: Es sei eine »...Illusion vieler Menschen heute: Ohne Vergangenheit leben zu können. Unser aller Vergangenheit kann täglich aufbrennen und auf uns als furchtbare Zukunft zukommen...«.

Diese Worte gehen mir durch den Kopf, wenn ich den heutigen Tag des Gedenkens in Verbindung bringe mit den mörderischen Untaten der so genannten Zwickauer Zelle. Inzwischen läuft dieses Thema in unserer schnelllebigen Welt bereits Gefahr, von anderen Themen überlagert und abgelöst zu werden. Die Bilder der Erinnerung verblassen ohnehin. Das gilt leider auch für die noch immer beispielloseste zivilisatorische Katastrophe der Menschheit – die Shoah.

Die überlebenden Zeitzeugen verschwinden. Was bleibt, sind Dokumente, die immer weniger Menschen sehen wollen, weil sie schwer zu ertragen sind. In unserer Medienwelt verliert die Macht der Bilder – und damit auch die Macht der bildhaften Erinnerung – an Präsenz, aber mitunter erscheinen sie wieder, die Dämonen der Geschichte, und es folgt ein tiefes Erschrecken.

Was mich immer wieder beschäftigt, wenn es an einem solchen Tag gilt, eine öffentliche Rede zu halten, dann ist das die zunehmende Gefahr der Ritualisierung von Gedenkveranstaltungen. Nicht zuletzt deshalb spreche ich oft über die Gleichgültigkeit, die entsteht, wenn moralisierende Mahnung abstrakt wird und hinter Floskeln und Zahlen Menschenschicksale verschwinden. So verweise ich stets auf die Schick-

[1] Rede von Wolfgang Nossen, Vorsitzender der Jüdischen Landesgemeinde Thüringen, am 27. Januar 2012, bei der Gedenkveranstaltung des Bündnisses gegen Rechtsextremismus in Eisenach an die Opfer des Nationalsozialismus.

sale derer, von denen nur Stolpersteine oder nicht einmal dies geblieben sind.

So sehr wie wir uns wünschen, dass die Vergangenheit nicht wie ein Alp auf die Geschicke der Lebenden drückt und mehr lähmt als beflügelt, ist es doch immer wieder die Erkenntnis, dass es ohne Erinnerung keine befreiende Zukunft geben kann. In der jüdischen Tradition besteht das absolute Gebot, sich zu erinnern. Erinnerung kann jedoch nicht in einem Vakuum stattfinden, sie ist verbunden mit dem moralischen Imperativ, dass Erinnerung zum Handeln führen muss. So gehört zum Gedenken an die Shoah stets die unermüdliche Anstrengung, menschliches Leben zu schützen.

Erinnerung ist für uns Juden das Geheimnis der Erlösung. So sagt es jedenfalls der Talmud. Und ich glaube, dass dies eine tiefe Wahrheit ist. Diejenigen, die da meinen, dass die Demokratie auch ihre Feinde aushalten müsse, selbst wenn diese die elementaren Grundwerte unserer Verfassung bekämpfen, hängen der gleichen Illusionen nach wie jene, die einst glaubten, dass die Nazis von selbst abwirtschaften würden. Vergesslichkeit ist eben nicht nur ein biologisches Phänomen.

Antisemitismus und alle anderen Formen des Rassismus stellen für uns alle eine unterschwellige Bedrohung dar, denn sie bergen in sich die Tendenz zum Völkermord. In der heutigen Zeit richtete sich der »neue Antisemitismus« sowohl gegen Juden, als auch gegen das Existenzrecht des jüdischen Staates. Gleichzeitig erleben wir aber auch eine Entsolidarisierung gegenüber allen muslimischen Bürgern in unserem Lande, auch gegenüber jenen, die längst ein Teil der Gesellschaft in Deutschland sind, Menschen also, die hier rechtschaffen leben und arbeiten.

Indem durch Rechtsextremisten Fremdenfeindlichkeit geschürt und Überfremdungsängste angeheizt werden, wird das öffentliche Klima vergiftet. Die Feindbilder der »Neuen Rechten« sind Liberalismus, Pluralismus und Individualismus. Damit wendet sich die »Neue Rechte« gegen die Ideen der Aufklärung. Die Ausgrenzung und Stigmatisierung sozialer Minderheiten wegen deren religiöser Gesinnung, ethnischer Herkunft oder kultureller Besonderheit schadet dem friedlichen Zusammenleben und führt letztlich zu aggressiven Differenzaffekten. Mit ihrem Konzept zur Schaffung ethnisch homogener Zonen versucht die »Neue Rechte«, den »Kampf um Europas Zukunft« zu dominieren. Wer aber die Chancen der europäischen Einheit zurückschrauben möchte, der nimmt in Kauf, dass Europa wieder in nationalstaatliche Rivalitäten zurückfällt, die zu eben jenem zivilisatorischen Desaster der Menschheit geführt haben, woran wir am heutigen Tag erinnern.

Diese äußerst problematischen Entwicklungen dürften den Entscheidungsträgern in unseren Sicherheitsbehörden eigentlich nicht entgangen sein. Auch dürfte ihnen die offensichtliche Radikalisierung rechtsextremer Gruppen ebenfalls keine Neuigkeit sein. Wie ist es ungeachtet dessen also möglich, dass Rechtsterroristen eines Nationalsozialistischen Untergrunds über einen so langen Zeitraum zehn Menschen ermorden, aber keine unserer Sicherheitsbehörden auf den Gedanken kommt, dass dies Ausdruck einer Entwicklung ist, auf die wachsame Bürgerinitiativen schon längst aufmerksam gemacht haben?

Und auch Meinungsforschungsinstitute haben darauf aufmerksam gemacht, deren Untersuchungen den Anteil vorhandener rassistischer und ausländerfeindlicher Ressentiments in der deutschen Gesellschaft bezeugen. Auch das dreiste, selbstbewusste Auftreten dieser Gruppierungen in der Öffentlichkeit ist uns hinlänglich bekannt.

Ich frage mich darüber hinaus, warum es so lange dauert, die Verwicklung des Verfassungsschutzes, der Polizei und des Bundesnachrichtendienstes in offenkundige Ermittlungsfehler aufzuklären. Der Eindruck lässt sich nicht vermeiden, dass es Kräfte gibt, die ein Interesse daran haben, von der zunehmenden Radikalisierung des Rechtsextremismus abzulenken. Und genau das meine ich, wenn ich am heutigen Tag einmal mehr dran erinnern muss, dass die braune Gesinnung oft bei denen auf fruchtbaren Nährboden fällt, die glauben, gegenüber der Geschichtserfahrung immun zu sein.

Lassen wir uns nicht ablenken, schauen wir genau hin, wenn mit Begriffen wie »Döner-Morde« schwerwiegende Vorgänge verharmlost und verschleiert werden, damit bloß nicht auffällt, wie nachhaltig und wie präsent die rechtsextreme Denkweise inzwischen in öffentliche Medien eindringt. Mit solchen Begrifflichkeiten werden die Opfer selbst zu Tätern gemacht, indem man sie mit einem kriminellen Milieu in Verbindung gebracht hat. Der Döner assoziiert etwas orientalisch Fremdes, nicht zu uns Gehörendes, also ein Denkmuster, das der Geisteswelt der Mörder entgegenkommt. »Döner-Morde« – Unwort dieses Jahres, über dessen Entstehung und Verbreitung wir nachdenken sollten. Und Übrigens: Warum eigentlich spricht man »nur« von neun Opfern dieser Mörderbande? Der Rechtsextremismus in Deutschland hat ja bekanntlich mindestens 160 Menschen auf dem Gewissen.

Einmal mehr drängt sich die Frage auf, ob die mangelnde Konsequenz im politischen Kampf gegen den Rechtsextremismus mit der Tatsache zu tun hat, dass dieser schon längst aus der Mitte der Gesellschaft kommt und klammheimliche Sympathieträger auch dort findet, wo man sie nicht vermuten sollte. Der Rechtsextremismus beginnt langsam, die Alltagskultur zu durchdringen und bedroht zunehmend und schleichend unsere Zivilgesellschaft. Und wer diejenigen mit Vorliebe ins Visier nimmt, die sich besonders konsequent gegen den Rechtsextremismus engagieren, und gleichzeitig öffentliche Mittel so einsetzt, dass diese über V -Leute letztlich der rechtsextremen Szene zufließen, muss sich fragen lassen, in wessen Interesse er handelt.

Wir fühlen uns an diesem Tag mit den Opfern des rechtsextremen Terrors besonders verbunden. Lassen Sie mich deshalb zum Schluss den bekennenden Humanisten Leo Baeck zitieren: »Es gibt jetzt nichts mehr, was nur den einzelnen anginge und träfe: kein Unrecht, das gegen ihn bloß geübt würde und keine Not, die er ganz für sich zu tragen hätte. Jeder Frevel gegen einen ist ein Verbrechen gegen alle Menschen, und jedes Bedürfen des einzelnen an alle eine Forderung.«

Romani Rose

Vertrauen in den Rechtsstaat wiederherstellen

Unmittelbar nach der brutalen Mordtat an der Polizistin Michèle Kiesewetter sowie dem Mordversuch an ihrem Kollegen im Jahre 2007 in Heilbronn wurden Sinti und Roma im Zuge der Fahndung durch die ermittelnde Staatsanwaltschaft und Polizei ebenso wie bei den Morden an den Bürgern mit türkischem und griechischem Hintergrund pauschal als Täter verdächtigt und damit in unverantwortlicher Weise stigmatisiert, ohne dass es bis heute eine Erklärung des Bedauerns gab. Anlass war, wie sich herausstellte, eine falsche DNA-Spur der so genannten Phantom-Frau, die in Deutschland, Frankreich und Österreich identifiziert worden war. Das Klischee von der angeblich »umherziehenden Minderheit« und die althergebrachten Stereotype über »Zigeuner« veranlassten die Behörden, die Minderheit pauschal und landesweit in diesem schweren Kriminalfall unter Verdacht zu stellen. Die Behörden sprachen bundesweit in Presse und Fernsehen von »Ermittlungen im Zigeuner-Milieu« und der angeblich »heißesten Spur«, bei verdächtigen »Sinti-Clans« und Mitgliedern von »mobilen sozialen Gruppen« wie Sinti und Roma, die »doch schwer zu fassen sind« – wie es hieß. Sinti und Roma wurden ohne Rechtsgrund verstärkt polizeilichen Kontrollen unterworfen. Von Seiten des zuständigen Justizministeriums wurde die Vorgehensweise der Staatsanwaltschaft gerechtfertigt. Die Situation löste bei der Minderheit große Besorgnis aus.

Der pauschalen und ohnehin eines Rechtstaats nicht würdigen Verdächtigung von Sinti und Roma stand oftmals eine Verharmlosung der an Sinti und Roma begangenen Verbrechen gegenüber. Nach einem Brandanschlag auf eine Sinti-Familie im sächsischen Klingenhain am ersten Weihnachtsfeiertag 2009 forderte der Zentralrat Deutscher Sinti und Roma Sachsens Innenminister Markus Ulbig dazu auf, die Behörden mit weitergehenden Ermittlungen zu beauftragen, um die mutmaßlich aus dem rechtsextremistischen Milieu stammenden Täter dingfest zu machen und zur Verantwortung zu ziehen. Bei dem Anschlag war das Haus der Familie mit Kindern, die sich zu dem Zeitpunkt nicht dort befand, völlig niedergebrannt. Die Familie hat inzwischen aufgrund vielfältiger Anfeindungen den Ort verlassen. Alle bekannten Umstände sprachen schon damals dafür, dass rassistische Motive zugrunde lagen und die Täter aus der rechtsextremistischen Szene stammen. Die Familie war in dem Ort schon vor der Tat Opfer rassistischer Beschimpfungen und Feindseligkeiten geworden, die zu polizeilichen Ermittlungsverfahren geführt hatten. Das Ermittlungsverfahren wegen des Brandanschlags wurde inzwischen ohne Ergebnis eingestellt. Die Tatsache, dass die Familie de facto erfolgreich mit Gewalt aus dem Ort vertrieben wurde, gibt ebenso Anlass zur größten Besorgnis. Sowohl den staatlichen Institutionen als auch der Gesellschaft muss mit Nachdruck deutlich gemacht werden, wie verachtenswert solche Übergriffe gegenüber einer Minderheit sind, deren Angehörige Opfer des NS-Völkermords waren.

In den letzten Jahren verstärkt sich in Deutschland eine Tendenz, neben der Leugnung des Holocaust an 500.000 Sinti und Roma und sechs Millionen Juden unter dem Deckmantel der Meinungs- und Pressefreiheit Angehörige von Minderheiten pauschal zu kriminalisieren und zu diffamieren. Nicht selten wird aus der »Mitte der Gesellschaft« Stimmung gegen solche Bevölkerungsgruppen gemacht und damit das Feld bereitet, auf dem sich Rechtsextremisten und Rassisten in ihrem unmenschlichen Handeln bestätigt sehen, ja sogar motiviert fühlen, ihre Hassideologie in die Tat umzusetzen. Inakzeptabel ist das Urteil des Bundesverfassungsgerichts vom 9. November 2011, das einen rechtsextremistischen Täter straflos ließ, der Parolen in einer Gaststätte verbreitete, die den Holocaust als »Zwecklüge« und die Morde in den Gaskammern als »Geschichtslügen« bezeichnete. Damit wird ein falsches Signal gegenüber der gewaltbereiten Neonaziszene gesetzt, die sich in ihrer zynischen Vorgehensweise bestätigt fühlen kann. Die Gefährlichkeit solcher Parolen für die gesamte Gesellschaft wird damit grob verkannt.

In einer Situation in Europa, in der rassistisches Gedankengut wieder die Mitte der Gesellschaft erreicht und Juden und Sinti und Roma wieder zu »Sündenböcken« für Krisensituationen gemacht werden, dürfen Holocaustleugner nicht hoffähig gemacht werden. Das Bundesverfassungsgericht macht mit diesem Urteil die Leugnung des Holocaust gleichsam diskursfähig und damit für die Gesellschaft akzeptabel. Es ignoriert in unverantwortlicher Weise, dass Neonaziforen im Internet heute wieder unter Bezugnahme auf den Holocaust Sinti und Roma sowie Juden bedrohen – Zitate: »Sonderbehandlung und dann ist Ruhe« aus »Forum Großdeutsches Vaterland« oder aus einem rechtextremistischen Drohbrief an den Zentralrat Deutscher Sinti und Roma: »Man hätte euch und die Juden alle umbringen sollen, als man die Gelegenheit dazu hatte«. Hier wird der Zynismus der Parolen zur Holocaustleugnung deutlich, der mit Meinungsfreiheit nichts zu tun hat, sondern der ausschließlich das Ziel hat, Hass und Gewalt zu säen. Die Tatsache, dass die Holocaustleugner mit ihren Parolen den Holocaust gleichzeitig bestätigen, ist Teil dieser perfiden Propaganda der Rechtsextremisten.

Als gesellschaftspolitische Reaktion auf die wachsende rechtsextremistische Gewalt verlangt der Zentralrat Deutscher Sinti und Roma von der Bundesregierung eine neue Gesetzesinitiative, um Angriffe auf Menschen anderer Hautfarbe und auf Angehörige von Minderheiten wirksam zu verhindern. Der Zentralrat fordert seit vielen Jahren, dass im Strafgesetzbuch die »rassistisch motivierte Gewalttätigkeit durch einzelne und Gruppen« ausdrücklich unter Strafe gestellt werden soll. Der Gesetzgeber ist aufgrund seiner Verantwortung aus der Geschichte gefordert, auch in den Gesetzestexten deutlich zu machen, dass unsere demokratische Ordnung solche rassistischen Gewalttaten besonders ächtet und besonders verfolgt. Die Europäische Union und der Europarat fordern das ebenfalls seit Jahren von Deutschland.

Der Zentralrat fordert von der Bundesregierung überdies die Einrichtung eines regelmäßig – mindestens einmal im Jahr – tagenden Antirassismus-Gipfels als politische Konsequenz aus der rechtsextremistischen Mordserie. Daran sollten neben Vertretern aus Politik, Medien, Arbeitgeberverbänden und Gewerkschaften vor allem die Spitzenverbände betroffener Gemeinschaften und Minderheiten sowie die wichtigsten zivilgesellschaftlichen Organisationen mit Bezug zu der Thematik teilnehmen. Zuarbeiten sollte diesem jährlichen Spitzentreffen gegen Rassismus ein zu bildender »Expertenkreis Antiziganismus«, der analog zum »Expertenkreis Antisemitismus« den bestehenden Rassismus gegenüber Sinti und Roma in Deutschland kontinuierlich untersucht und Empfehlungen für Programme zur Bekämpfung von Rassismus und Antiziganismus entwickelt. Dabei soll ausdrücklich die rassistische Dimension der

Vorurteile gegen Juden, Migranten wie gegenüber Sinti und Roma einbezogen werden.

Die nach Ende des Zweiten Weltkriegs über viele Jahrzehnte in der Bundesrepublik Deutschland bestehenden personellen Kontinuitäten aufgrund niemals belangter NS-Täter haben dazu geführt, das rassistische Weltbild der Nationalsozialisten, dass sich dezidiert gegen Sinti und Roma und Juden richtet, zu erhalten und eine breite gesellschaftliche Ächtung nationalsozialistischen Gedankenguts zu verhindern. Auch diese unmittelbaren Folgen des Nationalsozialismus dürfen in dem nun stattfindenden gesellschaftlichen Diskurs nicht vernachlässigt werden. Gerade am Umgang mit Minderheiten wie den Sinti und Roma zeigt sich die Stabilität einer demokratischen Wertegemeinschaft und deren historische Verantwortung, alles für deren Schutz vor rechtsextremistischen Gefahren zu unternehmen.

Aiman A. Mazyek

Das Problem sitzt tiefer: Islamfeindlichkeit und Ignoranz

Da begehen terroristische Neonazis scheinbar unbemerkt über ein Jahrzehnt hinweg in Deutschland ungezählte Anschläge und Morde. Anschließend gelangen beinahe täglich weitere Schreckensmeldungen über mutmaßliche Verwicklungen der Sicherheitsbehörden ans Tageslicht. Gleichzeitig erleben die Opfer heute, Jahre danach, die Attentate und den Verlust ihrer Angehörigen im Grunde noch ein weiteres Mal. Denn durch fehlende gesellschaftliche Aufarbeitung der Anschläge sowie polizeiliche Ermittlungen, die nicht nur in die falsche Richtung liefen, sondern zum Teil auch die Opfer zu Tätern stilisierten, werden alte Wunden wieder aufgerissen und Schmerzen letztlich verstärkt. Dadurch ist ein erheblicher Vertrauensschaden in Staat und Gesellschaft entstanden, der nur durch eine ernsthafte Hinterfragung der gesamten Sicherheitsarchitektur und schonungslose Fehleranalyse ohne Rücksicht auf Ansehen von politischen Verantwortlichkeiten zurückgewonnen werden kann.

Es steht außer Zweifel, dass zehn politisch motivierte Morde – dabei sind die mutmaßlich vom Nationalsozialistischen Untergrund (NSU) begangenen Anschläge in Köln und Saarbrücken noch nicht mitgezählt – in ihrer Qualität und ihrem Ausmaß bisher für Deutschland unvorstellbar waren. Feige Morde, bei denen Türken und Muslime aufgrund ihrer Herkunft und Religion zum Opfer geworden sind. Aber wird dies in unserem Land eigentlich so diskutiert? Leider bisher kaum. Doch erst wenn Deutschland bereit ist, diesen schmerzlichen Aufklärungsprozess zu durchgehen, wird es eine Chance geben, dass sich solche Verbrechen nicht mehr wiederholen.

Rassismus ist nicht nur ein Randproblem oder nur in der Gewalt der Neonazis verortet, wie das leider oft verharmlosend von Teilen der Berichterstattung wahrgenommen wird. Dies führt nur zur Entlastung, ist aber falsch und verschließt die Augen vor dem Alltagsrassismus und strukturellem Rassismus in der Mitte unserer Gesellschaft. Denn längst sind Rassismus, Antisemitismus und Islamfeindlichkeit in die Mitte der Gesellschaft eingedrungen. Dass die Gefahr von Rechts systematisch unterschätzt und manchmal verharmlost wird, zeigt auch das Beispiel des islamfeindlichen Mordes an Marwa El-Sherbini. 2009 war eine 32-jährige Ägypterin in einem Dresdener Gerichtssaal aus rassistischen und islamfeindlichen Motiven von einem Russlanddeutschen ermordet worden. Es gab einen kurzen Aufschrei, weitere nachhaltige Reaktionen – Fehlanzeige.

Mehr als 148 Menschen sind in den letzten Jahren durch rassistische und rechtsextreme Gewalt ums Leben gekommen. Die Morde und Anschläge durch neonazistische Terrorgruppen und die anfänglich völlig fehlgeleitete Ermittlung haben zu Tage gebracht, dass auch und gerade der antimuslimische Rassismus in den letzten Jahren stark zugenommen hat.

Allein 2011 gab es mindestens 20 Anschläge auf Moscheen, außerdem auf muslimische Gemeinde- und Wohnhäuser von Migranten. Die Vorfälle reichten von Farbschmierereien über Sachbeschädigungen bis zu Körperverletzungen und Morden. Die Serie der Gewalt gegen Migranten nahm ihren Anfang mit den schlimmen Brandanschlägen in Mölln und Solingen Anfang der 1990er Jahre und ist seither nie wirklich zum Stillstand gekommen.

Zu wenige von uns haben in der Vergangenheit hierzulande hingeschaut, zu wenige haben verstanden und empfunden, dass die rassistischen Übergriffe auf andersgläubige Menschen, Moschee- und Synagogen-Attentate, Anschläge auf türkische Wohn- und Geschäftsstraßen nur die Spitze eines Eisberges sind. Ein Eisberg, der überdies in den letzten Jahren an Größe zunahm – und mit ihm das fehlende Bewusstsein, dies gehe »mich ja nichts an« oder dies »sei ja alles nicht so schlimm«. Albert Einstein hat einmal gesagt: »Die Welt ist viel zu gefährlich, um darin zu leben – nicht wegen der Menschen, die Böses tun, sondern wegen der Menschen, die daneben stehen und sie gewähren lassen.«

All die Anschläge sind im Grunde genommen Anschläge auf unsere gesamte Gesellschaft. Ja, sie stellen eine große Gefahr für unsere gesamte Demokratie dar, wie dies gleichermaßen die Bundeskanzlerin und der Bundespräsident zu Recht angemahnt haben. Wir fragen uns aber heute umso mehr, wer dafür die politische Verantwortung und die damit verbundene Konsequenz des Rücktrittes in unserem Lande übernimmt? Die Frage danach darf nicht länger tabuisiert werden.

Durch den Populismus in Teilen der Medien und Politik werden, wie im Frühjahr 2012 bei der Diskussion um die Studie »Lebenswelten junger Muslime in Deutschland« des Bundesministeriums des Innern deutlich zu sehen war, vorhandene Stereotype und Vorurteile gegenüber Muslimen noch weiter geschürt, was letztlich wiederum den Rassismus stärkt. Und während unser Innenminister Hans-Peter Friedrich sich vor muslimischen Jugendlichen fürchtet, heben zum selben Zeitpunkt seine Ermittler illegale Waffenarsenale von Rechten bei einer Razzia in Bayern und Rheinland-Pfalz aus und nehmen fünf Männer und eine Frau fest, von denen einige Verbindungen zu Rechtsextremisten haben.

Wenn wir etwas schon jetzt gelernt haben, dann das: Man darf sich in Zukunft nicht allein auf den so genannten Islamismus fokussieren, sondern muss in jedem Fall die Themen Islamfeindlichkeit und Rechtsterrorismus in die bereits bestehende Sicherheitspartnerschaft mit einbeziehen. Das eine darf auch nicht gegen das andere ausgespielt werden. Wir brauchen in allen Bereichen der Extremismus- und Terrorbekämpfung die gleiche Akribie in Ermittlung und Prävention. Dabei müssten die so genannten nicht-aufgeklärten Fälle – also Anschläge auf Moscheen oder türkische Wohnhäuser – neu aufgerollt werden.

Zudem ist der Terror des NSU ein klassischer Fall der so genannten home grown terrorists – und zwar über Jahre hinweg. Immer wieder wurde der Rechtsterrorismus in Deutschland chronisch unterschätzt und nach dem 11. September 2001 der religiöse Extremismus unter Muslimen überschätzt. Dies zeigt sich besonders darin, dass die bestehenden Antiterrorgesetze bei der NSU nicht gegriffen haben. Sicherheits-, Anti-Terror- und Überwachungsgesetze sind in den vergangenen Jahren permanent verschärft worden, ohne dass die Zwickauer Täter erfasst worden sind. Angeblich seien die Antiterrorgesetze doch nie gezielt gegen Muslime, sondern mit Blick auf Bandenkriminalität und Terror jeglicher Art erlassen worden.

Nach all dem haben wir die Sicherheitsbehörden gebeten, für den Schutz muslimischer Einrichtungen und deren Repräsentanten Vorkehrungen zu treffen. Wir warten bis heute auf eine Neubewertung der Gefahreneinschätzung. Wir haben Angst um unsere Familien, Repräsentanten und Einrichtungen. Unsere Moscheen haben des Weiteren großen Beratungs- und Informationsbedarf angesichts der vielen ungeklärten und weiterhin stattfindenden Anschläge. Viele von uns sind in Angst, dass wieder etwas passieren kann. Die Gemeinden wollen konkret von der Polizei wissen, wie sie sich besser schützen können und wie die Sicherheitsbehörden dies in Zukunft machen wollen. Aber mit polizeilichen Mitteln alleine werden wir den Herausforderungen kaum begegnen, geschweige diese meistern können.

Wir brauchen jetzt die Stimmen aller Menschen guten Willens, Bürgerinnen und Bürger mit humanistischer Gestaltungskraft. Aber auch die Stimmen der Kirchen, der Christinnen und Christen sind jetzt gefragt, die die Stimme der Solidarität, des Füreinander-Einstehens, des Mitgefühls für den Fremden, für den Nachbarn und für seine Mitbürgerin deutlich erheben. Unsere Gesellschaft braucht solche Visionen, die dann zur gestalterischen Kraft gedeihen und die schließlich unserem Land zum Besseren, zum Wohle verhelfen.

Denn fehlendes Verantwortungs- und Mitgefühl, ein sich immer stärker ausbreitender Egoismus, der zunehmend Werte wie Nächstenliebe, Hilfsbereitschaft und Empathie für den Schwächeren verdrängt, zerstört unsere Gesellschaft von innen heraus.

Die Politik und Medien müssen durch deutliche Signale verstehbar machen und erklären, dass sich der Einsatz für den Andersdenkenden und Andersaussehenden nicht nur lohnt, sondern letztlich Grundlage eines friedlichen und kooperativen Zusammenlebens in einer Demokratie ist. Nur so können wir in wirtschaftlich turbulenten Zeiten unsere Werte und Ethik verteidigen und nur so uns dem Prozess der Endsolidarisierung unserer Gesellschaft beherzt entgegenstellen. Wir Muslime wünschen uns das jedenfalls und wir wollen als Bürger unseren Teil dazu beitragen. Daran muss in Zukunft gemeinsam gearbeitet werden.

Ottomar Rothmann

Zum Gedenken an die Opfer des Nationalsozialismus[1]

Sehr geehrte Frau Landtagspräsidentin, sehr geehrte Frau Ministerpräsidentin, sehr geehrte Landtagsabgeordnete, sehr geehrte Gäste und liebe Kameraden,

seit 1996 wird in der Bundesrepublik Deutschland der 27. Januar als Tag des Gedenkens an die Opfer des Nationalsozialismus begangen. Anlässlich dieses nationalen Gedenktages, den Bundespräsident Roman Herzog durch Proklamation Anfang 1996 einführte, wird an die Millionen von Menschen erinnert, die unter der nationalsozialistischen Gewaltherrschaft verfolgt und ermordet wurden.

Das Datum an sich erinnert an die Befreiung der Überlebenden des nationalsozialistischen Vernichtungslagers Auschwitz-Birkenau am 27. Januar 1945. Auschwitz steht symbolhaft für millionenfachen Mord, vor allem an Juden, aber auch an anderen Gruppen der Bevölkerung. Es steht für Brutalität und Unmenschlichkeit, für Verfolgung und Unterdrückung sowie für die Perfektion der organisierten Vernichtung von Menschen.

Wir gedenken der Millionen Opfer des faschistischen Rassenwahns und der Millionen anderen Opfer aus dem In- und Ausland. Für sie sind solche Orte wie Auschwitz, Majdanek, Sachsenhausen, Buchenwald, Ravensbrück und andere wie keine anderen Orte in der Geschichte der Menschheit Orte für Menschenverachtung und Massenmord geworden. In diesem Zusammenhang erinnere ich an den Judenpogrom von 1938 und an die verbrecherischen medizinischen Versuche an den Häftlingen im Auftrag solcher Betriebe wie der IG Farbenindustrie. Es fällt mir schwer auszusprechen, was nicht wenige Frauen in Ravens-

[1] Rede des ehemaligen Häftlings des Konzentrationslagers Buchenwald am 27. Januar 2012 auf der Gedenkveranstaltung des Thüringer Landtages und der Thüringer Landesregierung.

brück erleiden mussten. Nach künstlicher Schwangerschaft wurde die Leibesfrucht bei vollem Bewusstsein per Kaiserschnitt entnommen. In anderen Lagern, so in Buchenwald, wurden Fleckfieber- und Virusexperimente durchgeführt, die fast ohne Ausnahme zum Tode führten. Auch Versuche mit Gelbfieber, Pocken, Typhus, Cholera und Diphtherie standen auf der Tagesordnung.

Unsere Aufgabe besteht darin, aus der Erinnerung an diese Verbrechen immer wieder lebendige Zukunft werden zu lassen. Es geht nicht darum, unser Entsetzen zu konservieren, sondern darum, Lehren zu ziehen, die auch künftigen Generationen Orientierung sind. Wir wissen, viele haben sich schuldig gemacht, aber die entscheidende Aufgabe ist es heute, eine Wiederholung, wo und in welcher Form auch immer, zu verhindern. Dazu gehört beides, die Kenntnis der Folgen von Rassismus und Fremdenfeindlichkeit und die Kenntnis der Anfänge, die oft im Kleinen, ja sogar im Banalen liegen können. In dieser Weise habe ich es im November 1938 erlebt – zerstörte und ausgeplünderte Geschäfte jüdischer Bürger meiner Heimatstadt Magdeburg, die Synagoge brannte und jüdische Bürger waren bereits in der Nacht aus ihren Wohnungen gezerrt und abtransportiert worden. Dieses antisemitische Pogrom nannten die Nazis zynisch Kristallnacht.

Damals habe ich mit meinen 17 Jahren noch nicht ahnen können, dass diese verbrecherische Aktion die Einleitung zum Massenmord an jüdischen Menschen darstellte. Die so genannte Endlösung der Judenfrage forderte über sechs Millionen Opfer. In diesem Zusammenhang möchte ich sagen: Vor allem kommt es darauf an, den jungen Menschen den Blick dafür zu schärfen, woran man Rassismus in den Anfängen erkennt, denn im Kampf gegen dieses Grundübel des 20. Jahrhunderts kommt es vor allem anderen auf rechtzeitige Gegenwehr an. Die Erfahrung der Nazizeit verlangt von uns und allen künftigen Generationen, nicht erst aktiv zu werden, wenn sich die Schlinge schon um den eigenen Hals legt. Nicht abwarten, ob die Katastrophe vielleicht ausbleibt, sondern verhindern, dass sie überhaupt die Chance bekommt einzutreten. Erkenntnisse, die ich über Gestapo, Justiz und Buchenwald sammeln konnte, nutze ich im Besonderen zur Erfüllung dieser Aufgabe.

Auschwitz wurde am 27. Januar 1945 befreit. Nach dieser Zeit wurden die Verbrechen der Nazis in anderen Lagern, so auch in Buchenwald, fortgesetzt – das Konzentrationslager auf dem Ettersberg bei Weimar, eine Stätte der Barbarei und Menschenvernichtung mit dem harmlosen Namen Buchenwald. Es kamen Junge und Alte, Kinder ab sechs Jahre und Greise bis 80 Jahre nach Buchenwald. Vielen, sehr vielen stand im Gesicht geschrieben, dass sie das Lager nicht mehr lebend verlassen werden. Sie werden nicht mehr die Mutter, den Vater, die Geschwister, die Frau, die Kinder umarmen können. Zu diesen Unglücklichen zählten über 60.000 Kameraden. Dazu zählten auch Kameraden, die im Januar 1945 zu Tausenden aus Auschwitz, Gross-Rosen und Monowitz nach Buchenwald getrieben wurden. Die ankommenden Kameraden befanden sich in einem unbeschreiblichen Zustand. Sie waren mit denkbar schlechtester Fußbekleidung über 100 Kilometer marschiert, dann in offene Güterwagen verladen worden und drei Wochen in Schnee und Eis ohne Verpflegung unterwegs. Hunderte von Kollapsfällen, Hunderte erfroren, verhungerten; der Abtransport vom Bahnhof Buchenwald ins Lager dauerte die ganze Nacht.

Es ist kaum in Worte zu fassen, was die Ankunft dieser Kameraden für das gesamte Lager bedeutete. Fehlende Unterkunft, Mangel an Verpflegung führte zu Hunger, fast keine Krankenversorgung, alles in allem eine katastrophale Lage. Die internationale Solidarität hinter Stacheldraht konnte diese furchtbare Situation nur lindern. Viele haben den 11. April 1945, den Tag der Freiheit, nicht mehr erlebt. Im Refrain des Buchenwaldliedes heißt es unter anderem: »Oh Buchenwald, ich kann dich nicht vergessen, weil du mein Schicksal bist. Wer dich verließ, der kann es erst ermessen, wie wundervoll die Freiheit ist.« Ja, so ist es wirklich, Buchenwald kann man nicht vergessen, nicht die Qualen und Demütigungen, nicht die grauenvollen äußeren Umstände und Lebensbedingungen im Lager, nicht Krankheit und auch nicht den massenhaften Tod, nicht vergessen die Augen der Kinder von Buchenwald, die keine Tränen mehr hatten.

Viele unserer gefallenen, gemordeten Kameraden kämpften in der Illegalität gegen die mächtige Terrorherrschaft der Nazis. In der Finsternis, ständig vom Tode bedroht, verbreiteten sie das Licht der Wahrheit. Sie ließen sich nicht beugen in Zuchthäusern und Konzentrationslagern. Sie haben für die Befreiung des deutschen Volkes vom Hitlerfaschismus ihr Leben eingesetzt. Nichts von dem, was die Helden des antifaschistischen Widerstands geleistet haben, war umsonst. Ihr Kampf, ihr Leiden, ihre Standhaftigkeit, ihr Opfer, ihre Erfahrung, ihr Mut, das war das Wertvollste, was sie uns gegeben, was sie uns hinterlassen haben. Diese Aussage entspricht auch der Ehre und der Würde, die wir unseren gemordeten Kameraden schuldig sind. Auch sie haben ihren Beitrag zu dem weltgeschichtlichen Sieg des Jahres 1945 geleistet.

Wir hätten uns damals, 1945, nicht träumen lassen, dass es heute in Deutschland wieder rechte Kräfte gibt, die sich wagen und die es sich wagen dürfen, in unseren Städten zu demonstrieren. Die Politiker, wir alle, müssen mit aller Macht die Demokratie verteidigen und den rechten Kräften keinen Millimeter Raum lassen. Dazu gehört das Verbot der NPD. Die im Grundgesetz garantierten demokratischen Rechte dürfen kein Freibrief sein, Aufmärsche rechter Gruppen zu legalisieren und fremdenfeindliche Propaganda zu dulden. Es gibt aber nicht nur Aufmärsche rechter Gruppen, es gibt in Deutschland schon wieder politische Gewalttaten. Die Neonazis gehen nicht nur gegen Flüchtlinge vor, gegen Menschen anderer Hautfarbe, nein, sie schrecken nicht vor verbrecherischem Mord zurück. Wir konnten es vor allem in letzter Zeit hautnah erleben.

Diese Tatsache verpflichtet uns insbesondere, die Lehren aus unserer Vergangenheit zu ziehen. Dazu gehört die gemeinsame Verantwortung, den sich in der Gegenwart mehrenden Ausschreitungen aktiv entgegenzutreten. Für uns alle muss die Devise gelten, ob Sozialdemokraten, Linke, Liberale, ob Christen oder Freimaurer, Juden oder Atheisten, im Antifaschismus gehören wir alle zusammen. Dabei darf es keine Berührungsängste geben. Der Blick in unsere Geschichte verpflichtet uns, alle Kraft gegen Neonazis, Rassismus, Ausländerfeindlichkeit und Intoleranz in jeder Form einzusetzen. Das sind wir unseren demokratischen Freiheiten schuldig. Leben und handeln wir nach dem herrlichen Wort von Johann Wolfgang von Goethe: »Edel sei der Mensch, hilfreich und gut.« Denn das allein unterscheidet ihn von allen Wesen, die wir kennen. Ich danke Ihnen für Ihre Aufmerksamkeit.

Paul Wellsow

Unter den Augen des Staates

Der Nationalsozialistische Untergrund

Zehn Morde, viele Schwerverletzte durch zwei Bombenanschläge und 14 Banküberfälle – das ist das blutige Fazit der neonazistischen Terrorgruppe Nationalsozialistischer Untergrund (NSU). 13 Jahre hatte die Gruppe unerkannt gemordet, Anschläge begangen und Banken ausgeraubt. Geholfen hatte den drei mutmaßlichen Mitgliedern Uwe Böhnhardt (geb. 1977), Uwe Mundlos (geb. 1973) und Beate Zschäpe (geb. 1975) über all die Jahre ein Kreis von Unterstützern aus der Neonaziszene.

Auf bis zu 38 Personen[1] schätzen die Behörden das Umfeld, das den NSU unterstützte. Nachdem die Gruppe Anfang November 2011 aufgeflogen war und ihr eine jahrelange Verbrechensserie zugeordnet werden konnte, war das Entsetzen groß. Unvorstellbar schien, dass polizeibekannte und gesuchte Neonazis aus dem Untergrund morden konnten, ohne aufzufliegen. Selbst bei den Sicherheitsbehörden herrschte anfänglich Fassungslosigkeit. »Dieser Vorgang ist objektiv betrachtet eine Niederlage für die Sicherheitsbehörden«, sagte der Präsident des Bundesamtes für Verfassungsschutz (BfV) Heinz Fromm[2] im Innenausschuss des Bundestages am 21. November 2011.

Seit dem 4. November 2011, als die braune Terror-Truppe nach einem Banküberfall in Eisenach offenbar nur zufällig aufflog, kamen täglich neue Informationen über die Taten, die Täter und ihre Unterstützer ans Licht. Auch die mögliche Verstrickung staatlicher Stellen, das Versagen der Behörden und Ungereimtheiten des Falls sorgten für kritische Debatten. Wurde das Mörder-Trio etwa gedeckt? Oder schauten die Zuständigen bei der Verfolgung rechter Gewalt einfach nur weg?

---

[1] Vgl. Bürgerschaft der Freien und Hansestadt Hamburg (2012): Drs. 20/3022, 2.2.2012.

[2] Deutscher Bundestag (2011): Protokoll der 58. Sitzung des Innenausschusses des Deutschen Bundestages, 21.11.2011, S. 17.

Nach einem bewaffneten Banküberfall am 4. November 2011 in Eisenach flüchteten die beiden mutmaßlichen NSU-Mitglieder Böhnhardt und Mundlos mit Fahrrädern zu ihrem auf einem nahen Parkplatz abgestellten Wohnmobil. Zeugen beobachteten, wie sie mit dem Fiat Capron davonfuhren. Bei der späteren Kontrolle des im Ortsteil Stregda abgestellten Fahrzeugs durch uniformierte Polizeibeamte seien im Innern Schüsse zu hören gewesen und ein Feuer ausgebrochen. Mit einer Pumpgun soll Mundlos erst Böhnhardt und dann sich selbst erschossen haben. In dem Fahrzeug fand die Polizei später mehr als 100.000 Euro, Lagepläne von Banken in Arnstadt, Eisenach und Altenburg, einen Laptop, ein Handy, Polizeiausrüstung, eine Handgranate, eine Maschinenpistole, zwei Pumpguns und fünf Handfeuerwaffen. Darunter waren auch zwei Pistolen, die anhand ihrer Nummern Polizeibeamten zugeordnet werden konnten, die 2007 Opfer eines unaufgeklärten Überfalls in Heilbronn geworden waren. Bei diesem war die Polizistin Michèlle Kiesewetter ermordet und ein Kollege schwer verletzt worden.

Nur wenige Stunden nach dem Banküberfall in Eisenach kam es gegen 15 Uhr im sächsischen Zwickau zu einer verheerenden Explosion. Eine Frau hatte zuvor ihr Haus in der Frühlingsstraße 26 verlassen und bei Nachbarn ihre Katzen abgegeben. Es war das dritte mutmaßliche Mitglied des NSU, Zschäpe. Sie war dort – ebenso wie Böhnhardt und Mundlos – unter falschem Namen und mit geliehenen und gefälschten Ausweisen aufgetreten. Die gemeinsame Wohnung hatte sie nun offenbar selbst angezündet, um Beweise zu vernichten. In der ausgebrannten Doppelwohnung fand die Polizei später weitere Waffen, einen Computer, 35 adressierte Umschläge mit DVDs, Handys und Listen mit etwa zehntausend Namen und Adressen von PolitikerInnen, Firmen, Parteien sowie migrantischen Organisationen.

Zschäpe machte sich nach der Brandstiftung auf eine scheinbar ziellose Fahrt durch die Bundesrepublik. Stationen waren u.a. Leipzig, Eisenach, Bremen, Hannover, Braunschweig, Magdeburg, Weimar, Halle und Dresden.[3] Unterwegs versandte sie eine Reihe von offenbar bereits 2007 fertiggestellten brutalen Bekenner-DVDs. Darin gab sich die

---

[3] Vgl. Mudra, Kai (2012): Zschäpe auf Flucht in Eisenach, in: Thüringer Allgemeine, 24.1.2012.

Gruppe den Namen NSU und bekannte: »Taten statt Worte«. In dem Film führt die Comicfigur Paulchen Panther zu den Orten der Morde. Zynisch werden die Opfer verhöhnt und Bilder von Toten, Tatorten, verwendeten Waffen und von Ermittlungsarbeiten gezeigt.[4] Auf einer in der Wohnung gefundenen Festplatte fanden sich weitere Filmsequenzen, die als Selbstbezichtigungen für die Morde und die zwei Bombenanschläge gelten müssen, zudem der Entwurf eines Schreibens an mögliche Sympathisanten des NSU.

Am 8. November 2011 stellte sich Zschäpe schließlich in Begleitung eines Anwalts in Jena der Polizei. Seitdem sitzt sie in Haft und wird beschuldigt, mit Böhnhardt und Mundlos eine terroristische Vereinigung gegründet zu haben.

Der Weg in den Untergrund

Genau dort, wo Zschäpes Flucht am 8. November 2011 endete, hatte 13 Jahre zuvor ihr Leben im Untergrund begonnen. Nach einer Hausdurchsuchung am 26. Januar 1998 tauchten die drei aktiven Neonazis Böhnhardt, Mundlos und Zschäpe unter. Sie gehörten der Kameradschaft Jena an, die Teil des Thüringer Heimatschutzes (THS) war, einer bis zu 170 Personen starken überregionalen Sammlung von Neonazis. Der THS entstand aus der seit 1994 aktiven Anti-Antifa-Ostthüringen und war eine der aktivsten Kameradschaften dieser Jahre. Sektionen gab es in Jena, Saalfeld, Rudolstadt und Sonneberg. Auch in anderen Regionen war der THS zeitweise aktiv, so in Weimar, Ilmenau, Kahla und im Wartburgkreis. Die Gruppe pflegte enge Kontakte nach Bayern,[5] suchte die Nähe zur Nationaldemokratischen Partei Deutschlands (NPD) und hortete an ihrem Treffpunkt nahe Saalfeld Waffen. Aufmärsche, Gedenkaktionen für Rudolf Hess, regelmäßige Kameradschaftsabende, Flugblattverteilungen,

---

[4] Apabiz e.V. (2011): Transkript des NSU-Bekennervideos, www.apabiz.de (Stand: 4.4.2012).

[5] Der THS-Kopf Tino Brandt lebte von 1991 bis 1993 in Bayern und baute dort später den Fränkischen Heimatschutz auf. Außerdem arbeitete er in Coburg für den Verlag Nation & Europa, vgl. Bayerisches Staatsministerium des Innern (2012): Drs. 16/11788, 3.3.2012.

Konzerte und gewalttätige Aktionen gegen AntifaschistInnen und Linke wurden organisiert. Gemeinsam mit dem heutigen NPD-Landesvorsitzenden in Thüringen Frank Schwerdt veröffentlichte der Kopf des THS Tino Brandt sogar eine eigene Zeitung.[6]

Dennoch sprach die Thüringer Landesregierung 1996 lediglich von einer »weitgehend strukturlosen Gruppierung«[7] und auch das Bundeskriminalamt (BKA) ging nur von »einem Geflecht mehrerer kaum strukturierter Kameradschaften«[8] aus – eine fatale Fehleinschätzung. Dabei hätte es das Thüringer Landesamt für Verfassungsschutz (TLfV) besser wissen können. Denn das Amt führte den THS-Mitbegründer und späteren stellvertretenden NPD-Landesvorsitzenden in Thüringen Brandt zwischen 1994 und 2001 als bezahlten Spitzel – ebenso wie eine weitere Person im THS von 1999 bis 2000.[9] Brandt war überall dabei und stand im Zentrum der Organisation. Nach eigenen Aussagen erhielt er vom TLfV insgesamt rund 200.000 DM[10] sowie offenbar eine schützende Hand.[11] »Das Geld habe ich natürlich in die Bewegung investiert«, erklärte er.[12] Kaum war Brandt 2001 von Journalisten als Spitzel geoutet, stellte der THS seine öffentliche Arbeit ein. Auch deshalb bezeichnen Beobachter die Gruppe als Kind des Verfassungsschutzes.

Ab Mitte der 1990er Jahre nahmen Böhnhardt, Mundlos und Zschäpe an den Treffen und Aktionen der Anti-Antifa-Ostthüringen und des THS teil. Auch erste Kontakte zu dem 2000 in Deutschland verbotenen internationalen Neonazi-Netzwerk Blood & Honour (B&H) ergaben sich in diesen Jahren. Schon 1994 wurde Mundlos in Chemnitz bei einem

---

[6] Schwerdt war Herausgeber der »Neuen Thüringer Zeitung – Stimme der nationalen Erneuerung«, Brandt war stellvertretender leitender Redakteur; vgl. Thüringer Innenministerium (1997): Verfassungsschutzbericht 1996, Erfurt: o.V., S. 23.

[7] Thüringer Landtag (1996): Drs. 2/1075, 26.4.1996.

[8] Deutscher Bundestag (2012): Drs. 17/8293, 2.1.2012.

[9] Vgl. Thüringer Landtag (2012): Drs. 5/4198, 15.3.2012.

[10] Vgl. Wenzel, Jens (2011): Millionen für die braunen V-Leute, in: Freies Wort, 15.11.2011, www.insuedthueringen.de (Stand: 4.4.2012).

[11] Gegen Brandt wurde in 35 Fällen ermittelt, doch es kam nie zu einer Verurteilung, vgl. Thüringer Landtag (2012): Drs. 5/4198, 15.3.2012.

[12] Hofmann, Hannes (2011): Das Netz der Nazi-Helfer, in: SuperIllu, 22.11.2011, www.superillu.de (Stand: 4.4.2012).

verbotenen Neonazi-Aufmarsch zum ersten Mal festgenommen.[13] Und die erste Eintragung der Drei als »Rechtsextremisten« in das Nachrichtendienstliche Informationssystem (Nadis) erfolgte 1995.[14] Im selben Jahr wurde Mundlos vom Amtsgericht Chemnitz wegen der Verwendung von Kennzeichen verfassungswidriger Organisationen verurteilt, auch Böhnhardt und Zschäpe wurden mehrfach wegen verschiedenster Delikte – Diebstahl, Fahren ohne Erlaubnis oder Widerstand gegen Vollstreckungsbeamte – verurteilt.[15]

Mitte der 1990er Jahre entstand also eine lebhafte, militante und hoch aktive Neonaziszene. Es war eine Hochzeit rechter und neonazistischer Mobilisierungen.[16]

In diesen Jahren kam es in Jena auch zu einer Reihe von Anschlägen und Drohungen. So explodierte am 10. November 1995 in einer Unterkunft für bosnische Kriegsflüchtlinge eine Bombe. Während die Polizei einen politischen Hintergrund abstritt, berichteten Medien aufgrund der Aussage eines Aussteigers aus der Szene jüngst, Mundlos habe damals einen Anschlag auf ein Heim geplant und das Haus ausgekundschaftet.[17] Ob er aber wirklich für den Anschlag verantwortlich war, ist unklar. Am 13. April 1996 wurde dann an einer Autobahnbrücke ein aufgehängter Puppentorso gefunden. Daran ein Schild mit der Aufschrift »Jude« sowie zwei Davidsterne und Kabel, die mit Bombenattrappen verbunden waren. Böhnhardt wurde als einer der Täter ermittelt und im Oktober 1997 wegen Volksverhetzung und Störung des öffentlichen Friedens zu einer Jugendstrafe von zwei Jahren und drei Monaten verurteilt. Seine Haft musste er jedoch nie antreten.

---

[13] Vgl. Scheuermann, Christoph (2011): Der braune Virus, in: Der Spiegel, Nr. 51, 17.12.2011, S. 65.

[14] Deutscher Bundestag (2011): Protokoll der 58. Sitzung des Innenausschusses des Deutschen Bundestages, 21.11.2011, S. 8.

[15] Vgl. Müller, Claus Peter (2012): Zu spät, in: Frankfurter Allgemeine Zeitung, 4.2.2012.

[16] Vgl. Begrich, David (2012): Die Quellen des Hasses, in: Blätter für deutsche und internationale Politik, 57. Jg., H. 1. S. 43-46.

[17] Döbert, Frank (2012): Anschlag auf Flüchtlinge vermutlich durch Jenaer Neonazis, in: Thüringer Allgemeine, 13.3.2012.

Am 1. November 1996 störten Böhnhardt, Mundlos und Zschäpe gemeinsam mit weiteren Neonazis aus Jena und Chemnitz in der Gedenkstätte des KZ Buchenwald und erhielten Hausverbot. Bereits damals wurde hier der spätere NSU mit Teilen seines zukünftigen Unterstützerkreises aktenkundig. Am 6. Oktober desselben Jahres wurde am Jenaer Ernst-Abbe-Stadion eine Holzkiste mit einem aufgemalten Hakenkreuz sowie der Aufschrift »Bombe« gefunden. Einen Sprengsatz enthielt die Kiste nicht. Am 2. September fand sich dann vor dem Theaterhaus in Jena ein Koffer mit zwei aufgemalten Hakenkreuzen und einem nicht zündfähigen Sprengsatz, der zehn Gramm TNT enthielt.

Am 26. Dezember schließlich wurde auf dem Nordfriedhof erneut ein leerer Koffer mit Hakenkreuzen gefunden. Kriminaltechnische Untersuchungen zeigten, dass für diese Bomben und Attrappen Böhnhardt, Mundlos und Zschäpe verantwortlich gewesen seien. Zwischen dem 30. Dezember 1996 und dem 2. Januar 1997 wurden dann Briefbombenattrappen an die Polizei, die Stadtverwaltung Jenas und die »Thüringische Landeszeitung« mit Drohungen gegen den damaligen Thüringer Innenminister sowie den damaligen Vorsitzenden des Zentralrates der Juden versandt. Auch hierfür sollen Böhnhardt und Mundlos verantwortlich gewesen sein. Im April 1997 wurde Böhnhardt mit einem Luftgewehr ertappt, für das er keine Erlaubnis besaß.[18] Schließlich wurde im November 1997 ein versuchter Anschlag auf ein von portugiesischen Arbeitern bewohntes Haus im nahen Stadtroda verübt. Täter konnten nicht ermittelt werden.[19] Als die Polizei Ende 1997 die Alibis von Verdächtigen überprüfen wollte, entdeckte Böhnhardt, gegen den ein Haftbefehl vorlag, die Polizei vor seinem Haus und fuhr davon. Seine Verfolgung, so notierten die Beamten später, sei »im Rahmen der STVO nicht möglich«[20] gewesen.

Um die Bombenfunde aufzuklären, observierte das TLfV auf Bitten des Landeskriminalamtes zwischen dem 24. November und 1. Dezember 1997 Böhnhardt. Dabei beobachtete der Geheimdienst, wie er und

---

[18] Vgl. Rathay, Peter (2012): Spuren von Benzin am Zschäpes Socken, in: Thüringer Allgemeine, 6.2.2012.

[19] Thüringer Innenministerium (2012): Drs. 5/4246, 26.3.2012.

[20] NDR (2012): Straßenverkehrsordnung schützte Nazi-Trio, 15.2.2012, www.daserste.de (Stand 4.4.2012).

Mundlos Materialien zum Bau von Bomben in einen Garagenkomplex brachten. Während die Polizei offenbar darauf drängte, die mutmaßliche Bombenwerkstatt zu durchsuchen, mauerte der Geheimdienst anfänglich.

Schließlich erließ die Staatsanwaltschaft Gera am 19. Januar 1998 einen Durchsuchungsbeschluss für die an Zschäpe untervermietete Garage, hielt aber einen Haftbefehl nicht für nötig. Bei der anschließenden Durchsuchung der Garagen am 26. Januar fand sich anfänglich nichts. Da kein geeignetes Werkzeug vor Ort war, konnte eine zweite Garage nicht geöffnet werden. Aufgrund dieser Verzögerung konnte der anwesende Böhnhardt unter den Augen der Polizei ein zweites Mal davonfahren. Als der Verfassungsschutz-Präsident Thüringens, Thomas Sippel, dies im Innenausschuss des Bundestages vortrug, vermerkt das Protokoll an dieser Stelle »Lachen bei Abgeordneten aller Fraktionen«.[21] Als es schließlich gelang, auch die zweite Garage zu öffnen, wurden hier u.a. vier fertige Rohrbomben, 1,4 Kilo Sprengstoff, ein Luftgewehr und eine CO_2-Pistole gefunden. Nun wurde am 28. Januar Haftbefehl erlassen – doch zu spät. Böhnhardt, Mundlos und Zschäpe hatten sich da längst auf ihren Weg in den Untergrund begeben. Trotz eingeleiteter Fahndung gelang ihnen die Flucht. Im Juni 2003 schließlich wurden die laufenden Verfahren wegen des Verdachts der Störung des öffentlichen Friedens durch Androhung von Straftaten, Vorbereitung eines Explosionsverbrechens und Verwenden von Kennzeichen verfassungswidriger Organisationen aufgrund der Verjährung eingestellt, nur nach Böhnhardt wurde noch gefahndet. Seine Verurteilung wegen Volksverhetzung von 1997 endete erst 2007.

Auch die Bundesanwaltschaft prüfte nach der Durchsuchung den Vorgang »Waffenfunde in Jena«[22] und kam zu dem Ergebnis, bei den drei Hauptverdächtigen Böhnhardt, Mundlos und Zschäpe handele es sich um »Einzeltäter«. Sie übernahm damit die Einschätzung von Polizei und Staatsanwaltschaft[23] und erklärte sich daher für nicht zuständig. Selbst

---

[21] Deutscher Bundestag (2011): Protokoll der 58. Sitzung des Innenausschusses des Deutschen Bundestages, 21.11.2011, S. 9.

[22] Deutscher Bundestag (2012): Drs. 17/8293, 2.1.2012.

[23] Ebd., S. 4.

nach dem Auffinden der Bombenwerkstatt inklusive der Rohrbomben war auch das BfV der Auffassung, es »liegen keine Hinweise vor, nach denen diese Gruppierung systematisch Gewalttaten plant oder vorbereitet.«[24] Noch heute halten die Sicherheitsbehörden ihre damalige Auffassung für richtig.

Im Untergrund

Nach ihrer Flucht tauchten die drei ab. Doch sie »tauchten nicht besonders tief. Es war mehr so ein Schnorcheln, ein Untertauchen in der Badewanne«, kommentierte Nils Minkmar in der »Frankfurter Allgemeinen Zeitung«.[25] Mit dem PKW fuhren sie offenbar ins benachbarte Sachsen. Auf ihre Kontakte konnten sie sich verlassen, schnell fanden sie Unterkunft. Auch Ausweise, Führerschein, Geld, Miet- und Telefonverträge, Geldkarten und später Waffen – alles wurde über ein Netz von Neonazis aus Sachsen, Thüringen und Niedersachsen organisiert.[26] Geld sei anfänglich über Spendensammlungen in der Szene und den Verkauf des selbst hergestellten Spiels Pogromly[27] organisiert worden.

In ihrem neuen Lebensumfeld – anfänglich in zwei Wohnungen in Chemnitz, dann in drei Wohnungen in Zwickau – verwendeten Böhnhardt, Mundlos und Zschäpe falsche Namen und vermieden politische Äußerungen. Dennoch führten sie ein erschreckend normales Leben. Zschäpe gab die Frau von Nebenan, gemeinsam fuhren sie in den Urlaub und pflegten dort Kontakte zu den Nachbarn auf dem Campingplatz. Verdacht schöpfte niemand.[28]

---

[24] Ebd.

[25] Minkmar, Nils (2011): Hauptsache, es macht peng!, in: Frankfurter Allgemeine Zeitung, 20.11.2011.

[26] Zum Netz der Helfer in Thüringen und Sachsen vgl. die Einzelbeiträge in diesem Band.

[27] In dem Spiel galt es u.a. ein »Gaswerk« und verschiedene Konzentrationslager zu errichten. Auf dem Spielfeld war SS- und Hakenkreuz-Symbolik, vgl. o. A. (2011): Das Spiel der Neonazis, in: Frankfurter Allgemeine Sonntagszeitung, 4.12.2011.

[28] Vgl. Schmidt, Wolf (2012): Die netten Mörder von Platz M80, in: taz.die tageszeitung, 6.4.2012.

Schon bald suchte das Trio andere Wege, um das Leben im Untergrund zu finanzieren – und möglicherweise auch Geld für die Neonaziszene zu beschaffen. Am 6. Oktober 1999 begingen sie in Chemnitz ihren ersten Banküberfall. Weitere Überfälle folgten jährlich bis Januar 2007 in Chemnitz, Zwickau und Stralsund. Insgesamt erbeuteten sie mehr als 700.000 Euro. 2007 riss die Serie ab und wurde erst mit dem Überfall in Arnstadt am 7. September 2011 und dem Raub in Eisenach am 4. November 2011 fortgeführt.

Am 9. September 2000 mordete der NSU dann zum ersten Mal. In Nürnberg erschossen sie zuerst einen aus der Türkei stammenden Blumenhändler. Eine einmalige Mordserie quer durch die Bundesrepublik folgte. Bis 2006 wurden neun Einzelhändler erschossen, drei Männer in Nürnberg, zwei in München und jeweils einer in Dortmund, Hamburg, Rostock und Kassel. Zwei Bombenanschläge des NSU 2001 und 2004 in Köln verletzten zahlreiche Menschen schwer.

Bei ihren Morden verwendeten die Täter immer dieselbe Waffe. Ein Profiler der Polizei kam nach den Morden in München zu dem Ergebnis, die Taten seien rassistisch motiviert. Doch offiziell wurde das geleugnet. Stattdessen suchte die Polizei vorrangig im Umfeld der Ermordeten nach den Tätern. Drogenhandel, organisierte Kriminalität, Auseinandersetzungen zwischen rivalisierenden Gruppen wurden als Tatmotiv öffentlich genannt. Die Medien befeuerten diese Deutung.[29] So behauptete »Der Spiegel« beispielsweise, die »schwer durchdringbare Parallelwelt der Türken schützt die Killer«.[30] Aufgrund antiziganistischer Ressentiments wurde auch gegen Sinti und Roma ermittelt. Niemand kam dagegen auf die Idee, Neonazis zu verdächtigen. Fast nur aus dem Umfeld der Familien der Ermordeten wurde dieser Verdacht laut. Am 25. April 2007 wurde in Heilbronn schließlich eine Polizistin in ihrem Streifenwagen erschossen, ihr Kollege überlebte schwerverletzt – der letzte Mord des NSU.

---

[29] Vgl. Quack, Georg (2011): Das große Schweigen beim Tee, in: Frankfurter Allgemeine Zeitung, 11.12.2011.

[30] Kleinhubbert, Guido/Neumann, Conny (2006): Die Spur der Ceska, in: Der Spiegel, 15.4.2006, S. 50.

Wegschauen oder Versagen?

Eine Festnahme der drei Untergetauchten war angeblich über 13 Jahre nie möglich. Trotz europäischem Haftbefehl, Razzien, Fahndungen durch die Landes- und Bundespolizei und de facto alle deutschen Geheimdienste,[31] Abhörmaßnahmen, Observationen, Belohnungen, Fahndungsaufrufen und Zielfahndungen blieben sie verschwunden. Selten gebe es so unbefriedigende Ermittlungsergebnisse, selten gelinge es Tätern, so lange abzutauchen, kommentierten 2003 Ermittler in Thüringen die erfolglose Fahndung. Ihr Verschwinden sei ein Rätsel. Der Journalist Nils Minkmar kommentierte: »Man kannte ihre Wohnungen, ihre Freunde, hatte Fotos, Handschriftenproben, DNA-Spuren, kurzum alles, was das Kriminalistenherz begehrt. (...) Daß die drei dennoch von der Bildfläche verschwinden konnten, verdanken sie, so der Verdacht, Helfern oder Tippgebern, eventuell sogar aus dem Umfeld der Sicherheitsbehörden.«[32]

Trotz anfänglicher Dementis ist klar, dass die Sicherheitsbehörden das Trio immer wieder im Blick hatten und ihren Aufenthaltsort mindestens zeitweise kannten oder ihnen zumindest dicht auf den Fersen waren. Doch eine Festnahme unterblieb. Fehlte der Wille, sie zu schnappen? Die Liste der verpassten Gelegenheiten, der Fehler und Unklarheiten ist lang:[33] Es geht um nicht vollstreckte Haftbefehle, um Fehlbewertungen des THS, des NSU und seiner Unterstützer durch die Behörden, um die mögliche Behinderung von Fahndern der Polizei,[34] um abgesagte Zu-

---

[31] Auch der Bundesnachrichtendienst und der Militärische Abschirmdienst waren beteiligt, vgl. Deutscher Bundestag (2011): Protokoll der 58. Sitzung des Innenausschusses des Deutschen Bundestages, 21.11.2011, S. 10.

[32] Minkmar, a.a.O.

[33] Vgl. u.a.: Chronologie des Versagens, in: taz.die tageszeitung, 28./29.1.2012; Heise, Thomas/Popp, Maximilian/Röbel, Sven/Stark, Holger/Winter, Steffen (2011): Tödliche Fehleinschätzung, in: Der Spiegel, Nr. 48, 28.11.2011, S. 28-31; Carstens, Peter (2011): Viele Wege führen ins Nichts, in: Frankfurter Allgemeine Zeitung, 21.11.2011; Müller, Claus-Peter (2011): Das Puzzle von Zwickau, in: Frankfurter Allgemeine Zeitung, 22.12.2011; Röbel, Sven/Stark, Holger/Winter, Steffen (2012): Das Desaster von Chemnitz, in: Der Spiegel, Nr. 1, 2.1.2012, S. 16-22.

[34] Vgl. Mudra, Kai/Debes, Martin (2011): Thüringer Terroristen-Fahnder wurden offenbar behindert, in: Thüringer Allgemeine, 2.12.2011.

griffe auf die Untergetauchten,[35] um Fehler beim Abgleich von Bildern der Untergetauchten aus Observationen,[36] um die Suche nach Nazis ausschließlich aus dem »Großraum Nürnberg«[37] durch Bayerische Behörden, um ein scheinbar übersehenes Wohnmobil bei der Fahndung nach dem Mord in Heilbronn, um mutmaßliche Geldzahlungen durch den Geheimdienst an die Untergetauchten,[38] um das Übersehen von Fahrrädern und Wohnmobilen als gemeinsames Tatmerkmal bei Morden, Anschlägen und Banküberfällen, um nicht weitergegebene oder falsch bewertete Informationen[39] und um nicht registrierte Kontakte zwischen Eltern und den Untergetauchten bis 2002.[40] Diese und weitere mögliche Fehler der Behörden müssen nun in den Untersuchungsausschüssen sowie strafrechtlich und durch weitere Recherchen aufgeklärt und mögliche Verantwortliche in den Behörden, Geheimdiensten, Ministerien und der Justiz gefunden werden.

Doch das Versagen war viel grundsätzlicher. Ihm lag offenbar eine vollkommene Fehleinschätzung der militanten Neonaziszene und der Bedrohung, die von ihr ausging, zugrunde. So kam das BfV in einer internen Studie 2004 zu dem Schluss, »für einen planmäßigen Kampf aus der Illegalität heraus (...) fehlt es derzeit bei Rechtsextremisten nicht nur an einer Strategie zur gewaltsamen Systemüberwindung, sondern auch geeigneten Führungspersonen, Logistik, finanziellen Mitteln sowie einer wirkungsvollen Unterstützerszene«.[41] In der Studie werden auf knapp

---

[35] Vgl. MDR (2011): Terror-Trio vor 2001 in Chemnitz. LKA-Zielfahnder spürten sie damals dort auf, 15.11.2011, www.mdr.de (Stand: 3.4.2012).

[36] Vgl. Hufelschulte, J./Schattauer, G./Wendt, A. (2011): Verräterisches Foto, in: Focus, 19. Jg., H. 51, S. 58.

[37] Bayerisches Staatsministerium des Innern (2012): Kommunikation zwischen SOKO »Bosporus« und dem Bayerischen Landesamt für Verfassungsschutz, 6.3.2012.

[38] Vgl. Thüringer Verfassungsschutz wollte Terror-Trio Geld zukommen lassen, in: Frankfurter Allgemeine Zeitung, 19.12.2011.

[39] MDR (2012): Kontakte des Neonazi-Trios wurden intensiv abgehört, 17.1.2012, www.mdr.de (Stand: 28.1.2012).

[40] Vgl. Schattauer, Göran (2012): »Springerstiefel immer geputzt«, in: Focus, 20. Jg., H. 14, S. 44.

[41] Bundesamt für Verfassungsschutz (2004): Gefahr eines bewaffneten Kampfes deutscher Rechtsextremisten – Entwicklungen von 1997 bis Mitte 2004, Köln:

50 Seiten detailliert Waffenfunde, Attentate und Terrorpläne aus den Jahren 1997 bis 2004 aufgelistet. Die Taten des NSU fehlen, obwohl die drei Untergetauchten mit ihren Taten 1996 und 1997 erwähnt werden. Aber auch hier war das 2004 vorgetragene Fazit des Geheimdienstes über die Gruppe falsch, wonach sich »keine weiteren Anhaltspunkte für weitere militante Aktionen ergeben« hätten.[42]

Rechte und rassistische Gewalt sowie Neonazi-Terror gab es in der Bundesrepublik immer, sie wurde jedoch verdrängt und verharmlost. So zählen seit 1990 antirassistische Initiativen 182 Tote durch rechte Gewalt in Deutschland.[43] Die Bundesregierung geht dagegen »nur« von 47 Toten aus. Auch die Bewaffnung der Szene ist immens. Allein in den Jahren 2002 bis 2010 wurden laut offiziellen Zahlen im Zusammenhang mit »politisch motivierter Kriminalität rechts« 3.118 Waffen gefunden, davon 54 Faustfeuerwaffen, 39 Langwaffen, 20 Kriegswaffen, 321 Spreng- und Brandvorrichtungen sowie Hunderte Stich- und Schreckschusswaffen.

Daneben verfügen Neonazis aber auch legal über Schusswaffen. In Sachsen beispielsweise besitzen 38 »Rechtsextremisten« 51 Pistolen und 105 Langwaffen. Und in Thüringen haben vier Personen aus der Szene Waffenbesitzkarten für insgesamt 21 Langwaffen und zwölf Kurzwaffen.[44] Überdies habe es in den Jahren 2002 bis 2008 181 rechte Brandanschläge und acht Sprengstoffanschläge gegeben.[45] Die Dunkelziffer liegt auch hier höher. Seit 2001 gab es zudem 13 Ermittlungen wegen Bildung einer rechten kriminellen Vereinigung (§129) und acht wegen der Bildung einer terroristischen Vereinigung (§129a).[46] Auch die Zahl von 160 Anfang 2012 untergetauchten Personen, die als »rechts

---

o.V., S. 5.

[42] Ebd., S. 16.

[43] Vgl. 182 Todesopfer durch rechte Gewalt in Deutschland, 20.11.2011, www.welt.de (Stand: 3.4.2012).

[44] Vgl. Thüringer Innenministerium (2012): Drs. 5/3950, 24.1.2012.

[45] Deutscher Bundestag (2007): Drs. 16/6151, 27.7.2007; Deutscher Bundestag (2009): Drs. 16/12564, 6.4.2009; Bundesministerium des Innern (2011): Antwort auf schriftliche Fragen der Abgeordneten Ulla Jelpke, Arbeitsnr. 11/181 und 11/183, 28.11.2011; Sächsischer Landtag (2012): Drs. 5/7205, 9.11.2011.

[46] Vgl. Bundesministerium des Innern, Antwort auf Jelpke, a.a.O.

motiviert« oder als »Gewalttäter rechts« geführt werden, lässt aufhorchen. Bei 50 von ihnen liegt eine politisch motivierte Straftat vor, darunter Mord, Körperverletzung, Raub oder Freiheitsberaubung.[47] Offiziell gab es in Deutschland dennoch bis zum 4. November 2011 keinen Rechtsterrorismus.

Dabei ist die Geschichte des deutschen Rechtsterrorismus lang. In den 1970er Jahren stieg die Zahl der rechten Gewalttaten rasant an, eine bis dahin ungekannte Zahl rechtsterroristischer Taten erschütterte Deutschland bis in die 1980er Jahre. Das Attentat auf das Münchener Oktoberfest am 26. September 1980,[48] der Mord vom 19. Dezember 1980 an dem jüdischen Verleger Shlomo Lewin und dessen Lebensgefährtin Frida Poeschke in Erlangen, die Anschläge der Deutschen Aktionsgruppen, die Wehrsportgruppe Hoffmann, Bombenanschläge auf Einrichtungen der Alliierten und Fernsehmasten, die so genannte Hepp-Kexel-Gruppe oder der Polizistenmord durch den Neonazi Kay Diesner 1997, der zuvor in Berlin auch auf einen linken Buchhändler geschossen hatte, sind nur einige Beispiele aus der langen Liste.[49]

Auch die in den 1990er Jahren aufgedeckten Überreste der so genannten Stay-Behind und Gladio-Strukturen der NATO in Europa aus dem Kalten Krieg zeigten eine enge Verknüpfung zwischen Geheimdiensten und Neonazis sowie deren Zugriff auf Waffen und Sprengstoff.[50] Immer wieder debattierte die Neonaziszene den Gang in den Un-

---

[47] Bis März 2012 konnten nun 46 von ihnen gefunden werden, vgl. Bundesministerium des Innern (2012): Drs. 17/8746, 13.3.2012.

[48] Vgl. Heymann, Tobias von/Wensierski, Peter (2011): Im rechten Netz, in: Der Spiegel, Nr. 43, 24.10.2011, S. 48-52; Heymann, Tobias von (2008): Die Oktoberfestbombe. München 26. September 1980, Berlin: Nora.

[49] Vgl. Virchow, Fabian (2011): Für Volk und Nation, in: Die Zeit, 30.11.2011; vgl. auch die Artikel-Serie im Neuen Deutschland von Carsten Hübner über den rechten Terror in der BRD, www.neues-deutschland.de/rechterterror (Stand: 4.4.2012); o. A. (1997): Lebende Zeitbomben, in: Der Spiegel, Nr. 10, 3.3.1997, S. 32ff.; Bielicki, Jan (2011): Das Maß der Justiz. Der rechte Terror und seine lange Geschichte, in: Süddeutsche Zeitung, 19./20.11.2011.

[50] Vgl. Müller, Leo A. (1991): Gladio – das Erbe des Kalten Krieges. Der NATO-Geheimbund und sein deutscher Vorläufer, Reinbek: Rowohlt; Mecklenburg, Jens (Hrsg.) (1997): Gladio. Die geheime Terrororganisation der NATO, Berlin: Elefanten Press.

tergrund, führte Wehrsportübungen durch, veröffentlichte Terrorpläne und Feindeslisten.[51] Gerade auch in Thüringen wurden den Sicherheitsbehörden immer wieder Hinweise über entsprechende Planungen bekannt, so 2003 und 2007 durch ehemalige V-Leute und Aussteiger aus der Szene. Und bereits 1998 drohte ein Redner auf einem Aufmarsch des THS mit Gewalt: »Ab sofort wird Bombe mit Bombe vergolten.«[52]

Das Agieren des NSU entsprach genau jenen Planungen und Debatten aus der militanten Neonaziszene, die vom »Rassenkrieg« träumten. Dass die Szene nicht nur in ihren Liedern von Gewalt sang und in ihren Zeitschriften davon schrieb, wollten die Behörden nicht glauben. Schon frühzeitig gab es Hinweise darauf, dass die Untergetauchten in Sachsen aus dem Umfeld des Neonazi-Netzwerkes B&H Unterstützung erhielten. Heute ist klar, wie wichtig gerade diese Struktur für das Trio war.[53] Sowohl in Sachsen als auch in Thüringen hatte die militant rassistische Struktur eine starke Basis.

In seinen Schriften, die Böhnhardt, Mundlos und Zschäpe lasen, wurde Klartext geredet: »Die Patrioten von heute müssen sich auf den größten aller Kriege, den Rassenkrieg, vorbereiten und dafür muss man geheime Strukturen schaffen und bereit sein, sein Leben zu opfern«, hieß es in einer B&H-Publikation von 1996. Und in der Broschüre »Der Weg vorwärts« hieß es: »Unsere Slogans sind nicht nur beeindruckende Aussagen von ideologischen Extremisten. Es sind ernst gemeinte Worte und Aufrufe zu den Waffen zu greifen.«

---

[51] Vgl. als Überblick dazu: Antifaschistisches Autorenkollektiv (1996): Drahtzieher im brauen Netz. Ein aktueller Überblick über den Neonazi-Untergrund in Deutschland und Österreich, Hamburg: konkret Literatur Verlag.

[52] O. A. (1998): ... ab sofort wird Bombe mit Bombe vergolten, in: Zentralorgan, 1. Jg., H. 3, S. 11.

[53] Vgl. den Beitrag von Andrea Röpke in diesem Buch sowie Schmidt, Wolf/ Speit, Andreas (2012): Internationale der Nationalisten, in: die tageszeitung, 7./8./9.4.2012.

Fazit

96,8% aller Morde kläre die Polizei auf, schrieb das BKA 2007.[54] Doch für zehn Morde fanden die Ermittler damals keine Erklärung. Erst ein Zufall half ihnen Jahre später, eine beispiellose rassistische Mord- und Anschlagserie aufzuklären. Auch wenn heute, Monate nach dem Auffliegen des Terrornetzwerkes, einiges klarer scheint, bleiben viele Fragen offen? Warum war und ist der Staat auf dem rechten Auge blind, wenn es darum geht, rechte und rassistische Gewalt zu ahnden? Welche Rolle spielten die verschiedenen Geheimdienste? War das chaotisch geführte Thüringer Amt unter Helmut Roewer an allem schuld? Oder sind nicht die undemokratischen und unkontrollierbaren Strukturen in allen Geheimdiensten Teil des Problems?

Aber auch ganz praktische Fragen sind bis heute ungeklärt: Woher stammte der Sprengstoff der THS-Aktivisten aus den 1990er Jahren? Bisher ist nur klar, woher er nicht kam.[55] Und auf welchem Wege beschaffte sich der NSU seine Waffen? Welche Rolle spielten die zuständigen Staatssekretäre, die Minister und Juristen bei der gescheiterten Fahndung? Welche Rolle haben die V-Leute in der Szene gespielt, und welche Rolle spielen sie heute? Die aktuellen Ermittlungen u.a. gegen die beiden ehemaligen Nazi-Spitzel des TLfV Tino Brandt und Thomas Dienel wegen Bandenbetrug und Waffendelikten sprechen für ein unkontrolliertes Fortleben krimineller Strukturen.[56] Und schließlich steht die Frage im Raum: Existierten und existieren gegenwärtig weitere Zellen im Untergrund, die sich im »Rassenkrieg« wähnen? Gab es weitere neonazistische Morde und Anschläge, die bis heute ungeklärt sind?

Um das Netz des NSU zu verstehen, müssen die Keimzelle THS, das internationale und militante Netzwerk B&H, die legale Neonazipartei NPD und Strukturen der Kameradschaften, wie zum Beispiel das Freie

---

[54] Vgl. Bundesministerium des Innern (2008): Polizeiliche Kriminalstatistik 2007, Berlin: o.V., S. 21.

[55] Vgl. Bundesministerium des Innern (2012): Antwort auf Schriftliche Frage des Abgeordneten Hans-Christian Ströbele, Arbeits-Nr. 2/237, 16.3.2012.

[56] Vgl. Polizei durchsucht Wohnungen einst führender Neonazis, in: Frankfurter Allgemeine Zeitung, 29.3.2012; Staatsanwaltschaft Gera (2012): Presseinformation, 28.3.2012.

Netz, als Netzwerk analysiert werden. Erst dann ergibt sich ein vollständiges Bild. Doch dieses Bild wollten viele nie wahrnehmen. »Lückenlose Aufklärung« wurde nach dem Auffliegen der Terror-Struktur zwar versprochen. Doch davon war nur wenig zu sehen. Bisher haben vor allem JournalistInnen, Antifa-Archive und Initiativen sowie einzelne Oppositionspolitiker dazu beigetragen, dass die Taten und ihre Hintergründe durchleuchtet und öffentlich gemacht werden.

Andrea Röpke

Im fanatischen Netz

Blood & Honour, Hammerskins und Combat 18 – Spuren und ideologische Vorbilder in Europa

Alles zeugte von Hass. Die Bombenteile in der Garage, die Waffen über der Wohnzimmercouch und auch die vielen aufgefundenen, einschlägigen Bücher, Schriftstücke und selbst entworfenen Wappen. »Skinheads Blut & Ehre«, stand da. Das selbstgebastelte Brettspiel Pogromly mit den antisemitischen, hasserfüllten Spielkarten lag noch hinter dem Sofa. Zwei grüne Bomberjacken hingen am Metallregal in einer der angemieteten Garagen. Schriften wie »Amok – Texte für terminale Täter« stapelten sich. Ein Warnzeichen aus heutiger Sicht hätte auch die Diskette mit der Textdatei und dem holprigen, apologetischen Gedicht sein können: »Alidrecksau wir hassen dich«. Darin heißt es: »Ein Türke der in Deutschland lebt und sagt er ist auch hier geboren, den sehen wir schon als verloren. Er darf jetzt rennen und flehen, er kann auch zu den Bullen gehen, doch Helfen wird ihn alles nicht – denn wir zertreten sein Gesicht.« Das Asservat Nr. 433, Anlage 2, aus 1998, aufgefunden in der Garage Nr. 5 im Komplex an der Kläranlage in Jena, glich einer Ansage zum Morden.

Als die Beamten des Landeskriminalamtes Thüringen 1998 die Wohnungen von Zschäpe und Mundlos aufbrachen und von Böhnhardts Mutter in das Zimmer ihres Sohnes gelassen wurden, offenbarte sich ihnen eine Welt neonazistischer Fanatiker. Eine Reihe von Bombenattrappen in der Region hatte sie zur Sprengstoffwerkstatt des Trios geführt. Schnell war klar: Das waren keine harmlosen Mitläufer. Diese Drei waren ideologisch gefestigt und gefährlich kreativ. »Rohrbombe mit Drähten, Rohrbombe mit 2 Drähten, vorbereitete Zündvorrichtung ...«, hieß es später in den Auflistungen nach der Razzia.

Mit dem Anrücken der Polizei verschwanden die Verdächtigen, die sich längst auch mit solch einem Szenario beschäftigt hatten. Was in den Medien nach spontaner Aktion oder gar Panik aussah, schien kein Zufall, denn Böhnhardt, Mundlos und Zschäpe setzten sich bereits Jahre zuvor intensiv mit rechten Straftätern, der Illegalität, Bewaffnung, terroristischer Zellenbildung, subversiver Ideologie und kameradschaftlicher Vernetzung auseinander. Sie hatten es scheinbar drauf angelegt und waren Teil einer hochexplosiven Neonaziszene der 1990er Jahre. Das Leben mit falschen Identitäten sollte über 13 Jahre, zehn Morde, mindestens zwei Bombenanschläge und über ein Dutzend Banküberfälle währen. Erst mit dem Tod der inzwischen 38 und 34-jährigen Männer Mundlos und Böhnhardt am 4. November 2011 flog das Trio als braune Terrorzelle auf.

Dabei hatten sich die Drei vor ihrem Verschwinden aus Jena nicht einmal Mühe gegeben, Spuren zu verwischen. Die Beamten hätten Anzeichen für ein bundesweit gut vernetztes, ideologisch geschultes, überaus radikales Tätertrio bereits 1998 erkennen können. Den damals noch jungen Neonazis war es nicht nur gelungen, genug TNT für mehrere Bomben zu besorgen, sie verfügten auch über Kontakte in das militanteste Unterstützerspektrum. Ebenso schien die Wahl der Fluchtorte Chemnitz und Zwickau kein Zufall zu sein. Sie bezogen Waffen über den wohl bekanntesten thüringischen Neonazi Ralf Wohlleben, den stadtbekannten Szeneladen Madley in Jena und Kontakte in Sachsen. Immer wieder wurden sie nach ihrer Flucht auch in Thüringen gesehen. Im Mai 1999 erhielt die Polizeiinspektion Eisenberg einen Hinweis, dass Böhnhardt sich mehrfach bei privaten Partys in Rudolstadt-Schwarza aufhalten sollte. Mehrmals traf er sich in den ersten Jahren mit seinen Eltern. Zudem scheinen viele frühe, wertvolle Hinweise in den Asservatenkammern der Polizei verstaubt zu sein. Denn allein eine damals beschlagnahmte Telefonliste, die Mundlos zugeordnet wird, liest sich wie ein Who-is-who der Fluchtunterstützer.

Die schleichende Radikalisierung der neonazistischen Kameradschaften und der drei Bombenbastler war offensichtlich. Böhnhardt war seit frühester Jugend polizeilich aufgefallen. Mundlos fiel Mitte der 1990er Jahre im Zusammenhang mit dem Blood & Honour-Netzwerk (B&H) auf. Auch Zschäpe galt als durchsetzungsfähige und überzeugte Neonazistin, die auch mal zulangte. Gemeinsam hatte das Trio an zahlreichen überregionalen Aufmärschen und Aktionen teilgenommen. Es war wohl kein Zufall, dass sie 1996 gemeinsam mit den führenden Jenaer Neonazis Wohlleben und André Kapke zum Prozess gegen den fanatischen Rechtsterroristen Manfred Roeder nach Erfurt fuhren und protestierten. Dessen Deutsche Aktionsgruppen wurden seit 1980 für mehrere Sprengstoffanschläge auf Ausstellungen, eine Schule sowie eine Flüchtlingsstelle verantwortlich gemacht. Bei einem Brandanschlag auf ein Übergangswohnheim in Hamburg starben zwei Vietnamesen. Roeder wurde wegen Bildung einer terroristischen Vereinigung zu 13 Jahren Haft verurteilt.

Oft fuhren die thüringischen Neonazis auch nach Tschechien. In Kreisen des Landeskriminalamtes wird heute sogar von Jugend- und Freizeitlagern gesprochen, an denen sie im Ausland teilgenommen hätten. Sie knüpften Verbindungen auch in andere europäische Länder.

In einer Zeit von Anschlägen, rassistischen Pogromen und einem aggressiven Verlangen nach der weißen Vormachtstellung sozialisierten sich die drei abgetauchten Neonazis mitten unter KameradInnen. Die 1990er Jahre waren gekennzeichnet von Sprengstofffunden, Wehrsportaktionen und Waffenlagern diverser Neonazigruppen. Und doch schien die erstarkende Militanz von den Geheimdiensten nicht allzu ernst genommen zu werden. Immer wieder wurden bewaffnete Neonazis als subkulturell geprägte Einzeltäter abgetan. In einem 2004 verfassten geheimen Bericht des Bundesamtes für Verfassungsschutz »Gefahr eines bewaffneten Kampfes deutscher Rechtsextremisten« wurde halbherzig vor einem möglichen »Feierabendterrorismus« gewarnt. Zschäpe, Mundlos und Böhnhardt waren Überzeugungstäter in einer braunen Erlebniswelt. Sie hatten die Kameradschaft Jena mit aufgebaut, sich dem Thüringischen Heimatschutz (THS) angeschlossen und nahmen seit 1995 an Treffen der Anti-Antifa Ostthüringen teil. Immer wieder wurde in diesen Kreisen die Gewaltfrage diskutiert. Während sich Anführer wie der spätere stellvertretende NPD-Landesvorsitzende Wohlleben zögerlich gegenüber einer Bewaffnung gezeigt haben sollen, tendierte das Trio offen dorthin. Sie befanden sich früh auf der Stufe zu »Rechtsterroristen«, sagt ein ehemaliger Weggefährte später.

Zwischen 1997 und 1998 tauchten mehrere Kofferbomben im Raum Jena auf, abgestellt an öffentlichen Orten. Bei der Sprengstoffbeschaffung soll aktuellen Zeugenaussagen zufolge ein früher Bekannter von Mundlos geholfen haben: Thomas Starke aus Chemnitz. Seine Tat wäre inzwischen verjährt. Starke galt bis zum Verbot im Jahr 2000 durch das

Bundesinnenministerium als einer der führenden Köpfe der sächsischen Sektion von B&H. Auch Jan Botho Werner aus Chemnitz hatte damals in diesen Kreisen das Sagen. Er sollte, dem Hinweis des brandenburgischen Verfassungsschutz-Informanten »Piato« zufolge, Waffen für das Trio besorgen. Das Geld dafür würden die »Brüder« bereitstellen, heißt es in internen Aufzeichnungen sächsischer Behörden. Auf die Untergrundstrukturen der elitären Blut und Ehre-Kameraden schien Verlass.

Als militante Neonazis aus Gera 1997 mit der Organisation White Youth begannen, Nachwuchs für das B&H-Netz zu rekrutieren, zählten die drei Jenaer zum Umfeld. Gegründet wurde B&H zehn Jahre zuvor in Großbritannien vom Sänger der britischen Skinband Skrewdriver. Schnell breitete sich ein klandestines Netz militanter Neonazis in Europa aus. Die deutsche Sektion wurde 1994 gegründet. Mit einschlägigen Musikträgern und konspirativen Konzerten ließ sich viel Geld verdienen. Radikale Inhalte konnten schneller als durch Parteiprogramme über Songtexte in die jugendlichen Köpfe transportiert werden. Doch den Anführern ging es um weit mehr: 1998 beschloss B&H bei einem Deutschlandtreffen, die »Patrioten« einen zu wollen, »nicht nur in der Musik, sondern im Kampf«, denn »Wir sind mehr als eine Musikbewegung!«

Längst hatten auch die umtriebigen Jenaer Neonazis Zschäpe, Mundlos und Böhnhardt sich von den saufenden und pöbelnden Skinhead-Kameraden entfernt. Schon reichten auch regionale Anführer wie Ralf Wohlleben und André Kapke nicht mehr als politische Input-Geber. Nach und nach hatte insbesondere Mundlos Kontakte unter anderem nach Baden-Württemberg, Rheinland-Pfalz, Bayern, in den Norden und vor allem nach Sachsen aufgebaut. Freundschaft pflegte er Zeugenaussagen zufolge insbesondere zum Chemnitzer Kreis um Starke.

Ideologisch gefestigt und gefährlich kreativ

Die Anhänger von B&H hörten Lieder und lasen geheime Szenetexte wie: »Wir als stolze Arier machen unsere Arbeit selber und erlauben dreckigen Menschen nicht irgendwo in unserer Nähe zu sein. Sie sind Bazillen.« Oder: »Die Patrioten von heute müssen sich auf den größten aller Kriege, den Rassenkrieg, vorbereiten, und dafür muss man geheime

Strukturen schaffen und bereit sein, sein Leben zu opfern.« Euphorisch verehrt wurde zu dieser Zeit die baden-württembergische Kultband Noie Werte, die als eine der ersten Kontakte zur britischen Szene um Skrewdriver geknüpft hatte. Steffen Hammer war nicht nur Sänger der inzwischen aufgelösten Band, sondern genießt auch einen Ruf als Szeneanwalt. Auf die Terroristen vom Nationalsozialistischen Untergrund (NSU) muss die Rechtsrockgruppe Eindruck gemacht haben. Sie wählten die im rechten Teil der Hardcoreszene beliebten Songs »Kraft für Deutschland« und »Am Puls der Zeit« als Begleitmusik für ihr 2001 entstandenes Bekennervideo zu den ersten vier Morden und dem Nagelbombenanschlag in Köln. Kaum Zufall, dass sich der als Komplize der Zwickauer Terrorzelle verdächtige Wohlleben ausgerechnet von Hammers langjähriger Kanzleikollegin, der Rechtsanwältin Nicole Schneiders, vertreten lässt. Bande, die sich über Jahre hinweg aufbauten.

Der Chemnitzer Neonazi Starke tauchte bereits vor 1998 im persönlichen Telefonbuch von Mundlos auf. Das Jenaer Trio hatte ihn und weitere sächsische Kameraden während deren Haftzeit im Gefängnis betreut und besucht. Gleich nach der Flucht der Bombenbastler revanchierten sich die Chemnitzer B&H-Hardliner. Zu den ersten Anlaufadressen gehörten ihre Anhänger. Gemeinsam brachten sie das Trio bei Kameraden unter – und das, obwohl das sächsische Landesamt für Verfassungsschutz B&H seit 1998 im Visier hatte. Immerhin halfen sie bei der Produktion von »Rand an den Feind«, einer CD, der später als kriminelle Vereinigung eingestuften Berliner Neonazi-Band Landser. In einem der Songs hieß es: »Terroristen mit E-Gitarren, neue Anschläge sind schon geplant.«

Die Szene, in der sich Zschäpe, Böhnhardt und Mundlos bewegten, zunächst noch in Thüringen und dann in Sachsen, war impulsgebend für die rechte Bewegung. Sie rüstete sich für den »Krieg gegen das System«. Wehrsport- und Schießübungen gehörten zum paramilitärischen Training elitärer, konspirativer Neonazi-Zirkel. Insbesondere im Erzgebirge war davon immer wieder die Rede.

In Großbritannien hatte sich bereits ein terroristischer Ableger von B&H namens Combat 18 (C18) herauskristallisiert. Konzeptionell strebte C18 danach, Divisionen in diversen europäischen Ländern aufzubauen. Die Organisation galt als bewaffneter Arm von B&H, intern auch als

Konkurrenz. Erklärtes Ziel war es, »Furcht und Terror unter den Feinden zu verbreiten«. Neonazistische Attentäter aus deren Umfeld verübten 1999 mehrere Bombenanschläge in England mit vielen Opfern. Die »14 Words« des US-amerikanischen Neonazi-Terroristen David Lane fassten deren Motivation zusammen: »We must secure the existence of our people und a future for white children.« Auch diese für die Zeit bedeutende, gefährliche Phrase fand sich in einem Bekennervideo des NSU wieder. Führende deutsche Neonazis knüpften an diese gefährlichen Strukturen an. Zu ihnen zählte auch das langjährige NPD-Bundesvorstandsmitglied Thorsten Heise. Ihn kontaktierten die drei Jenaer nach ihrer Flucht über einen Mittelsmann.

Die Gangart wurde schärfer. 1999 wurde dem Neumünsteraner Neonazi Sascha Meseberg, genannt »Pitbull«, in der C18-Hochburg Schleswig-Holstein aus nächster Nähe mit einer Pumpgun in den Kopf geschossen. Die Ermittler gingen nach Recherchen der Autoren des Buches »White Noise – Einblick in die internationale Neonazimusik-Szene« von »einer Abrechnung im kriminellen Milieu« aus. Als einer der eifrigsten Verfechter von C18 galt der 1995 wegen Anstiftung zum Mord an einem Angolaner zu einer Haftstrafe verurteilte Neonazi Carsten Szczepanski aus Berlin, der später als Informant des Verfassungsschutzes enttarnt wurde. Auch er bewegte sich im Umfeld des abgetauchten Trios und gab dem Amt wohl immer wieder Hinweise auf Unterstützung für die Drei durch sächsische B&H-Strukturen.

Bereits 1999, kurz bevor der NSU mit dem Morden begann, wurde auch Schweden von verschiedenen gewalttätigen Aktionen der militanten White Power-Bewegung erschüttert. Es gab eine Reihe von Banküberfällen, zwei Polizisten starben dabei in der Nähe der Stadt Malexander. Im selben Jahr wurden ein Journalist und dessen achtjähriger Sohn bei einem Bombenanschlag auf sein Auto schwer verletzt. Im Oktober 1999 starb der Gewerkschafter Björn Söderberg, kaltblütig hingerichtet von Neonazis. Auf dem aufgefundenen Rechner der NSU im Zwickauer Brandschutt fanden sich auch Videosequenzen von rechten Aufmärschen in Dänemark und Schweden.

Insbesondere das Buch »The Way Forward« des norwegischen B&H-Führers Erik Blücher war 2000 ein militanter Leitfaden. Auch er beschrieb C18 als die Armee und den bewaffneten Arm von B&H. Deren

Kämpfer sollten das »multikulti, multikriminelle Inferno von ZOG zerstören«. ZOG (»Zionist Occupied Government«) steht in extrem rechten Kreisen als Synonym für eine angebliche jüdische Weltherrschaft. Diese Strategieschrift war ein Aufruf zum bewaffneten Kampf. Genaue Handlungsanleitungen fanden sich später im geheimen C18-Handbuch »Der politische Soldat«. Dort hieß es: »Keine Zelle sollte in den bewaffneten Kampf einsteigen, wenn sie keinen sicheren Ort hat, wo sie Waffen, Munition und gesammelte Informationen usw. verstauen kann.« Mundlos, Böhnhardt und Zschäpe hatten diesen Ort gefunden, mitten in Sachsen.

Das Trio schien bereits zu Jenaer Zeiten unzählige Insiderschriften und Strategiepapiere verschlungen zu haben. Bei den Hausdurchsuchungen im Jahr 1998 fanden sich allein in einer der Garagen rechte Hardcorehefte wie »Der weiße Wolf – Rundbrief inhaftierter Kameraden der Justizvollzugsanstalt Brandenburg«, eine B&H-Broschüre von 1996, die Nachrichten der Hilfsgemeinschaft für nationale Gefangene, die »Kameradschaftshilfe – Informationsschrift für Internierte« und Hefte vom Freundeskreis Nationaler Sozialisten/Aktion Volkswille, dem »Sonnenbanner – Nationalsozialistisches Schulungsblatt«, dem NS-Kampfruf von der amerikanischen NSDAP/Aufbauorganisation – Landesverband Hamburg, eine Schrift des Rechtsterroristen Roeder unter dem Titel »Lebensborn – Leitheft für deutsche Ordnung« sowie Ausgaben der Szenezeitschriften »Foier Frei« und »Junges Franken«. Unter den Schriften war auch die Neonazipostille Hamburger Sturm, zu deren Machern der heute führende NPD-Drahtzieher Torben Klebe zählte. In einer der Ausgaben hieß es: »Man darf nicht vergessen, dass wir im Krieg sind mit diesem System und da gehen nun mal einige Bullen oder sonstige Feinde drauf.«

Vieles klingt, als hätte der NSU mit seiner Parole »Taten statt Worte« von unsichtbaren ideologischen Fäden dirigiert handeln wollen. Indizien weisen darauf hin, dass auch die eigene Szene mobilisiert werden sollte. So heißt es im gefundenen Asservat »NSU Brief.cdr« vom März 2002: »Jeder Kamerad ist gefragt! Auch du!! Gib dein bestes – Worte sind genug gewechselt, nur mit Taten kann ihnen Nachdruck verliehen werden.« Der NSU betont, »keine abstrakte Sache« zu sein, denn »jeder Kamerad gehört dazu, sofern er den Mut findet zu handeln und seinen

Beitrag zu leisten.« Betont wird, dass der »Erfolg« in Zukunft »auch von deinem Verhalten« abhängt. Mit seinen Anleitungen zum Partisanenkampf ähnelte auch das damalige »Werwolfkonzept« den Handlungsweisen der NSU. Darin wurde empfohlen, auf der Basis einer scheinbar bürgerlichen Fassade aus dem Verborgenen heraus zu operieren. Waffen sollten im Ausland besorgt werden und zellenartige Widerstandsgruppen netzartig die BRD überziehen.

Während der NSU planmäßig mordete und die deutsche Division von B&H 2000 wegen ihrer Verfassungsfeindlichkeit bereits verboten war, begannen die ehemaligen Weggefährten aus Jena, Wohlleben und Kapke, in Ostthüringen internationale Rechtsrockevents wie das Fest der Völker zu organisieren, ausgerechnet mit Bands aus dem europäischen Netzwerk von B&H. Längst hatten deutsche Ableger der international wirkenden Hammerskin Nation (HSN) deren nationale, finanzträchtige Musik- und Konzertlogistik übernommen. Das Banner des inzwischen größten Neonazi-Musiklabels PC Records aus Chemnitz prangte auf den Festbühnen von Wohlleben und Kapke. Hammerskin-nahe Bands wie Gigi und die braunen Stadtmusikanten gehörten zu den einschlägigen Interpreten. Ausgerechnet diese Band veröffentlichte 2010 den so genannten Döner-Killer-Song, produziert bei PC Records in Chemnitz. Auch der rege Austausch zwischen Hammerskins aus Thüringen und Sachsen mit »Brüdern« aus der Schweiz weckt Assoziationen: Denn heute ist bekannt, dass die Tatwaffe für die zehn Morde der NSU über Mittelsleute aus dem Alpenland nach Thüringen kam.

Aus heutiger Sicht offenbaren sich zahlreiche Parallelen, die verdeutlichen, dass das Trio keineswegs ideologisch völlig autark handelte. Deren frühes intensives Studium konspirativer Schriften spricht dafür. Ob über das Netzwerk des THS, das von B&H oder den internationalen Strukturen der elitären Hammerskins, durchaus möglich ist, dass Zschäpe, Mundlos und Böhnhardt sich langfristig sogar bemühten, die größtmögliche Anerkennung innerhalb eines konspirativen Milieus zu sichern. Immerhin hieß es schon in einem der B&H-Papiere wohlweislich: »Diese einsamen weißen Wölfe müssen respektiert und allein gelassen werden, um die schlimmsten Feinde unserer Rasse zu verfolgen. Sie erwarten keine Unterstützung und Hilfe, aber sie verdienen Anerkennung und Verständnis«.

Es scheint auch nicht mehr ausgeschlossen, dass durch die Banküberfälle der terroristischen Neonazi-Zelle Teile der Szene finanziell unterstützt wurden, die über das unmittelbare Komplizennetz hinausreichten. »Es sei plausibel, dass zumindest ein Teil des Geldes an Kameraden weitergeleitet wurde«, schreibt die Ostsee-Zeitung Anfang April 2012 und bezieht sich auf Aussagen von Sicherheitsexperten. Anlass für solche Vermutungen hatte eine vom Antifaschistischen Pressearchiv in Berlin gefundene Meldung aus dem Jahr 2002 gegeben: »Vielen Dank an den NSU, es hat Früchte getragen«, lautete eine kryptisch klingende Grußbotschaft aus der Szenezeitschrift »Der weiße Wolf«. Es folgten ein zwinkernder Smiley und die Parole: »Der Kampf geht weiter ...« Die extrem rechte Knast-Zeitung, ursprünglich in der Justizvollzugsanstalt Brandenburg entstanden, hatte das Trio bereits 1996 im Abo. Inhaftierte Kameraden zu betreuen war damals Teil ihrer Arbeit. Nicht ausgeschlossen, dass die Danksagung im »Weißen Wolf« mit einer Geldspende aus Zwickau verbunden war. Inzwischen scheint genau diese These auch Teil der Ermittlungen des Bundeskriminalamtes zu sein. Denn auf einer im Zwickauer Trümmerschutt sichergestellten Festplatte fanden sich Fragmente jenes »NSU Briefes«, wohl im März 2002 geschrieben, die als Indiz dafür dienen könnten. »Beachte: Beiliegende Unterstützungen ziehen keinerlei Verpflichtungen nach sich«, steht klein gedruckt links unten und weiter: »Der Empfänger des Schreibens (...) darf den Brief und die Spende einbehalten und für seine Zwecke nutzen.« Die Verfasser verdeutlichten, dass »das Zeichen des NSU« die Sympathie und Verbundenheit »gegenüber der neuen Bewegung« symbolisieren sollte. »Niemals«, heißt es pathetisch, würde der NSU über eine Kontaktadresse erreichbar sein. Doch das Internet, Zeitungen und »Zines«, gemeint sind Szenezeitschriften, seien »gute Informationsquellen – »auch für den NSU«.

Dieses sichergestellte Asservat deutet darauf hin, dass die Neonazis der Zwickauer Zelle durchaus die Kommunikation suchten, wenn vielleicht auch nur einseitig. In der verfassten Datei namens »NSU Brief« betonten sie noch, dass eine Verbreitung »erwünscht« sei.

Katharina König/Matthias Quent

Anfänge in der DDR

Stationen der Entwicklung der Thüringer Neonaziszene seit 1990

»Im Unterschied zur BRD wurde im sozialistischen deutschen Staat der Faschismus mit allen seinen Wurzeln, mit Stumpf und Stiel ausgerottet.«[1] Dieser Legitimationsmythos der DDR wurde spätestens mit dem Überfall von extrem rechten Skinheads auf ein inoffizielles Punkkonzert in der Ostberliner Zionskirche im Oktober 1987 offensichtlich und unter medialer Beachtung widerlegt. Für die SED und ihre Organe war das dennoch kein Grund von der gefährlichen Lüge Abstand zunehmen. Bereits Ende der 1970er Jahre traten in der DDR jugendliche Skins auf, die sich optisch an den »Westskins« orientierten. Wie auch im Rest der DDR waren vor allem die größeren Thüringer Fußballvereine Anziehungspunkte für die extrem rechten Jugendlichen. Feindbild und Opfer der Nazi-Skins waren von Anfang an vor allem Immigrierte und linke Oppositionelle, wobei sich in einigen Jugendcliquen Rechte und Linke mischten und sich die offene Feindschaft erst mit der Vereinigung entlud. Ab 1989 nahmen ausländerfeindliche Aktivitäten und gewalttätige Übergriffe massiv zu.[2]

Die Unwissenheit und Ignoranz der politischen Obrigkeit gegenüber den neonazistischen Entwicklungen überlebten den politischen Wechsel der Wendezeit.[3] Aufgrund des jugendlichen Potenzials und der Planlosigkeit der Behörden entwickelten sich die neuen Länder schnell zu beliebten Auftrittsorten rechtsextremer Bands. Auch neonazistische Großdemonstrationen mit bis zu 2.000 Neonazis, wie anlässlich des Ru-

---

[1] Siegler, Bernd (1991): Auferstanden aus Ruinen. Rechtsextremismus in der DDR, Berlin: Editon Tiamat, S. 99.

[2] Vgl. Klärner, Andreas (2008): Zwischen Militanz und Bürgerlichkeit. Selbstverständnis und Praxis der extremen Rechten, Hamburg: Hamburger Editon, S. 93

[3] Vgl. Schmidt, Jochen (2002): Politische Brandstiftung. Warum 1992 in Rostock das Ausländerwohnheim in Flammen aufging, Berlin: Edition Ost, S. 22.

dolf-Heß-Gedenkmarsches 1992 in Rudolstadt, ließen nicht lange auf sich warten.

Kurz nach der Vereinigung trat in Thüringen eine Vielzahl neonazistischer Organisationen auf die Bildfläche. Neben Parteien wie der NPD, der DVU und Die Republikaner (REP) veranstaltete der Verlag für Volkstum und Zeitgeschichtsforschung Lesertreffen. Regionale Gruppen wie der SA-Sturm Erfurt, verschiedene Skinhead-Cliquen und -Bands sowie bundesweit bedeutsame Neonazigruppen wurden aktiv. Unter anderem veranstaltete die Wiking-Jugend (WJ) Wehrsportlager in Thüringen. Auch die Freiheitliche Deutsche Arbeiterpartei (FAP), die Nationalistische Front (NF) und die Nationale Liste (NL) organisierten sich in Thüringen. Einer der wichtigsten Funktionäre beim Aufbau der Thüringer Neonaziszene Anfang der 1990er Jahre war der ehemalige FDJ-Sekretär Thomas Dienel. Bis 1992 Vorsitzender des Landesverbandes der NPD, gründete er nach seinem Austritt 1992 die Deutsche Nationale Partei (DNP). Der unter anderem wegen eines Überfalls auf ein Asylbewerberheim im Weimar mehrfach vorbestrafte Dienel war ab 1995 als bezahlter Informant für das Thüringer Landesamt für Verfassungsschutz (TLfV) tätig. Nach seiner Enttarnung behauptete Dienel, vor juristischen Zugriffen »gedeckt« worden zu sein sowie 1997 in Absprache mit dem Verfassungsschutz und von diesem finanziert eine Flugblattkampagne gegen den Gewerkschafter Angelo Lucifero inszeniert zu haben, um ihn zu diskreditieren.[4]

Zunächst gewannen in den neuen Bundesländern nicht die bekannten westdeutschen Wahlparteien, sondern randständige, radikale Neonazigruppen an Einfluss. Darunter zahlreiche informelle Zusammenschlüsse offen gewaltbereiter Aktivisten, die vor allem der Skinhead-Subkultur angehörten. Während bis Mitte der 1990er Jahre der organisierte Neonazismus auf Westdeutschland konzentriert blieb, wuchs in Ostdeutschland eine extrem rechte Subkultur. Verschiedene Organisationen versuchten – oft mit geringem Erfolg –, auf diese Einfluss zu nehmen. Gerade dieses subkulturelle Milieu war maßgeblich für die Gewaltwelle gegen MigrantInnen in Ostdeutschland verantwortlich. Auf die rassistischen

[4] Vgl. Hielscher, Almut/Mascolo, Georg/Winter, Steffen (2000): Man hat mich gedeckt, in: Der Spiegel Nr. 40, 2.10.2000, S. 109f.

Pogrome in Rostock, Solingen, Mölln und anderswo, die sich vor allem gegen Asylsuchende richteten, reagierte der Bundesinnenminister ab 1992 mit einer Reihe von Verboten. 15 Vereinigungen waren davon bis 2000 betroffen – davon acht zwischen 1992 und 1994. Darunter auch bedeutende Organisationen wie die WJ und die FAP, welcher u.a. der Thüringer Rechtsrockhändler und das ehemalige NPD-Bundesvorstandsmitglied Thorsten Heise angehörte.

Die Neonaziszene reagierte auf die Verbotswelle bundesweit mit der Gründung Freier Kameradschaften. Richtungsweisend waren absurderweise linke außerparlamentarische Gruppen. Deren Vorbild folgend, hoffte man, durch den Verzicht auf Parteibücher und Mitgliedsausweise für staatliche Repression weniger angreifbar zu sein.[5] Auch in Thüringen entwickelten sich die Kameradschaften[6] neben der NPD zur zentralen Organisationsform der extremen Rechten.

So gründeten sich bereits Anfang der 1990er Jahre in Jena, Saalfeld-Rudolstadt, Gera und weiteren Thüringer Städten so genannte Freie Kameradschaften wie beispielsweise die Kameradschaft Jena, der damals neben André K. auch der seit November 2011 als »NSU-Unterstützer« inhaftierte Ralf Wohlleben sowie Uwe Mundlos, Uwe Böhnhardt und Beate Zschäpe angehörten. Aus diesen Kameradschaften ging ab 1994 die Anti-Antifa Ostthüringen mit Sitz in Rudolstadt hervor. Nach dem Vorbild des Konzeptes des Hamburger Neonazis Christian Worch stellte sie eine informelle und vermeintlich hierarchiefreie Organisationsstruktur dar und begriff sich als Bestandteil einer militanten Neonaziszene.

Dies entsprach der Ankündigung der Anti-Antifa u.a. in »Der Einblick« (1993), in welcher von »professioneller Vorbereitung« von Aktionen gegen den politischen Gegner gesprochen wurde. In Thüringen bedeutete dies konkret: Regelmäßige wöchentliche Treffen der Anti-Antifa Ostthüringen mündeten in einer Vielzahl von Übergriffen auf AntifaschistInnen sowie öffentlichkeitswirksamen Auftritte. Als Beispiel hierfür sei die Störung der Gedenkveranstaltung für die Opfer des Faschismus in

[5] Vgl. Schedler, Jan (2011): Modernisierte Antimoderne: Entwicklung des organisierten Neonazismus 1990-2010, in: Schedler, Jan/Häusler, Alexander (Hrsg.): Autonome Nationalisten. Neonazismus in Bewegung, Wiesbaden: VS, S. 18.

[6] Auch Freie Kräfte oder Freie Nationalisten.

Saalfeld-Rudolstadt am 10. September 1995 durch das Deponieren einer Bombenattrappe genannt.

Während das im Verfassungsschutzbericht 1994 bereits als eine Verdoppelung rechts motivierter Taten verzeichnet wurde, urteilte das TLfV zwei Jahre später: »Neben dem Kreisverband der ›Republikaner‹ in Erfurt existiert im Raum Rudolstadt/Saalfeld die weitgehend strukturlose Gruppierung ›Anti-Antifa Ostthüringen‹, die auch unter den Namen ›Thüringer Heimatschutz‹ (THS) und ›Kameradschaft Jena‹ auftritt.«[7]

Die Anfang der 1990er Jahre noch als Selbstfindung zu bezeichnende Phase Thüringer Neonazis mündete 1996 in der Gründung und Bündelung einzelner Kameradschaften im THS. Damit einhergehend kam es zur Professionalisierung, Radikalisierung und Politisierung der Thüringer Neonaziszene. Unter der Führung von Tino Brandt im Landkreis Rudolstadt/Saalfeld sowie den ehemaligen Führungspersonen der Kameradschaft Jena André K., Uwe Mundlos, Uwe Böhnhardt und Ralf Wohlleben in Jena war zunehmend die Existenz einer organisierten Nazistruktur spürbar. Regelmäßig kam es zu Übergriffen auf alternative Jugendliche, junge Erwachsene und MigrantInnen. Bedrohungsszenarien wie Hetzjagden durch Mitglieder des THS waren bis Anfang der 2000er Jahre Normalität. »National befreite Zonen« nach dem Konzept des Mitte 1991 erschienenen Aufrufs »Schafft befreite Zonen« entstanden. Schwerpunkte dafür wurden erneut die Hochburgen des THS: der Landkreis Saalfeld/Rudolstadt und Jena. In Saalfeld wurde der Stadtteil Gorndorf für alternative Jugendliche und junge Erwachsene zu einer »No-Go-Area«.

Das TLfV schätzte die Thüringer Neonaziszene Mitte der 1990er Jahre auf ca. 1.000 Personen, die Saalfelder Polizei sprach im Jahr 1997 von 120 aktiven Neonazis im Landkreis. Von den 939 polizeilich registrierten extrem rechten Straftaten im Jahr 1996 entfielen 231, und damit mindestens 25%, auf Saalfeld-Rudolstadt.[8]

---

[7] Thüringer Landtag (1996): Drs. 2/1075, 26.4.1996, S. 3.

[8] Vgl. Dittes, Steffen (1997): Nach Verbot jubilierte die rechtsextreme Szene, in: PDS-Fraktion im Thüringer Landtag (Hrsg.): Saalfeld – Demokratie im Würgegriff? Dokumentation zur Öffentlichen Anhörung der PDS-Fraktion im Thüringer Landtag am 5. November 1997, Erfurt: o.V., S. 10f.

Brandt, Führungsfigur des THS und seit 1994 V-Mann des TLfV war wahrscheinlich in mehrere dieser Straftaten verwickelt: In insgesamt 35 teilweise schwerwiegenden Fällen wurde während seiner Zeit als V-Mann gegen ihn ermittelt. Doch eine Verurteilung erfolgte nie.[9] Im Oktober 1997 kam es zu einer Razzia des THS-Treffpunkts in Heilsberg. Ausgehoben wurde das bis dahin größte Waffenarsenal bei Neonazis. Trauriger Höhepunkt war schließlich die Ermordung der 14-jährigen Saalfelderin Jana G. durch einen im örtlichen rechten Spektrum zu verortenden 15-Jährigen am 26. März 1998.

Ungestörte Radikalisierung

In Jena wurden die Stadtteile Lobeda und Winzerla zum Agitationsgebiet – erst von der Kameradschaft Jena, dann von der THS-Sektion Jena. Das Jugendzentrum Winzerclub im Stadtteil Winzerla war einer der Anlauf- und Treffpunkte – auch von Uwe Mundlos, Uwe Böhnhardt und Beate Zschäpe. Die fehlende sozialpädagogische Professionalität entsprang dabei nicht nur in Jena aus dem falschverstandenen Konzept der »akzeptierenden Jugendarbeit«. Die Zunahme von Übergriffen auf linke Jugendliche wurde seitens der Öffentlichkeit weitestgehend negiert, die Junge Gemeine Stadtmitte Jena als einer der Treffpunkte für Alternative im Gegenzug als »Feindbild schaffend« kritisiert. Die Radikalisierung der THS-Sektion Jena konnte ungestört voranschreiten. 1996 tauchten erstmals Aufkleber dieser Gruppe mit dem Aufdruck »Bratwurst statt Döner« auf. Als Verantwortlicher wurde André Kapke genannt.

Ebenfalls 1996 fand sich an einer Autobahnbrücke bei Jena eine menschengroße Puppe, versehen mit einem gelben Judenstern und ausgestattet mit einer Bombenattrappe. Verantwortlich dafür: Uwe Böhnhardt. Die nächste Bombenattrappe in Form einer Kiste tauchte am 6. Oktober 1996 im Fußballstadion Ernst-Abbe auf. Versehen war sie mit einem Hakenkreuz. Briefbombenattrappen wurden über den Jahreswechsel 1996/97 an eine lokale Zeitung, die Stadtverwaltung und die Polizei versandt. Anfang September 1997 wurde der nächste mit einem

[9] Vgl. Thüringer Landtag (2012): Drs. 5/4198, 15.3.2012.

Hakenkreuz gekennzeichnete Koffer vor dem Theaterhaus aufgefunden. Der Koffer beinhaltete einen funktionsfähigen Sprengsatz sowie zehn Gramm TNT. Nur drei Monate später, am 26. Dezember 1997, wurde erneut ein Koffer mit aufgesprühtem Hakenkreuz entdeckt – diesmal auf dem Jenaer Nordfriedhof, an einer Gedenkstätte für den antifaschistischen Widerstandskämpfer Magnus Poser.

Ergänzt wurde diese Radikalisierung durch damals auftauchende Szenezeitschriften wie »Doitsche Musik« aus Erfurt oder die »Neue Thüringer Zeitung – Stimme der Nationalen Erneuerung«, die in Zusammenarbeit von Frank Schwerdt und Brandt entstand. Abgerundet wurden diese Thüringer Zustände durch Rechtsrockbands und -Konzerte, aber auch durch Szeneläden, die nicht nur Kleidung und Musik, sondern wie im Fall des Mitte der 1990er Jahre im Zentrum Jenas entstandenen Ladens Madley sogar Waffen bereithielten. Dessen Inhaber sind keine Unbekannten. Zwar scheiterte die Etablierung eines zweiten nationalen Geschäfts unter dem Namen Hatebrothers, mit dem Namen hatten sie sich jedoch selbst enttarnt: Sie waren einer in den 1990er Jahren in Kahla bestehenden Skinheadclique zuzurechnen, die dem Blood & Honour-Umfeld angehörte.[10]

Das Madley steht symbolhaft für die Ausdehnung einer rechten Alltagskultur im Thüringer Städten, zu der noch heute Neonazi-Läden gehören. Bis zum Jahr 1998 wuchs der Thüringer Heimatschutz laut TLfV auf 120 Personen an. Thüringen war – gemessen an Übergriffen durch und Veranstaltungen von Neonazis – zum »braunen Herz Deutschlands« geworden. Die Aktivitäten des THS waren jedoch nicht lokal beschränkt: Regelmäßig werden bundesweite Demonstrationen und Aktivitäten der Neonaziszene wahrgenommen: bspw. die Aktionstage zum Todestag des Hitler-Stellvertreters Rudolf Heß, die Teilnahme an Neonazi-Aufmärschen gegen die Ausstellung »Verbrechen der Wehrmacht« in München oder in Dresden.

1998 erfolgte nach der Abwahl des ehemaligen NPD-Landesvorsitzenden Frank Golkowski eine engere Anbindung an die NPD, ohne das

---

[10] Antifa-Recherchteam Dresden, GAMMA Leipzig, Antifa-Recherchegruppe Jena: Dossier »Blood & Honour« – NSU-Helfer in Sachsen, 31.1.2012, online unter: http://gamma.noblogs.org/archives/840.

ausdifferenzierte rechte Spektrum zugunsten der NPD zu minimieren. Die Zusammenarbeit des THS mit unterschiedlichen rechten Gruppen und Parteien intensivierte sich und wurde augenscheinlich in der Zusammenarbeit und Unterstützung der Burschenschaft Jenensia. Brandt sorgte auf Landesebene für eine enge Verbindung zwischen Kameradschaften und NPD: Ab 1999 war er Pressesprecher des Thüringen Landesverbandes und ab April 2000 vorübergehend stellvertretender Landesvorsitzender.

Im Jahr 2000 waren bis zu sieben von zwölf NPD-Vorstandsmitgliedern in Thüringen gleichzeitig Mitglieder des THS. Dieser fungierte als Bindeglied zwischen militanter Neonaziszene, NPD und den Jungen Nationaldemokraten. Mit der An- und Einbindung des Nationalen und Sozialen Aktionsbündnisses Westthüringen (NSAW) erweiterte der THS im Jahr 2000 sein Agitationsfeld über Ostthüringen hinaus. Treibende Kraft war Patrick Wieschke, wegen Anstiftung zu einem Sprengstoffanschlag vorbestrafter NPD-Funktionär und heutiger Stadtrat der NPD aus Eisenach. Im Jahr 2001 wird Brandt als V-Mann des TLfV enttarnt. In den Jahren 1994 bis 2001 soll er für seine Informantendienste etwa 200.000 DM erhalten haben, die er laut eigenen Angaben zum Aufbau der Bewegung verwendete. Der THS erfuhr durch die Enttarnung seiner Führungsfigur einen Rückschlag und verlor an Bedeutung und Bindekraft, die Neonaziszene in Thüringen begann, in neuen Formen zu agieren. Als identitätsstiftendes Symbol jedoch existiert der THS – gemessen an der öffentlichen Verwendung des Namens – bis heute.

Mit der Entstehung der Autonomen Nationalisten erfuhr die Anpassung der Neonaziszene an veränderte gesellschaftliche Bedingungen ihre »gegenwärtig grellste Ausdrucksform«[11] Die Selbstbezeichnung impliziert die äußerliche Orientierung am Lifestyle der radikalen Linken – vor allem der autonomen Antifa – sowie die Aneignung deren militanten Selbstverständnisses. Auch in Thüringen setzte die extrem rechte Szene verstärkt auf ein modernes, jugendkulturell zeitgemäßes und aktionsorientiertes Erscheinungsbild. 2002 tauchten bei Aufmärschen in Thüringen erstmals linke Symbole, eine sozialrevolutionäre Bildsprache und Anglizismen wie »fight the system« auf. Die äußerliche und taktische

---

[11] Vgl. Schedler, a.a.O., S. 32.

Öffnung für andere Jugendkulturen jenseits der rechten Skinheads hatte ihr strategisches Pendant in der Verschiebung der Aktionsformen der extremen Rechten, die infolge der Hartz-IV-Gesetzgebung ihren Höhepunkt fand. Richteten sich die Aktivitäten und Publikationen der Szene zuvor stark an das eigene Klientel, gewinnen seit Mitte der 1990er Jahre medien- und öffentlichkeitsorientierte Aktionen an Bedeutung. Traditionelle Parteiveranstaltungen und spontane Gewalt treten zugunsten einer »taktischen Zivilisierung der Szene und einer symbolischen Anpassung an akzeptierte Formen politischen Handelns«[12] in der Hintergrund, während für soziale Bewegungen typische Aktivitäten wie Demonstrationen und Kundgebungen zunehmen.[13] Auch die inhaltliche Agenda veränderte sich. Verbreitete der THS 1996/1997 noch »Bratwurst statt Döner«-Aufkleber, verlor die Agitation gegen MigrantInnen Ende der 1990er Jahre an Bedeutung. Der Tenor lautet seit dem: »Zukunft statt Globalisierung«; die gleichnamige Kampagne hat ihre Postanschrift in Jena. Mit der »Antiglobalisierungskampagne« werden traditionelle nationalistische und völkische Elemente der extremen Rechten mit der sich immer dringlicher stellenden sozialen Frage verbunden.[14] Wachsende Zweifel vieler Menschen an einer Gesellschaft, die Arbeit zum höchsten gesellschaftlichen Gut erklärt, während Millionen Menschen keinen Zugang zum Arbeitsmarkt finden, sollen so für Scheinalternativen und autoritäre Orientierungssicherheiten mobilisiert werden.[15] Die globale Wirtschafts- und Finanzkrise ab 2008 nutzen extreme Rechte für die Verbreitung antisemitischer Verschwörungstheorien, welche »die Juden« als Drahtzieher der Krise darstellen, meist chiffriert als »US-Ostküste«, »internationale Hochfinanz« oder »zionistische Lobby«.[16]

---

[12] Klärner, a.a.O., S. 65.

[13] Vgl. Schedler, a.a.O., S. 26ff.

[14] Vgl. Stöss, Richard (2010): Rechtsextremismus im Wandel, Berlin: o.V., S. 39ff.

[15] Böhnisch, Lothar: Rechtsextremismus als »Sog von unten«, in: Imbusch, Peter/Heitmeyer, Wilhelm (Hrsg.): Integration – Desintegration. Ein Reader zur Ordnungsproblematik moderner Gesellschaften, Wiesbaden, 2008, S. 635-647.

[16] Stöss, a.a.O., S. 42.

Unterwanderung demokratischer Proteste

Insbesondere in den strukturschwachen Regionen der neuen Bundesländer gelang es der extremen Rechten im Zuge der Hartz-Gesetzgebung, eigene Aktionen gegen Sozialabbau zu organisieren und demokratische Proteste zu unterwandern. Schließlich schaffte es die NPD seit über 25 Jahren erstmalig, in Landesparlamente (Sachsen und Mecklenburg-Vorpommern) einzuziehen; die DVU wurde zweimal nacheinander in den Landtag von Brandenburg gewählt (1999-2009).[17] Die extrem rechten Parteien in Thüringen konnten von dem Trend kaum profitieren. Die Ursachen hierfür liegen nicht in der mangelnden Nachfrage. Vor allem Ergebnisse der Landtagswahlen zeigen, ob und wie es diesen Parteien gelingt, Wahlpersonal und die für einen Wahlkampf nötige Infrastruktur zu gewährleisten. Ihr Scheitern an der Fünf-Prozent-Hürde spiegelt in Thüringen vor allem ihre Angebotsschwäche und interne Zerstrittenheit wieder.[18]

Mit den REP trat 1994 erstmals eine extrem rechte Partei bei den Landtagswahlen im Freistaat an und erreichte 1,3% der Zweitstimmen. 1999 konkurrierten drei Parteien aus der extremen Rechten um die Stimmen für den Landtag: Die DVU erreichte 3,1%, die NPD 0,2% und die REP 0,8% der Zweitstimmen. 2004 hatte sich die NPD, bei sehr niedriger Wahlbeteiligung von nur 53,8%, auf 1,6% verbessert. Die REP erlangten 2%; die DVU trat nicht an. Ab 2004 verloren die extrem rechten Parteien neben der NPD in Thüringen endgültig an Relevanz. 2009 erlangte die NPD 4,3 und die REP 0,4% der abgegebenen Zweitstimmen, wobei die NPD in manchen Wahlkreisen deutlich darüber lag (bspw. Saalfeld-Rudolstadt 6,1%) und in manchen Kommunen nur knapp hinter den großen Volksparteien lag (bspw. In Schmiedefeld mit 17%).[19] Bei den Kommunalwahlen im selben Jahr konnte die extreme Rechte in

---

[17] Vgl. ebd.

[18] Vgl. Edinger, Michael (2010): Gefährdung der demokratischen Kultur in Thüringen, Jena: o.V., S. 30.

[19] Vgl. Thumfart, Alexander (2011): Einzug in die Parlamente, in: Heinrich-Böll-Stiftung Thüringen/Nazis in Parlamenten Redaktionskollektiv (Hrsg.): Nazis in Parlamenten. Eine Bestandsaufnahme und kritische Analyse aus Thüringen, Erfurt: o.V., S. 15-25.

Tabelle 1: Wahlergebnisse rechtsextremer Parteien in Thüringen

Thüringer Landtagswahlen	1994	1999	2004	2009
Zweitstimmen für extrem rechte Parteien gesamt (in %)	1,3	4,1	3,6	4,7

Thüringen 25 Mandate gewinnen.[20] Dass die summierten Stimmengewinne der extrem rechten Parteien in Thüringen ab 1999 nur moderat variierten (siehe Tabelle 1) kann nicht über die damit verbundene Radikalisierung hinwegtäuschen: Bei den REP handelt es sich vor allem um eine rechtspopulistische und rassistische Partei, während die NPD als nunmehr wichtigste extrem rechte Partei mehrheitlich offen systemfeindlich und neonazistisch geprägt ist.

Der Bedeutungsgewinn der NPD zeichnet sich auch an der Mitgliederentwicklung in Thüringen seit Ende der 1990er Jahre ab. Nach einer Stagnation der Mitgliederzahlen zwischen 40 und 60 stieg die Zahl auf etwa 260 (1999). Den bisherigen Höchststand erreichte die NPD in Thüringen 2007 mit etwa 550 Mitgliedern. Seitdem ist die Zahl wieder rückläufig.[21]

Zentrales Element der Strategie der extrem rechten Bewegung ist spätestens seit der Jahrtausendwende auch in Thüringen der Immobilienerwerb. Die erworbenen Gebäude dienen als Logistik-, Schulungs- und Veranstaltungszentren und werden zum Teil als Wohnraum genutzt. Mit Scheinkäufen und -anmietungen – in der Vergangenheit bspw. unter dem Pseudonym »Sunny Market« – versuchen Thüringer Neonazis, die Angst der Kommunen vor rechten Immobilien auszunutzen. Durch vorgespieltes Kaufinteresse sollen künstlich Preise in die Höhe getrieben werden und dafür bei erfolgreichem Verkauf – z.B. an die Gemeinde – eine Provision vom Verkäufer in die braunen Kassen fließen.

---

[20] Vgl. Wellsow, Paul (2011): Zuerst die Kommunen. Die NPD in Thüringer Kommunalparlamenten, in: Heinrich-Böll-Stiftung Thüringen/Nazis in Parlamenten Redaktionskollektiv (Hrsg.): Nazis in Parlamenten. Eine Bestandsaufnahme und kritische Analyse aus Thüringen, Erfurt: o.V., S. 26-39.

[21] Vgl. Quent, Matthias (2011): Die extreme Rechte in Thüringen, in: ebd., S. 8-14.

Eine besondere Rolle in der extrem rechten Angebots- und Erlebniswelt in Thüringen nehmen seit 2002 explizite Rechtsrock-Kundgebungen ein. Die Neonazis nutzen dabei – häufig von der NPD angemeldet – das Versammlungsrecht, um mit neonazistischer Musik und dem dazugehörigen jugendspezifischen Merchandise bereits im vorpolitischen Raum Anhänger zu mobilisieren und mittels Liedtexten, Rednern und Werbematerialien zu politisieren. Für die Mobilisierung zu Versammlungen und als Privatveranstaltungen getarnten Konzerten nutzen Thüringer Neonazis ebenso neue Medien wie für die Verbreitung von Ideologie und der Kommentierung des politischen Tagesgeschehens. Die Verbreitung sozialer Netzwerke als neuartiger virtueller Lebens- und Kommunikationsraum, vor allem für Jugendliche, stellt eine neue Herausforderung für die demokratische Auseinandersetzung und Aufklärung gegen die extreme Rechte dar: Eine Vorreiterrolle bei der Nutzung des Internets nehmen im Freistaat die Kameradschaften des Freien Netzes, vor allem in Altenburg, Jena/Kahla und Saalfeld ein. Über die Bedeutung und Auswirkungen der Verbreitung von Plattformen wie Facebook oder Twitter für soziale Bewegungen im Allgemeinen und den Neonazismus im Besonderen liegen kaum belastbare Studien vor. Die Vermutung liegt jedoch nahe, dass die Entwicklung des Internets die Institutionalisierung von zuvor halb- oder illegalen Handelsstrukturen und die schnelle Verbreitung von Informationen und modernen Erscheinungsformen begünstigt.

Die Ideologie und der Hass sind keine Singularität des NSU und ihrer UnterstützerInnen. Ideologische und logistische Angebote zum Kampf im Untergrund wie etwa Veranstaltungen mit dem früheren Rechtsterroristen Karl-Heinz Hoffmann, aber auch Anleitungen für Anschläge kursieren in der Neonaziszene und werden wenigstens informativ genutzt. Die Thüringer Situation eines zumindest fahrlässigen Verhaltens von Behörden, die finanzielle Unterstützung – sei es durch Mittel des Verfassungsschutzes an V-Leute oder auch Existenzgründungshilfen des Thüringer Sozialministeriums – sowie die mehrheitliche Ignoranz gegenüber dem Auf- und Ausbau Thüringer Neonazi-Strukturen in den 1990er Jahren durch Zivilgesellschaft und Kommunen stellen Faktoren der ideologischen Festigung und strukturellen Verankerung diverser Neonazigruppen und somit für das Entstehen der NSU und ihres Unterstützernetzwerkes dar. Neonazistische Ideologie und entsprechende Strukturen sind in Thüringen weiter existent – auch wenn sich der öffentlich-mediale Druck auf diese deutlich erhöht hat. Die Ignoranz, aber auch die Einstellungen der Mehrheitsgesellschaft in Thüringen bieten seit Jahren einen Resonanzboden für Aktivitäten der Neonazis. 56% der ThüringerInnen halten laut Thüringen-Monitor, eine Studie der Universität Jena aus dem Jahr 2011, Deutschland für »gefährlich überfremdet«. Und das bei einem »Ausländeranteil« von nicht einmal 3%! 19% verharmlosen das NS-Regime und 11% vertreten antisemitische Einstellungen. Ein öffentlich-medialer Druck auf Neonazi-Strukturen reicht nicht mehr aus. Es gilt, ihnen den Resonanzboden zu entziehen. Es gilt, eine freie und offene Gesellschaft zu ermöglichen.

Felix Korsch

Streifzüge durchs »Kernland«

Sachsen als Hochburg der Neonaziszene

Dass es immer wieder um Sachsen geht, wenn von Neonazis gesprochen wird, ist nicht zu verstehen ohne ihre außerordentliche Geschichte. Sie ist in sich widersprüchlich und läuft entlang kaum bekannter und gern verdrängter Wegpunkte. Und doch zeichnen sich auffällige Kontinuitäten ab – deren Anfang spielt in Leipzig: Die zentrale Forderung einer der letzten großen Montagsdemos war die Einführung der D-Mark. Das illustrierten Pressebilder, aber sie zeigten nicht, was am 12. Februar 1990 außerdem geschah: Anhänger der Partei Die Republikaner (REP) hatten auf dem Dach des Opernrestaurants, auf dem damaligen Karl-Marx- und heutigen Augustusplatz, ein Transparent enthüllt. Unter die Demonstrierenden hatten sich an die tausend Neonazis gemischt, die »Deutschland erwache!« skandierten, danach durch die Innenstadt zogen, MigrantInnen bedrohten und zwei von ihnen im Leipziger Hauptbahnhof zusammenschlugen.

Die Leipziger Montagsdemos waren nicht nur Einfallstor für nationalistische Parolen, sondern Ort der ersten öffentlichen und massenhaften Neonazi-Propaganda in der DDR. Die heute bedeutungslosen Republikaner waren zuerst da, aber Leipzigs Image als »Heldenstadt« lockte auch ihre erfolgreicheren Konsorten. Die NPD organisierte zur Wendezeit mit Propaganda im Gepäck Ausflüge nach Leipzig. Mit dabei war Peter Marx, fortan einer der wichtigsten NPD-Kader auf Bundesebene. Gemeinsam mit Gesinnungsgenossen wie dem Leipziger Jürgen Schön und Uwe Leichsenring aus Königstein (Sächsische Schweiz) wurden im März 1990 die Mitteldeutschen Nationaldemokraten (MND) gegründet.[1]

---

[1] Staud, Toralf (2005): Moderne Nazis. Die neuen Rechten und der Aufstieg der NPD, Köln: Kiepenheuer & Witsch, S. 42; vgl. zur Frühgeschichte der sächsischen NPD auch Antifaschistisches Broschürenkollektiv Leipzig (1995): Leipzig ganz rechts. Eine Dokumentation rechtsextremer Aktivitäten in Leipzig 1989-1995, Leipzig: o. V.

Planmäßig waren die MND-Strukturen, Jugendverband inklusive, am 24. März 1990 mit einem Parteitag in die Öffentlichkeit getreten. Das Einzugsgebiet umfasste den heutigen Freistaat Sachsen. Auf MND-Plakaten stand noch distanzierend geschrieben: »Wir sind deutsch-national – aber keine Nazis!«,[2] darunter »Ein Herz für Deutschland«. Dieselbe Abbildung vertreibt die NPD bis heute als Aufkleber und der »Freundeskreis ›Ein Herz für Deutschland‹« lädt noch immer zu Veranstaltungen ein. In der Anfangszeit war das nur Camouflage, eine Interimslösung, die mit der Abwicklung der DDR obsolet geworden ist. Im August 1990 nannte man sich in Sachsen schon NPD, im September wurde ein Landesverband gegründet und im Oktober der Anschluss an die Partei vollzogen.

Anderthalb Jahrzehnte hat die NPD benötigt, um in ihrem östlichen Kernland den Sprung in den Landtag zu schaffen. In ihrer Frühzeit verzeichneten Neonazigruppen auch in Sachsen weder die erhofften Masseneintritte, noch bedeutsame Wahlerfolge. Rechts von der CDU begann 1990 die Deutsche Soziale Union (DSU) nach Wählerstimmen zu fischen, und innerhalb des radikalen Lagers gab es für die NPD neben den REP und der DVU weitere Konkurrenz: Frühzeitig wurde die berüchtigte Gesinnungsgemeinschaft der Neuen Front des Neonazis Michael Kühnen aktiv, es entstanden Zellen der uniformierten Wiking-Jugend (WJ), um nur die bekanntesten zu nennen. Zu Beginn war auch die Freiheitliche Arbeiterpartei (FAP) einflussreich. Ihre erste Ost-Ortsgruppe entstand Ende 1990 in Leipzig; hier hatte sie sich mit der Völkischen Front (VF) auch gleich einen militanten Arm zugelegt. In Flugschriften kündigte die VF an, eine »nationalsozialistische Widerstandsgruppe« aufzubauen, »die sich auf den Kampf mit den Gegnern des Deutschen Reiches und Rasse vorbereitet«.[3]

Abgesehen von stadtteil- oder gemeindebezogenen Kleingruppen, die wie Pilze aus dem Boden schossen, handelte es sich bei den damals

---

[2] Aus dem anfänglichen Tabuwort »Nazi« wurde eine positive, selbstbewusste Zuschreibung der NPD: Anfang 2012 wurde in Leipzig an einem Haus, in dem die NPD-Stadtratsabgeordneten Büros haben, ein Transparent mit der Aufschrift »ein Ort für Nazis« aufgehängt.

[3] Vgl. Antifaschistische Aktion/Bundesweite Organisation (1993): Kampf der FAP – dem organisierten Neonazismus entgegentreten, Hamburg: o. V., S. 59.

aktivsten Neonazi-Organisationen fast durchgängig um West-Importe. Der Boden war unabhängig von ihnen fruchtbar: Seit Anfang der 1980er Jahre gab es in der DDR eine gewaltfxierte Skinhead-Szene und ab Mitte der 1980er häuften sich Gewalttaten gegen VertragsarbeiterInnen. Parallel dazu wurden Fußballstadien zum Ort rechter Politisierung. Punktuell entstanden auf dieser Grundlage bereits organisierte neofaschistische Kleinstgruppen, zum Ende der DDR hin konnte man bereits von einer Szene sprechen. Im Jahr 1989 wurden ihr etwa 300 Straftaten zugeschrieben. Solche Taten fielen unter »Rowdytum«, nur wenige wurden öffentlich bekannt, Ausnahmen wie der Überfall auf die Berliner Zionskirche bestätigten die Regel. Als dann die Einheit kam, waren die Neonazis in fast allen Regionen schon da.

Und sie schlugen vermehrt zu. Es waren Aktionen wie diese, über die in einer Szenezeitschrift unter der Überschrift »Gau Sachsen« anonym berichtet wurde: »Wir hatten hier in Leipzig letztens eine recht gelungene Aktion gegen ›Hütchenspieler‹ unternommen, in deren Verlauf es zu einer (mal abgesehen von den am Boden um Gnade winselnden Kanacken) sehr unüberlegten Polizeiaktion [kam]. (...) Der Polizei-Lada litt jedoch ein wenig unter der folgenden Befreiungsaktion.«[4] Knapp 100 Neonazis, darunter Skinheads, rechte Hooligans und FAP-Aktivisten, waren an diesem Überfallkommando im Juni 1991 beteiligt gewesen. In der Innenstadt wurden aus einem Auto heraus Knüppel verteilt. In den folgenden Tagen wiederholten sich ähnliche Szenen,[5] dabei kursierten auch Flugblätter. Sie riefen auf zur »Freihaltung der Leipziger Strassen von fremdrassigen und kriminellen Hütchenspielern, vietnamesischen Zigarettenschmugglern und Kanaken« und zur Schaffung »befreiter Zonen«. Durchsetzen wollte man sie auch durch »Plünderung der multikulturellen Judenläden«.

Ähnliche Szenen spielten sich in vielen Orten Sachsens ab. Zur selben Zeit bekam die ostdeutsche Rechte auch einen ersten »Märtyrer«: Rainer Sonntag, Neonazi aus Dresden und Kühnens wichtigster Mann

---

[4] Proißens Gloria (1991). 1. Jg., H. 2, o. Paginierung.

[5] Zahlreiche Aktionen sind dokumentiert in der Broschüre des Antifaschistischen Redaktionskollektivs (1998): Leipzig: Es geht nicht nur um den ersten Mai, Leipzig: o. V.

im Osten, wurde in der Nacht zum 1. Juni 1991 erschossen. Mit seinen Anhängern hatte er sich bei vollem Körpereinsatz in den »Kampf um die Straße« geworfen, sich aber nicht nur an »Hütchenspielern« vergriffen, sondern auch mit der Rotlichtszene angelegt. Der Radikalisierung tat das keinen Abbruch. In vielen Orten – auch hier ging Sachsen voran – entlud sich der rechte Aktivismus an Unterkünften für AsylbewerberInnen. Am 24. August 1991 überfielen Neonazis ein Heim in Wurzen, das bis heute eine rechte Hochburg ist.[6] Am 17. September 1991 begann in Hoyerswerda die mehrtätige Angriffswelle auf Wohnheime für VertragsarbeiterInnen und AsylbewerberInnen. Statt Widerstand organisierten einige BürgerInnen den Nachschub an Steinen und Benzin. Der Massenüberfall, zu dem Nazis aus ganz Deutschland angereist waren, endete mit mehreren Schwerverletzten. Es waren die bis dahin heftigsten rassistischen Angriffe seit dem Ende des Nationalsozialismus – Hoyerswerda war der Prototyp für Rostock-Lichtenhagen und fortan ein Synonym für das Konzept der »national befreiten Zonen«.

Weitreichende Vernetzung

Dem militanten Rassismus war eigen, dass er keinen besonderen Organisationsgrad voraussetzte. Von der Vielzahl neofaschistischer Gruppen in Sachsen waren viele sowieso identisch oder gingen auf dieselben Akteure zurück. In Leipzig zeichnete beispielsweise Dirk Z. für die MND-Propaganda verantwortlich und war anfänglich ihr Pressesprecher. Daneben engagierte er sich auch in der WJ und baute den FAP-Landesverband auf. Sachsen entpuppte sich dafür als ideales Terrain. Das Experiment erlitt durch Verbote, wie gegen die WJ 1994 und im Jahr darauf gegen die FAP, einen ersten Rückschlag. Die aufgerissenen Leerstellen konnten rasch kompensiert werden, vor allem durch den nachhaltig politisierten Teil der damals dominanten Skinheadsubkultur.

---

[6] Vgl. Antifaschistisches Redaktionskollektiv (1996): Wurzen – Das Ende faschistischer Zentren, wie wir sie kennen. Entwicklung im Muldentalkreis 1991-1996, Leipzig: o. V.

In der rechten Skinheadzeitschrift »Hass Attacke« hieß es 1993: »Nun ist es endlich an der Zeit, auch hier in Sachsen eine Sektion ins Leben zu rufen«[7] – gemeint war eine Sektion der internationalen Hammerskin-Bewegung. Treibende Kraft war Mirko H.[8] aus Sebnitz in der Sächsischen Schweiz. Bald fanden in vielen sächsischen Orten Konzerte unter dem Label der Hammerskins statt. Hinzu gesellte sich ab Mitte der 1990er eine Sektion von Blood & Honour (B&H). »Unser Ziel ist es vor allem, die weiße Jugend zu vereinen«, hieß es auf einem Flugblatt. Man wolle als »unabhängige nationalistische Bewegung (...) unsere Nation zurückgewinnen« und kämpfe dafür, »die weiße Rasse zu erhalten«. Dieser Kampf konzentrierte sich auf Hochburgen wie Chemnitz und Südwestsachsen, also der Region in der auch etliche NSU-Unterstützer aktiv gewesen sind. Regelmäßige zumeist illegale Rechtsrock-Konzerte waren ein stabiles Standbein von B&H wie den Hammerskins und obendrein ein florierendes Geschäft. Ihr Anhang organisierte sich in regionalen Gruppen, die aber vorrangig nicht zur Musik, sondern zu »üblichen« Neonazi-Aktionen tendierten.

Vor allem gelang in der zweiten Hälfte der 1990er Jahre in Sachsen das, was neofaschistische Gruppen im ersten Anlauf nach der Wende nicht geschafft hatten: eine weitreichende Vernetzung der Szene, auch über Bundesländergrenzen hinweg, sowie eine Institutionalisierung ihrer politischen Strukturen. Die Produktion von Tonträgern zahlreicher Neonazi-Bands wurde vor Ort von professionellen Labels geleistet und für Verkauf und Vertrieb dienten Szenegeschäfte, die sich obendrein als Treffpunkte eigneten. Das meiste geschah klandestin, auch weil stattliche Summen in Umlauf waren.

Verborgen blieb den Behörden dieses Treiben nicht, die Blood & Honour Division Deutschland wurde schließlich im September 2000 verboten. In Sachsen war die vermeintliche Zerschlagung aber ein Schlag ins Wasser. Die Verbotsverfügung ist aus juristischen Gründen keinem Aktivisten der Sektion zugegangen, obwohl sie durchaus tonangebend

[7] Hass Attacke (1993). 2. Jg., H. 3, S. 62.

[8] Später wurde bekannt, dass H. jahrelang als V-Mann des Verfassungsschutzes arbeitete. Als er 2002 in einer polizeilichen Vernehmung befragt wurde, hat er diesen Vorhalt nicht dementiert.

waren. Ausgerechnet in Sachsen gab es somit auch keine wirksame Aufarbeitung der verzweigten Neonazi-Netzwerke. Eine Folge ist, dass damals entstandene Versand- und Vertriebsstrukturen, wie etwa PC Records in Chemnitz und Front Records in Wurzen, bis heute existieren.[9] Bis zum heutigen Tage wird das Problem politisch kaum ernst genommen. Das sächsische Innenministerium ordnete B&H noch im März 2012 lediglich der »rechtsextremistischen subkulturellen Szene« zu, eine rückblickende Befassung würde zulasten der »Aufklärung der rechtsterroristischen Strukturen« gehen.[10] Nur war B&H, das zeigt der Kreis der NSU-UnterstützerInnen und WaffenbeschafferInnen, offenbar selbst Teil solcher Strukturen.

Für diese Strukturen bekamen sächsische Neonazis Hilfe von weiter her: Im Herbst 1996 fand in Chemnitz ein Skinhead-Konzert mit der britischen Rechtsrockband No Remorse statt, einem Urgestein des B&H-Netzwerks. Im selben Jahr veröffentlichte die Band ihr bekanntestes Album. Der Titel des indizierten, rassistischen Machwerks »Barbecue in Rostock« war eine Anspielung auf das Pogrom in Rostock-Lichtenhagen. Es war der Soundtrack zu einer Ideologie, die in der Szene akzeptiert war und besonders in Chemnitz Zustimmung fand. Dort organisierte eine Clique Chemnitz Concerts 88 (CC88) solche Konzerte. Deren Anführer waren führende Köpfe der sächsischen B&H-Sektion und gelten als NSU-Unterstützer.

Die britischen Gäste waren von ganz ähnlichem Kaliber: Zum Konzert angereist war die Führungsriege von Combat 18 (C18). Die terroristische Gruppe wurde 1992 in London gegründet, zunächst als Saalschutz der British National Party (BNP). C18 wollte aber nicht an Wahlen teilnehmen, sondern Gewalt ausüben: Unter dem Namen »Redwatch« begannen die Aktivisten – zeitgleich zur »Anti-Antifa«-Kampagne in Deutschland – mit dem Anlegen von Todeslisten und Angriffen auf MigrantInnen und politische GegnerInnen. Nach dem Bruch mit der BNP wurde C18

[9] Vgl. Schöner leben ohne Naziläden (2005): Schöner leben ohne Naziläden. Recherchen, Analysen, Widerstand gegen Nazisubkultur in Sachsen, Leipzig: o. V.

[10] Sächsisches Staatsministers des Inneren (2012): Stellungnahme zum Antrag der Fraktion DIE LINKE, Drs. 5/8218, 14.2.2012.

Teil des B&H-Netzes und der gewaltbereite Arm der Bewegung. Etliche Nazi-Skinheads und Hooligans schlossen sich C18 an.

Auf dem Höhepunkt ihrer Popularität kam C18 nach Chemnitz, mit dabei Will Browning, genannt »The Beast«.[11] Er stand hinter dem Label ISD Records, benannt nach Ian Stuart Donaldson, einem Heroen der Bewegung und Gründer von B&H. Browning wollte sich im Rahmen des Chemnitz-Trips mit Vertretern ostdeutscher Platten-Labels treffen, außerdem mit Kollegen des berüchtigten skandinavischen Labels NS88, das von Marcel Schilf, einem Neonazi aus Brandenburg, von Dänemark aus geleitet wurde. ISD Records und NS88 waren damals Marktführer für Neonazimusik, Sachsen war Teil der inoffiziellen Vertriebswege. Mit Movement Records, angeführt von den Chemnitzern Jan W. und Andreas G. – beides mutmaßliche NSU-Helfer – entstand in Sachsen ebenfalls ein kleines Szene-Imperium mit Anbindung an B&H.

C18 wurde auch in Chemnitz seinem Ruf gerecht. Das Konzert endete im Chaos, weil es zu einer Schlägerei zwischen Bandmitgliedern kam. Der Besuch wurde sogar aktenkundig: Abends musste die Polizei anrücken, weil die C18-Abordnung einen deutschen »Kameraden« misshandelte, den man für einen Spitzel hielt. Zurück in Großbritannien war Browning 1997 bei der Ermordung eines C18-»Kameraden« anwesend. Überdies startete die Grupe im selben Jahr mit einer Terror-Kampagne. Browning wurde verdächtigt, einen dänischen Neonazi zum Versenden von Briefbomben angestachelt zu haben. Ein weiterer Neonazi mit C18-Kontakten, David Copeland, zündete im April 1999 drei Nagelbomben in London, seine Ziele waren MigrantInnen und Homosexuelle in Brixton, East End und Soho. Drei Menschen starben.

Informell blieb C18 auch in Deutschland präsent, der Kontaktmann saß in Brandenburg und nannte sich Carsten Szczepanski. Er war bald besser bekannt als »Piato«, denn er entpuppte sich als V-Mann des Verfassungsschutzes. Mit den C18-Aktivisten gut bekannt war auch der damals in Niedersachsen ansässige Kameradschaftsführer Thorsten Heise.[12] Er stieg später in den NPD-Bundesvorstand auf. Auch in Sach-

[11] Ausführlich zum Besuch Lowles, Nick (2011): White Riot. Die Combat 18-Story: Aufstieg und Untergang einer Nazi-Terror-Gruppe, Kar: o.O., S. 152f.

[12] Ebd., S. 150ff.

sen hinterließ C18 einen bleibenden Eindruck, denn Chemnitzer Fanzines enthielten Ehrerbietungen in Richtung des großen Vorbilds. Dieses lieferte auch Stichworte wie »Rassenkrieg«.

Den wollte in den Jahren 2000 und 2001 die Weiße Bruderschaft Erzgebirge (WBE) entfachen. Zu der Kameradschaft – ihr Fanzine »The Aryan Law & Ordner« nahm deutlichen Bezug auf B&H – gehörten etwa 20 Aktivisten aus Süd- und Südwestsachsen. Zu der Clique zählten die Brüder Maik und Andre E. Der zweite kam in Untersuchungshaft, weil er u.a. an der Produktion des NSU-Bekennervideos beteiligt gewesen sein soll. Auch Matthias D. gehörte zur WBE, deren Einfluss sich bis nach Zwickau und Chemnitz erstreckte. Des Weiteren war er, wie die anderen beiden, Mitglied der Brigade Ost in Johanngeorgenstadt und soll der NSU-Zelle Ausweisdokumente sowie eine Unterkunft beschafft haben.

Das Interesse an terroristischen Aktionen wurde schwarz auf weiß bekundet. Im WBE-Fanzine hieß es, man wolle »Anlaufstelle für alle Ra[sse]bewußten Menschen sein, die nicht nur zu sehen möchten, sondern auch einen Teil zu unserer Sache beitragen wollen.«[13] Die beiden erschienenen Hefte waren gefüllt mit rassistischen und antisemitischen Tiraden. Der Druck wurde ermöglicht durch namhafte Szene-Unterstützer; Anzeigen schalteten u.a. das Label Movement Records, der Chemnitzer Szeneladen Backstreetnoise sowie The Last Resort Shop in Zwickau.[14] Beide Geschäfte existieren bis heute.

Die Verbotsverfügung gegen B&H machte im Jahr 2000 auch darauf aufmerksam, dass das Netzwerk zumindest seit 1998 gezielt Veranstaltungen der NPD »für öffentliche Auftritte im gesamten Bundesgebiet« nutzt.[15] Kein Wunder, der »Kampf um die Straße« ist seitdem in der NPD Programm[16] und Sachsen ein zentraler Schauplatz. Am 1. Mai

---

[13] The Aryan Law and Order (2001), 2. Jg., H. 2, S. 5f.

[14] The Aryan Law and Order (2000), 1. Jg., H. 1, S. 43f. sowie The Aryan Law and Ordner (2001), a.a.O., S. 33, 60, 54.

[15] Bundesministerium des Inneren (2000): Verbotsverfügung Blood & Honour – Division Deutschland, S. 9.

[16] Schulze, Christoph (2008): Was ist das Vier-Säulen-Konzept?, in: Virchow, Fabian/Dornbusch, Christian (Hrsg.): 88 Fragen und Antworten zur NPD. Weltanschauung, Strategie und Auftreten einer Rechtspartei – und was Demokraten dagegen tun können, Schwalbach/Ts.: Wochenschau, S. 74; Brust, Roland (2008):

1998 versammelten sich am Leipziger Völkerschlachtdenkmal mehr als 6.000 Neonazis, um dort laut der Parteizeitung »Deutsche Stimme« die »größte nationale Veranstaltung in Mitteldeutschland seit 1945« zu besuchen.[17] Ihr optimistisches Fazit: »Noch dominiert bei vielen der disziplinierten Jugendlichen eine reine Protesthaltung, die sich in Glatze, Bomberjacke und rechter Jugendkultur manifestiert, doch gerade in jungen Jahren verfestigen sich politische Einstellungen, die morgen aus ausgegrenzten Kahlköpfen klar denkende und politisch bewußte Polit-Aktivisten machen.«[18] In der Tat war der zahlenmäßig beachtliche Zulauf darauf zurückzuführen, dass sich die NPD sowohl Freien Nationalisten, die ihrerseits Kameradschaftsgruppen aufbauten, als auch rechten Skinhead-Aktivisten geöffnet hatte.

Die Übergänge waren ohnehin fließend, das zeigt ein Interview mit dem 2006 verstorbenen NPD-Kader Uwe Leichsenring. Einer sächsischen B&H-Postille sagte er 2000, vier Jahre vor seinem Einzug in den Sächsischen Landtag: »Unser Erfolg basiert auf eiserner Disziplin, engagierter politischer Arbeit und der guten Zusammenarbeit mit freien Kräften wie der SSS,[19] denen mein ganz besonderer Dank für ihre Unterstützung in den letzten Jahren gilt.«[20] Die SSS war 1997 unter anderem aus Resten der verbotenen WJ hervorgegangen. Bis zu ihrem Verbot 2001 wuchs sie mit mehr als 100 Mitgliedern aus Ostsachsen zu einer der größten Kameradschaften. Illegale Nachfolgestrukturen blieben bis mindestens 2004 aktiv; die Ermittlungen richteten sich auch gegen Thomas S., der später bei der NPD-Landtagsfraktion angestellt wurde.

Ihre dominante Stellung in Sachsen konnte die NPD festigen, weil das Angebot konkurrierender Organisationen zuneige ging. 1991 hatte die NPD in Sachsen etwa 400 Mitglieder, drei Jahre später waren davon weniger als 100 übrig. Glaubt man ihrer Selbstdarstellung, bekam der Aufbau in Sachsen ab 1995 »dank großzügiger Förderer und groß-

---

Was bedeutet der »Kampf um die Straße?«, in: Virchow/Dornbusch (Hrsg.), 88 Fragen, a.a.O., S. 106ff.

[17] Deutsche Stimme (1998): 1. Mai: Nationale Front gegen Sozialabbau und Arbeitslosigkeit. 23. Jg., Nr. 4/5, S. 8.

[18] Ebd.

[19] Skinheads Sächsische Schweiz.

[20] White Supremacy (2000). Jg. 3, H. 3, S. 20ff.

herziger Spender« einen Schub, die Mitgliederzahl vervielfachte sich bis 1998 auf 1.400. Damit hatte die NPD, um die es zwischenzeitlich ruhig geworden war, im Freistaat eine ungeahnte Basis. Dem wurde mit weiteren Entscheidungen Rechnung getragen. So etwa im Jahr 2000, als der Sitz des parteinahen Verlages Deutsche Stimme nach Riesa verlegt wurde. Abgesehen von einer Stagnationsphase während des ersten NPD-Verbotsverfahrens konnten die Weichen für künftige Wahlerfolge gestellt werden.

Der Durchbruch gelang bei der Landtagswahl 2004, bei der die NPD erstmals seit 1968 wieder in ein Landesparlament einzog. Die Partei errang 9,2% der Erststimmen und zwölf Sitze. Seit 2009 ist sie ein zweites Mal im Sächsischen Landtag (5,6%, acht Sitze). Die NPD verfügt damit über ein Podium, das sie zu nutzen weiß, und profitiert von den Staatsmitteln, die in die Fraktion fließen, vom hauptamtlichen Mitarbeiterstab und der Immunität ihrer Abgeordneten.[21]

Gewaltsame Aufbauarbeit

Diese Entwicklung war nur möglich mit Hilfe einer aktionistischen Schwungmasse. Sie machte zum Beginn der 2000er Jahre fast flächendeckend auf sich aufmerksam. Anstelle ihrer bisherigen und teils verbotenen Splittergruppen hatten Kader wie der Hamburger Neonazi Christian Worch seit Mitte der 1990er Jahre ein bundesweites, weitgehend verdeckt arbeitendes Netzwerk so genannter Freier Kräfte aufgebaut. Unter dem Motto »organisierter Wille braucht keine Partei« entstanden zahlreiche Kameradschaften,[22] die sich ohne Verbotsfurcht zum Nationalsozialismus bekannten. 2001 begann Worch in Leipzig eine 17-teilige Aufmarschserie mit teils vierstelligen TeilnehmerInnenzahlen, von der er erst 2007 wieder abließ. Derselbe Impuls erfasste auch Dresden, wo

---

[21] Ausführlich zur parlamentarischen Arbeit der NPD: Nazis in Parlamenten, http://nip.systemli.org.

[22] Vgl. Röpke, Andrea/Speit, Andreas (1998): Was verbindet die NPD mit den neonazistischen Kameradschaften?, in: Virchow/Dornbusch (Hrsg.), 88 Fragen, a.a.O., S. 247ff.

Neonazis aus dem Jahrestag der Bombardierung der Stadt am 13. und 14. Februar 1945 einen jährlichen Großevent der Szene machten.

Was 1998 in Dresden mit 30 bis 40 Neonazis bei einer Protestveranstaltung vor der Frauenkirche begann, lockte zwölf Jahre später bis zu 6.500 AktivistInnen.[23] Die geschichtsrevisionistischen »Fackel- und Trauermärsche« waren zeitweise die größten Neonazi-Aktionen Europas. Dass sie in Sachsen stattfanden, war Ergebnis einer jahrelangen Aufbauarbeit. Dieser Aufbau, und das ist zweifellos eine Kontinuität, gelang nur gewaltsam. Bekannt ist der Fall der Kameradschaft Sturm 34 aus Mittweida. Von 2006 bis zu ihrem Verbot 2007 beteiligten sich 58 ihrer mehr als 170 Mitstreiter an 18 aktenkundigen Gewalttaten. Mindestens einer der tonangebenden Köpfe in der kriminellen Vereinigung, Peter W., soll auch mit einer scharfen Waffe hantiert haben. Dass die Hauptverhandlung gegen die Anführer der Gruppe bis heute nicht stattgefunden hat, ist symptomatisch.[24]

Andere Fälle sind nicht einmal öffentlich geworden. Über sie gibt es lediglich ein Geheimbericht[25] (»Verschlußsache – Nur für den Dienstgebrauch«) des Bundesamtes für Verfassungsschutz Auskunft. In der unveröffentlichten Ausarbeitung vom Juli 2004, die sich mit der »Gefahr eines bewaffneten Kampfes deutscher Rechtsextremisten« auseinandersetzt, liegt der Fokus auf Sachsen. Im Raum Meerane bei Zwickau soll sich 1997 eine »militante rechtsextremistische Gruppierung« mit mindestens sechs Mitgliedern gebildet haben, »die im Verdacht standen, im Besitz scharfer, vollautomatischer Schusswaffen zu sein«. Diese wurden bei Hausdurchsuchungen auch gefunden, ebenso Sprengsätze. Ein vergleichbares Arsenal mit 2.500 Schuss Munition wurde 2004 bei Neonazis zwischen Bautzen und Hoyerswerda, ausgehoben. Das BKA

---

[23] Ausführlich Anders, Alexa (2012): Auf der Suche nach der passenden Kulisse. Vom Sprechchor vor der Frauenkirche zum größten Naziaufmarsch Europas, in: Analyse & Kritik/Der Rechte Rand (Hrsg.): Dresden Speciale, Hannover: o.V., S. 12-15.

[24] Vgl. Hübler, Andrea/Lang, Kati (2012): Falsch verstandene Blindheit, Pressemitteilung RAA Sachsen, 2.2.2012.

[25] Bundesamt für Verfassungsschutz (2004): Gefahr eines bewaffneten Kampfes deutscher Rechtsextremisten – Entwicklungen von 1997 bis Mitte 2004, BfV Spezial Rechtsextremismus Nr. 21. Köln: o. V.

wertete die Beschaffung des Sprengstoffes als »Einzeltat« eines Tatverdächtigen, Anschlagsplanungen habe es nicht gegeben.[26] Indes war die Bewaffnung keine Hürde. Ein Neonazi aus Bautzen und dessen Freundin wurden im Juni 2003 wegen Verdachts des illegalen Waffenhandels festgenommen. In der Vernehmung kam heraus, dass ein Verkauf von Schusswaffen in die rechte Szene beabsichtigt war. Alarmierend, denn da war schon bekannt, dass sich unter anderem Mitglieder der SSS »mittels Wehrsportübungen gezielt auf offensive Auseinandersetzungen mit dem politischen Gegner (...) vorbereiten wollten.«[27]

Daneben gab und gibt es auch »Überlegungen der Szene zur legalen Bewaffnung«. Spätestens seit 1998 wusste der Verfassungsschutz, dass Neonazis versuchen, »eine Ausbildung an Waffen in Reservistenkameradschaften und Schützenvereinen zu erhalten und so auf legalem Wege Waffenbesitzkarten und letztlich Schusswaffen zu erlangen.« Teilweise – hier gebe es eine »hohe Dunkelziffer« – geschehe dies »gezielt, um für den ›Tag X‹ ausgebildet und gerüstet zu sein.«[28] Ein solcher Fall legaler Bewaffnung wurde im Oktober 2011 bekannt: Der Kreisrat Gerd Fritzsche aus Bordsdorf bei Leipzig, der über die NPD zu seinem Mandat kam, hatte eine E-Mail an mehrere Parteiverbände und -funktionäre geschrieben. Darin behauptete er, der mittlerweile verstorbene Landtagsabgeordnete Winfried Petzold und das Landesvorstandsmitglied Helmut Herrmann hätten mit seiner Hilfe »Waffenbesitzkarten und entsprechende Waffen (Pistolen und Gewehre) durch den Reservistenverband der Bundeswehr in Leipzig erhalten«. Man habe sich jahrelang zu »gemeinsamen Schießübungen« getroffen.[29] Die NPD hat sich von Fritzsche distanziert. Eine Landtagsanfrage hat aber ergeben, dass in Sachsen bei »38 Personen, die (...) dem Rechtsextremismus zugeordnet werden, (...) Erkenntnisse zu einem legalen Waffenbesitz« vorliegen. Es handelt sich um 105 Lang- und 51 Kurzwaffen – Dunkelziffer unbekannt.[30]

---

[26] Ebd.

[27] Ebd.

[28] Ebd.

[29] Gamma Leipzig (2011): »Nazi-Leaks«: NPD-Kader bewaffnen sich, 7.10.2011, http://gamma.noblogs.org/archives/601 (Stand: 27.3.2012).

[30] Sächsisches Staatsministerium des Inneren (2011): Drs. 5/7205, 9.11.2011.

Für den Neonazismus in Sachsen ist entscheidend, dass er sich frühzeitig von subkulturellen Bewegungen löste, um selbst eine Subkultur zu werden. Sie ist dort, wo von »national befreiten Zonen« gesprochen werden muss, mangels Alternativen und mangels Auseinandersetzungen identisch mit der Alltagskultur. Ein Symptom dafür ist die starke kommunale Verankerung der NPD. Bei den Kommunalwahlen 2009 haben NPD-Kandidaten im Freistaat 118 Mandate errungen, so viel wie nirgendwo sonst. Ausgehend von der Landtagswahl 2004, bei der 191.000 Wahlberechtigte ihre Zweitstimme der NPD gaben, ist von einer immensen Stammwählerschaft auszugehen. Allein die quantitative Stabilität dieses Potenzials disqualifiziert den Versuch, die Erfolge zur »Protestwahl« zu verniedlichen – die NPD wird von Menschen gewählt, die deren Positionen teilen. 800 Personen sollen aktuell im sächsischen Landesverband Mitglied sein, der die stärkste parteieigene Gliederung ist.

Über Angehörige von Kameradschaften gibt es keine verlässlichen Zahlen, zu ihrem Spektrum gehört mit hoher Wahrscheinlichkeit ein Vielfaches davon. Das tonangebende Freie Netz mit seinen zahlreichen »Aktionsgruppen« wirkt tief in die NPD-Strukturen hinein und gibt auch über Sachsen hinaus Themen vor. Oben auf der Agenda steht die so genannte Volkstod-Kampagne (»Die Unsterblichen«), mit der seit 2011 verstärkt, nicht nur völkisch agitiert, sondern der »Kampf um die Straße« neu konzipiert wird: Auf Anmeldungen der heimlich organisierten Aufmärsche wird verzichtet, die Teilnehmer kommen bei Nacht, tragen Masken und entzünden Fackeln. In Sachsen, wo sich solche Aktionen konzentrieren, sind die Neonazis besonders gefestigt, eingebunden und organisiert.

Das Ende dieser Entwicklung ist völlig offen. Ohne Zweifel wird sich die Szene darauf konzentrieren, 2014 den Wiedereinzug in den Landtag zu stemmen. Der Erfolg ist keineswegs garantiert, denn die internen Auseinandersetzungen – auch zwischen NPD und Freien Kräften – sind kaum berechenbar. Von außen lässt sich schwer einschätzen, ob eine Konsolidierung stattfindet oder nach vielen Jahren endlich eine Erosion einsetzt. Beides geschieht jedoch auf einem zahlenmäßig hohen Niveau, und von selbst werden die einmal geschaffenen Strukturen nicht zusammenbrechen. Dafür sind sie zu umfassend, zu intensiv und zu vielfältig. Es gibt nämlich keine einheitliche Strategie, und dass eine solche Strategie auch in Sachsen fehlt, muss nicht zum Nachteil gereichen. Die Ausrichtung pendelt ständig zwischen Sammlungsbewegung, Wahlpartei, Elitegrüppchen und Kampfbünden. Die neonazistische Bewegung ist hier so weit gekommen, dass eine Unterscheidung nach militanten und nicht-militanten Strömungen hinfällig ist. Zu Unrecht vernachlässigt wird die Geschichte, die sich dahinter verbirgt. Ihr Ergebnis ist nämlich lebensgefährlich.

Gamma-Redaktion Leipzig

Vom Thüringer Heimatschutz zum Freien Netz

Militante Neonazi-Strukturen in Thüringen und Sachsen

Als mit der DDR auch ihre Armee verschwand, zog am Drosselberg bei Erfurt die Bundeswehr ein. Daneben gab es einen inoffiziellen Wachwechsel auf dem alten Truppenübungsplatz: Vor laufenden Kameras trafen sich dort im Sommer 1992 Thüringer Neonazis zu einer Wehrsportübung. Die Aufsicht führte Thomas Dienel. Seine Leute, sagte er stolz, hätten »sehr viel Ahnung von Sprengstoff«, seien »spezialisiert« auf den Häuser- und Straßenkampf. »Es hat ja schon ein paar Mal geklappt«, setzte er nach – in dieselbe Zeit fiel das Pogrom in Rostock-Lichtenhagen. Auch bei einer Saalveranstaltung ließ sich Dienel, der kurzzeitig in der Thüringer NPD mitmischte,[1] von Kameras begleiten und gab dort den Einpeitscher: »Jeder Neger, jeder Fidschi, der da brennt – ein Mensch zu viel!«

Acht Jahre später trat der wegen Volksverhetzung verurteilte Dienel zum letzten Mal vor eine Kamera. Da war gerade bekannt geworden, dass der Koch aus Weimar eine zweite, geheime Karriere hingelegt hatte: Das Thüringer Landesamt für Verfassungsschutz (TLfV) hatte ihm den Decknamen »Küche« verpasst und »entgeltlich abgeschöpft«. Zumindest 1996 und 1997 erhielt der V-Mann regelmäßige Honorare, die er hinterher als Spenden für den politischen Kampf verbuchen konnte.[2]

Dieser »Kampf« lief in den 1990er Jahren blendend: Thüringen war nach der Wende rasch eine Hochburg der Neonazibewegung geworden, hier hatte sie sich straff organisiert und spätestens ab Herbst 1994 bundesweiten Einfluss erlangt. Damals betrat die Anti-Antifa Ostthürin-

---

[1] Vgl. Maegerle, Anton (2011): Im Dienste zweier Herren, in: Blick nach Rechts, 27.12.2011, www.bnr.de (Stand: 20.3.2012).

[2] Vgl. Wrusch, Paul (2012): Thüringer Kameraden. Verfassungsschutz und Naziszene, in: die tageszeitung, 14.11.2011, www.taz.de (Stand: 4.4.2012).

gen die Bildfläche. Etwa 20 AktivistInnen zählte die Kameradschaft am Anfang. Denn seitdem im Mai 1995 wöchentliche Treffen abgehalten wurden, expandierte die Gruppe rasch. Ihre Anhänger kamen aus Saalfeld, Rudolstadt, Gera, Jena, Sonneberg, Weimar, Ilmenau, Gotha sowie Kahla und vervielfachte sich bis zum Ende des Jahrzehnts auf mehr als 170 Mitglieder aus dem ganzen Bundesland, eng angebunden an Neonazis aus Nordbayern und Westsachsen. Sie machte durch gewalttätige Übergriffe von sich reden, und eben das war ihr Programm: Seit 1992 forcierten die Wortführer der deutschen Neonazibewegung unter dem Namen »Anti-Antifa« eine informelle Kampagne. In der Szenezeitschrift Index waren damals Drohlisten gegen linke Einrichtungen aufgetaucht.[3] Dahinter stand der strategische Versuch, der Bewegung ein Thema zu geben, das zusammenschweißt: die detektivische Suche nach Feinden, gegen die sich der politische Kampf auch handgreiflich führen lässt.

Die Suche währte kurz und führte zu Katalogen. Die Ende 1993 verbreitete Anti-Antifa-Broschüre »Der Einblick«[4] benannte etwa 250 »Angriffsziele«, darunter AntifaschistInnen, LokalpolitikerInnen, JournalistInnen und GewerkschafterInnen. Bereits die geografische Verteilung der Zielpersonen legte nahe, dass an der Erstellung ein überregionales Neonazi-Netzwerk beteiligt gewesen sein musste,[5] auch wenn sich lediglich zwei der Macher vor Gericht verantworten mussten.

Das Sammeln solcher Informationen hatte einen klaren Zweck, was anhand rechtsterroristischer Ansätze, die Anfang der 1990er Jahre in der rechten Szene kursierten, deutlich wird. Offensichtlich inspiriert von Werwolf-Konzepten aus der Endphase des Nationalsozialismus riefen Neonazis aus Südwestdeutschland in ihrer mehrbändigen Untergrundschrift »Eine Bewegung in Waffen« offen zum »Kleinkrieg« auf. Das Ziel:

---

[3] Vgl. Index August 1992, Schwerpunktausgabe Anti-Antifa. Die Zeitschrift gehörte zur 1995 verbotenen Nationalen Liste.

[4] Untertitel: »Die nationalistische Widerstandszeitschrift gegen zunehmenden Rotfront- und Anarchoterror«; vgl. Dietzsch, Martin/Maegerle, Anton (1996): »Anti-Antifa« – einigendes Band von Neonazis bis zur Intellektuellen Rechten, in: Duisburger Institut für Sprach- und Sozialforschung, 14.9.1996, www.diss-duisburg.de (Stand: 20.3.2012).

[5] Der Rechte Rand (1994): Angriffsziel Antifa. Faschisten machen mobil, Sonderheft.

»Vernichtung von Feindkräften«.[6] 1995 wurden ähnliche Gedanken in mehreren Ausgaben der Szenezeitschrift »Umbruch« ausgebreitet: »Jeder, der sich gegen die nationale Sache direkt oder indirekt ausspricht ist Volksfeind«, deshalb: »Laßt euch nicht unterkriegen, greift an!«[7] Gefragt nach Indizien für die Umsetzung rechtsterroristischer Tendenzen notierte die Bundesregierung 1997 dennoch, dass es dafür »keine Hinweise« gebe.[8]

Doch eben diese Tendenzen waren Blaupausen für die Thüringer BombenbastlerInnen des späteren Nationalsozialistischen Untergrundes (NSU). In einem Anfang 2000 verfassten Sympathisantenschreiben ist von der »energischen Bekämpfung der Feinde des deutschen Volkes« die Rede, »getreu dem Motto ›Sieg oder Tod‹«. In Anti-Antifa-Manier legten die NSU-Mitglieder umfangreiche Feindeslisten an und spähten Angriffsziele aus. Darunter war schon 1995, in der Anfangszeit der Anti-Antifa Ostthüringen, eine Unterkunft für AsylbewerberInnen in Jena.[9] Die Anti-Antifa Ostthüringen hatte sich ab 1995 einen zweiten Namen zugelegt: Thüringer Heimatschutz (THS). Die Gruppe war Vorbild für eine Reihe von Kameradschaftszellen, die sich im THS als Dachverband zusammengeschlossen hatten. Das einigende Band war das Selbstverständnis als »nationale Sozialisten«. In diesem Sinn war auch das Label »Heimatschutz« – Neonazigruppen aus mehreren Bundesländern griffen darauf zurück – programmatisch. »Heimatschutz« verweist nicht auf ein ökologisches Konzept, sondern ist ein betagtes politisches Programm, ein Vorläufer des Nationalsozialismus. Schützen wollte die Heimatschutzbewegung ab Ende des 19. Jahrhunderts nicht Naturräume mit ihrer Flora und Fauna, sondern eine umfassendere »Heimat«, verstanden als »Lebensraum« völkisch definierter Gemeinschaften; schützen wollte man sich vor der als Bedrohung angesehenen Moderne, insbesondere vor Industrialisierung und Urbanisierung. Und selbstredend

---

[6] Westmar, Hans (Pseudonym) (o. J.): Strategie und revolutionärer Kleinkrieg, Eine Bewegung in Waffen, Bd. 2, o.O.: o.V., S. 28.

[7] Umbruch. Hefte für Ideologie und Strategie (1995): o.T., H. 7 u. 10.

[8] Deutscher Bundestag (1997): Der mutmaßliche Mord an einem Polizisten und die neonazistischen Untergrundgruppen, Drs. 13/7378, 8.4.1997.

[9] Schattauer, Göran (2012): Terror, erste Versuch, in: Focus, 20. Jg., H. 11, S. 54.

vor dem, was die nazistische Rechte und andere rassistische Strömungen noch heute als »Überfremdung« bezeichnen.

Gegen die »Überfremdung« werde man versuchen, »unsere kulturelle Identität zu pflegen«, hieß es in der Selbstdarstellung des THS, außerdem sei man »systemkritisch und -feindlich« und wolle »Vorurteilen« mit »Argumentation und Konversation« begegnen.[10] Eine klare Untertreibung, wirft man einen Blick auf die Kameradschaft Jena als eine der tonangebenden Sektionen des THS. Dort waren die NSU-Mitglieder Uwe Mundlos, Uwe Böhnhardt – beide fungierten in Jena als stellvertretende »Sektionsleiter« – und Beate Zschäpe organisiert. An der Spitze stand André K., dessen engsten Mitstreiter Ralf W. und Holger G. waren.

Zum direkten Umfeld der Kameradschaft wurden Mitte der 1990er Jahre mindestens 20 Aktivisten gerechnet, darunter der mutmaßliche NSU-Unterstützer Carsten S. Dieser Pulk war schon damals nicht eben harmlos: Briefbombenattrappen, Rohrbomben und Sprengstoffkoffer sprechen für sich.[11]

Die Verbindung des THS zu diesen Aktionen war leicht zu rekonstruieren: Gegen eine Reihe ihrer AktivistInnen, darunter Mundlos, Böhnhardt und Zschäpe, ermittelte das Amtsgericht Gera seit 1997. Es folgte die Razzia in der Heilsberger Gaststätte nahe Saalfeld, die als logistisches Zentrum des THS galt. Hier wurde am 11. Oktober 1997 ein umfangreiches Waffenarsenal ausgehoben. Und am 26. Januar 1998 wurde die von Beate Zschäpe angemietete Garage an der Jenaer Kläranlage durchsucht.[12] Dort wurden vier einsatzfähige Rohrbomben mit insgesamt 1,4 Kilogramm TNT gefunden. Am selben Tag sind Zschäpe, Mundlos und Böhnhardt – den man zu Beginn der Razzia einfach gehen ließ – abgetaucht.

Der THS nutzte den Vorfall zur Propaganda. Bei einem Aufmarsch am 6. Mai 1998 kündigte ein Redner an, der »politische Kampf« werde nun »noch härter« werden als »vor 1933 bei der SA«; ab sofort werde

---

[10] Vgl. Thüringer Heimatschutz (o.J.): Wer wir sind und was wir wollen, www.thueringerheimatschutz.de (nicht mehr abrufbar).

[11] Vgl. den Beitrag »Anfänge in der DDR. Stationen der Entwicklung der Thüringer Neonaziszene« von Katharina König und Matthias Quent in diesem Buch.

[12] Ebd.

»Bombe mit Bombe vergolten«.[13] Von den Gesuchten distanzierte sich der THS erst im Jahr 2000 in einer Pressemitteilung.[14]

Glaubwürdig war das nicht. Der damals 26-jährige THS-Pressesprecher Tino Brandt, der als Anführer des Netzwerks galt, wurde im Jahr darauf als V-Mann des TLfV enttarnt. Der Rudolstädter war von Anfang an am Aufbau der Anti-Antifa Ostthüringen beteiligt und gab später – ganz ähnlich wie sein Spitzelkollege Dienel – an, den Behörden nutzlose Informationen geliefert und den Lohn dafür in den Aufbau von Neonazi-Strukturen gesteckt zu haben. Auch blieben die übrigen Köpfe der Kameradschaft Jena ihrer Sache bis heute treu und sollen ihre untergetauchten Kameraden unterstützt haben. Ralf W. wird vorgeworfen, dem NSU eine Waffe beschafft zu haben, er wurde deswegen in Untersuchungshaft verbracht. André Kapke ließ sich aus diesem Anlass von der rechten Wochenzeitung »Junge Freiheit« nach der eigenen Rolle befragen. Die vieldeutige Antwort: »Dazu kann und will ich nichts sagen. Auf jeden Fall nicht nach 1998.«[15]

Andockungen bei der NPD

In den Jahren 1998 und 1999 kam es insbesondere in Jena und Saalfeld zu einer Reihe von Übergriffen auf Linke und MigrantInnen, an denen THS-Mitglieder beteiligt waren. Danach ebbten die Aktivitäten ab – jedenfalls in der Öffentlichkeit. Zur selben Zeit verlor auch die rechte Skinhead-Szene, bis dahin eine wichtige Basis für Neonazi-Strukturen, an Bedeutung. In Thüringen wechselt man die Strategie. Fortan versuchten THS-Aktivisten, bei der NPD anzudocken: Schon 1999 stellte

---

[13] o. A. (1998): ab sofort wird Bombe mit Bombe vergolten, in: Zentralorgan, 1. Jg., H. 3, S. 11.

[14] Vgl. Future. Zeitschrift des Projekts »Schwarzes Loch Jena« (2000): o.T. H. 16.

[15] Krautkrämer, Felix/Schwarz, Moritz (2011): Wir haben uns immer mehr radikalisiert in: Junge Freiheit, 2.12.2011, S. 14.

der THS in Thüringen vier Kreisvorsitzende und konnte im Landesvorstand der Partei mitentscheiden.[16]

Zu den prominentesten THS-Akteuren bei der NPD gehörte Ralf Wohlleben, der damals den Jenaer Kreisverband mit aufbaute. 2002 brachte er es zum stellvertretenden Landesvorsitzenden und Pressesprecher, 2010 verließ er die NPD. Tino Brandt war bereis 1999 Landespressesprecher geworden, im Jahr darauf amtierte er als stellvertretender Landesvorsitzender. Und der Jenaer Carsten Schultze, gegen den als NSU-Unterstützer ermittelt wird, war 2000 Gründungsmitglied der NPD-Jugendorganisation Junge Nationaldemokraten in Thüringen und wurde zum stellvertretenden Landesvorsitzenden gewählt. Diesen Posten teilte er sich mit dem Eisenacher Patrick Wieschke, der als Multifunktionär der NPD im Bundesvorstand gelandet ist. André Kapke schließlich ist bis heute NPD-Mitglied. Zu ihm erklärte die Partei Anfang Februar 2012, ihr seien keine »Tatsachen bekannt, die auf eine Tatbeteiligung an oder Unterstützung von Straftaten hindeuten.«[17] Zuvor war er aufgefordert worden, Stellung zu nehmen.

Indes kann die NPD-Spitze nicht gänzlich uninformiert über die THS-Aktivisten in der Partei gewesen sein. Für den heutigen Thüringer Landeschef und stellvertretenden Bundesvorsitzenden Frank Schwerdt – laut ARD-Recherchen »politischer Ziehvater von Ralf W.«[18] – war Uwe Mundlos »Ende der neunziger Jahre« mindestens einmal als dessen Fahrer tätig. Fotos zeigen Schwerdt außerdem Anfang 1998 als Redner bei einem Aufmarsch in Erfurt, an dem auch Beate Zschäpe teilgenommen hat. Schließlich hat Schwerdt eingeräumt, »etwa drei Wochen nach dem Abtauchen der Zwickauer Zelle mit André K. in Berlin einen mutmaßlichen Helfer empfangen zu haben.«[19]

Bekanntermaßen belastet ist auch Wieschke. Am 10. August 2000 wurde er in der Nähe eines türkischen Imbisses in Eisenach von der Po-

---

[16] Vgl. Teevs, Christian/Menke, Birger/Jüttner, Julia (2011): Das Rätsel der braunen Bombenbastler, in: Spiegel Online, 9.11.2011, www.spiegel.de (Stand: 19.3.2012).

[17] NPD-Bundespressesprecher (2012): Pressemitteilung, 1.2.2012.

[18] Goll, Jo (2012): NPD-Vize Frank Schwerdt war eng mit Terrorzelle vernetzt, in: RBB/ARD, 12.3.2012, www.tagesschau.de (Stand: 19.3.2012).

[19] Ebd.

lizei aufgegriffen, kurz zuvor war dort ein Sprengsatz explodiert. Als Anstifter kassierte er unter anderem dafür eine Haftstrafe von zwei Jahren und neun Monaten,[20] die er 2002 antrat. Zu dem Zeitpunkt schien der THS bereits von der Bildfläche verschwunden zu sein. Doch das Netzwerk blieb im Hintergrund aktiv und für die Partei nützlich. Bis mindestens 2005 gab es regelmäßig THS-Versammlungen. In einer E-Mail-Einladung wird unter dem Betreff »Wahlvorbereitung« als Thema der internen Besprechung die Bundestagswahl 2005 genannt. Die E-Mail ging mehreren Neonazis zu, die bis heute Mitglied der NPD sind. Im Verteiler taucht auch der Kameradschaftsaktivist Thorsten Heise auf, der von 2004 bis Ende 2011 Mitglied im NPD-Parteivorstand war.[21]

Der THS wurde offiziell niemals aufgelöst. Auch in späteren Jahren hing das charakteristische Fronttransparent (»Der Gott, der Eisen wachsen ließ, der wollte keine Knechte«) bei Veranstaltungen wie dem Fest der Völker, das von 2005 bis 2009 Neonazis aus ganz Europa nach Jena, Altenburg und Pößneck zog. Die Hauptorganisatoren waren Ralf W. und André K., ihre Kameradschaft Jena nannte sich mittlerweile Nationaler Widerstand Jena. An ihrer Seite agierte immer öfter ein einflussreicher »Kameradschaftsführer« aus dem thüringischen Altenburg: Thomas G., genannt »Ace«. Als es um den THS still wurde, exportierte er dessen Organisationskonzept nach Sachsen. Im östlichen Freistaat gründete er Anfang 2007 den militanten Neonaziverband Freies Netz (FN).

Der organisatorische Ritt nach Osten war folgerichtig, denn schon frühzeitig gab es intensive politische Kontakte zwischen Thüringen und Sachsen. Neonazis aus Chemnitz beispielsweise standen bereits Mitte der 1990er Jahre im Austausch mit dem THS, insbesondere der Kameradschaft Jena. Darunter war Thomas S., Mitglied der Sektion Sachsen des Blood & Honour-Netzwerks (B&H) und Aktivist der Skinheads Chemnitz, die mit mindestens 20 festen Mitgliedern unter dem Namen Chemnitz Concerts 88 (CC88) Konzerte mit teils internationalen Rechtsrock-Bands veranstalteten. Die Kontakte zahlten sich aus, nachdem Zschäpe, Mundlos und Böhnhardt 1998 abgetaucht waren – in Chemnitz fanden sie eine Bleibe.

---

[20] Vgl. u.a. die Thüringer Allgemeine, Lokalausgabe Kyffhäuser, 17.1.2002.

[21] Vgl. www.npd.de/html/241/personenprofil/detail/555 (Stand: 16.3.2012).

Dort angekommen stand ihnen ein klandestines Netz zur Seite, denn die B&H-Strukturen funktionierten grenzüberschreitend.[22] In der Erstausgabe der Szenezeitschrift »White Supremacy« erschien im Herbst 1998 ein anonymer Artikel, der Mundlos zugeordnet wird.[23] Unter der Überschrift »Gedanken zur Szene« wird moniert, dass viele Kameraden »sich nicht den Kampf zum Lebensinhalt« machen, »sondern das Vergnügen«. Und: »Wer nicht bereit ist sich aktiv im Kampf und der Bewegung zu beteiligen, der unterstützt passiv alles was sich gegen unser Volk und unser Land und unsere Bewegung richtet«.[24]

Die aktive Unterstützung des Kampfs des NSU war offenbar Chefsache für hiesige B&H-Aktivisten: Der Kopf der Sachsen-Sektion Jan W. aus Chemnitz soll bei der Beschaffung von Geld und Waffen geholfen haben. Antje P. aus Chemnitz soll sich ebenfalls engagiert und in der Sektion angeboten haben, Anschläge durchzuführen. Eine Chemnitzer Delegation besuchte am 14. März 1998 einen THS-Aufmarsch in Saalfeld und veröffentlichte darüber einen Bericht in der Hauspostille »White Supremacy«. Dort war eine Kontaktadresse vermerkt[25] – ein Postfach, das damals von der Sektion Jena des THS genutzt wurde. Dieselbe Adresse tauchte auf zeitgenössischen Aufklebern auf, ergänzt um Ansprechpartner wie André K. und einen Herrn Storr[26] – so heißt einer der heutigen NPD-Landtagsabgeordneten in Sachsen.

Ein zweites sächsisches Helfernetzwerk der NSU kam aus dem Erzgebirge, hörte auf die Namen Weiße Bruderschaft Erzgebirge aus Aue/Lauter (WBE) und Brigade Ost (Johanngeorgenstadt). Ihr Einzugsbereich reichte bis Chemnitz und die WBE mit ihren etwa 20 Mitgliedern war

---

[22] Antifa-Rechercheteam Dresden, GAMMA Leipzig, Antifa-Recherchegruppe Jena: Dossier »Blood & Honour« – NSU-Helfer in Sachsen, 31.1.2012, online unter: http://gamma.noblogs.org/archives/840

[23] Menke, Birger (2011): Ermittler rekonstruieren Totenkopf-Botschaft, in: Spiegel Online, 14.12.2011, www.spiegel.de/panorama/justiz/0,1518,803636,00.html (Stand: 4.4.2012).

[24] o. A.: Gedanken zur Szene, in: White Supremacy, Wilsdruff/Chemnitz, H. 1/1998, S. 26.

[25] Vgl. o. A. (1998): Demonstration in Saalfeld, in: White Supremacy, o.Jg., H. 1, S. 48.

[26] Aufdruck »Zerschlagt die Antifa«; vgl. www.antifa-jena.info.tm/post/12891736523 (Stand: 19.3.2012).

eng an B&H angebunden. In Johanngeorgenstadt war damals Mandy S. aktiv, die Mitglied der seit September 2011 verbotenen Hilfsorganisation für nationale politische Gefangene und deren Angehörige war. Zeitweise gab es dann zwei Mandys: die echte und Beate Zschäpe, die sich deren Identität lieh.

Bis heute ist nicht geklärt, wie lange die NSU von Thüringen aus Unterstützung erhielt. Der Ex-Jenaer Holger G. soll den Kontakt bis fast zum Schluss aufrecht erhalten haben. Sein umtriebiger THS-Kamerad Thomas G. kannte immerhin Mandy S. gut – schon 2005 nutzte er ihren kompletten Namen als Passwort für E-Mailaccounts und in Neonazi-Internetforen.[27] Darunter war ein Forum der Freien Kameradschaften Rhein-Neckar, das nur ausgewählten Kadern zugänglich war. Nach außen abgeschirmt wurden darin auch Nachfolgeaktivitäten des B&H-Netzwerks koordiniert – offiziell war es 2000 verboten worden. Darüber hinaus tauschte sich »Ace« per E-Mail über Interna der NPD aus und korrespondierte mit Schwerdt.

Viele Indizien belegen: Weit über seine offizielle Lebensdauer und über die Landesgrenzen Thüringens hinweg arbeiteten die THS-VeteranInnen eng zusammen. Das zeigte sich im Frühjahr 2006, als eine bundesweite »Antikapitalismus-Kampagne« – in Form mehrerer Aufmärsche sowie Saal- und Schulungsveranstaltungen – gestartet wurde. Unterstützt wurde die Kampagne durch Thomas G. und die bekannten Jenaer Aktivisten; eingebunden wurden auch ostsächsische Neonazis.[28] Zur Kampagne gehörte die Broschüre »Antikapitalismus von rechts«, in der die Unterstützung durch »parteifreie Aktivisten im Nationalen Widerstand« und den sächsischen Landesverband der Jungen Nationaldemokraten Würdigung fand. Auf E-Mails an die Kampagne antwortete damals Wieschke.

Auf halbem Weg zwischen Eisenach und Ostsachsen liegt Altenburg: In den 1990er Jahren war auch hier B&H aktiv; auch hier kursierten Anti-Antifa-»Todeslisten«. Aber erst Mitte der 2000er Jahre entwickelte sich

---

[27] Vgl. ART Dresden/Gamma Leipzig/Antifa Bern (2011): Dossier Thomas »Ace« Gerlach: führender Neonazi und »NSU«-Helfer, 7.12.2011, www.venceremos.sytes.net/artdd.html (Stand: 19.3.2012).

[28] Vgl. Körner, Felix (2006): Antikapitalismus von Rechts?, in: Antifaschistisches Infoblatt, 20. Jg., H. 71, S. 18f.

die Stadt zur Szenehochburg. Thomas G. kommt aus dem nahen Meuselwitz. Er saß zwischen 2001 und 2004 wegen gefährlicher Körperverletzung im Gefängnis, und gleich nach seiner Entlassung entstand vor Ort die Kameradschaft Nationale Sozialisten Altenburger Land. Gelegentlich nannte sich die Truppe auch Nationale Sozialisten Ostthüringen/ Westsachsen und beanspruchte rasch überregionalen Einfluss.

G. steht dem – trotz der großen Ähnlichkeit zu B&H – legalen Hammerskin-Netzwerk nahe. Gemeinsam mit dem Kameradschaftler Maik Scheffler aus Delitzsch wurde G. Anfang 2007 Begründer des Freien Netzes Mitteldeutschland (FN), das rasch zu einem Netzwerk militanter Neonazi-Aktivisten mit sächsischen und thüringischen Aktionsgruppen wurde. In rascher Folge wurden Ableger in Leipzig, Chemnitz und Zwickau aufgebaut, zwischenzeitlich gab es das FN auch in Sachsen-Anhalt und Bayern. Rund um Leipzig entstand zudem das Freie Netz Leipziger Land mit Ablegern Borna/Geithain, Kohren-Sahlis, Lunzenau und Frohburg. Mittlerweile weist die Website des FN auch Neonaziprojekte aus Dresden und der Sächsischen Schweiz auf. Viel heiße Luft um nichts, finden sächsische Behörden bis heute. Für den Sächsischen Verfassungsschutz ist das FN nur eine Website, ein »Schaufenster zur Szene«; Innenminister Markus Ulbig (CDU) verglich die Funktionsweise mit einem Telefon.[29] Indes sind diese Gruppen vielerorts identisch mit Kameradschaften, die sich als Freie Kräfte verstehen. Im Selbstverständnis des FN stand zu Beginn, dass man sich als »Zusammenschluss parteiunabhängiger Aktionsgruppen aus dem Raum Mitteldeutschland« verstehe, mit der man die »unabhängigen, revolutionären Gruppen des nationalen Angriffs« auf einem »revolutionär-politischen Weg« vereinige.[30]

Das Freie Netz hat vom THS dessen Selbstverständnis, das Konzept lokaler Sektionen und dessen großes Einzugsgebiet geerbt. Die sächsisch dominierte Neuauflage ist die Fortsetzung und Ausdehnung des THS – und ein planmäßiger Neuaufbau. Den Eindruck bekommt man nicht nur von außen: Die Entstehung des FN-Ablegers Nationale Sozia-

---

[29] Sächsisches Staatsministerium des Innern (2011): Drs. 5/7428, 30.11.2011.

[30] Der Text wurde vom FN Delitzsch veröffentlicht und ist nicht mehr zugänglich. Anfänglich war im Impressum der FN-Website »M. Scheffler« ausgewiesen, mittlerweile ist sie anonym.

listen Zwickau etwa wurde von Altenburg koordiniert. Während einer Durchsuchung beim mutmaßlichen NSU-Unterstützer Andre E. – er gehörte als Anhänger der WBE vermutlich sehr zeitig zu einem wichtigen NSU-Helfernetz – fand die Polizei eine Spendendose mit der Aufschrift »für Propaganda und Schulung«. Diese gehörte den Nationalen Sozialisten Zwickau.[31]

2009 verlängerte sich die Achse Altenburg-Delitzsch nochmals, diesmal in Richtung Thüringen. Der Nationale Widerstand Jena, an dessen Spitze noch immer die THS-Kader und Urgesteine der Kameradschaft Jena Ralf W. und André K. standen, trat damals offiziell dem FN bei. Im geheimen FN-Internetforum, Codename Hard To Hate, in das nur Top-Kader aufgenommen wurden und aus dem mittlerweile umfangreiche und aussagekräftige Ausschnitte an die Öffentlichkeit gelangt sind,[32] wurde W. freundlich aufgenommen. »Heil Wolle«, schrieb dort der einstige THS-Weggefährte und neue FN-Anführer Thomas G. Die enge Zusammenarbeit zeigte sich schon 2008 beim Fest der Völker. Die Liste der Neonazis, die während des Szene-Events mit Ordnerbinde patrouillierten und sich an der Organisation beteiligten, bildete das Who-is-Who des THS und FN. Mittlerweile hat das FN in Thüringen nicht nur Gruppen in Altenburg und Jena, sondern auch den einstigen THS-Hochburgen Kahla und Saalfeld. Wer die Website des FN-Thüringen besucht, erreicht sie auch über die alte THS-Adresse.[33] Als technischer Administrator wird der zwischenzeitlich in Untersuchungshaft sitzende Ralf Wohlleben benannt, der Inhabereintrag verweist noch auf die alte Postfachadresse der Kameradschaft Jena.

---

[31] Leyendecker, Hans (2012): Zwickauer Terrorzelle. Hilfe von der Hass-Familie, in: Süddeutsche Zeitung, 13.2.2012, www.sueddeutsche.de (Stand: 19.3.2012).

[32] Die Inhalte des FN-Forums sind dokumentiert: http://gamma.noblogs.org/fn-leaks (Stand: 19.3.2012); alle folgenden Zitate aus den Foren sind dort entnommen.

[33] Vgl. www.thueringerheimatschutz.de (Stand: 16.3.2012).

Fortsetzung der Zusammenarbeit

Vieles hat sich gar nicht geändert, zum Beispiel die Zusammenarbeit mit der NPD. Der THS entstand unabhängig von der Partei, die in den 1990er Jahren in Thüringen kaum eine Rolle spielte; so lange war sie für den THS nur ein Instrument. Das wurde deutlich, als sich die Kameradschaftler 1998 beschwerten, dass »alle THS-Anmeldungen sofort zum Verbot der jeweiligen Veranstaltung führen« würden. Um Verboten vorzubeugen, nutze man dann einfach »die Jungen Nationaldemokraten (JN), die Republikaner und auch die NPD als Anmelder«.[34] Das einseitige Verhältnis änderte sich allerdings, als die NPD zur Thüringer Landtagswahl 2004 antreten wollte. Für diesen Kraftakt brauchte sie nicht nur die Unterstützung des THS im Wahlkampf. Am Ende kandidierte Ralf W. auf Platz eins.

Auch das FN bildete sich unabhängig von der NPD. Wortmächtig hieß es 2007: »Wir lassen uns in keine, dieser brD genehmen, Parteiorganisation eingliedern und stellen uns somit nicht unter die Statutfaust dieser Scheindemokratie.« Doch selbst strengste Prinzipien werden durch schnöde Privilegien in Frage gestellt. Im internen FN-Forum goutierte man etwa das damalige NPD-Landtagsmitglied Peter Klose,[35] der Kameradschaften besonders wohl gesonnen sei. Man freute sich über geld- und sachwerte Spenden und ersuchte gezielt um Unterstützung durch die Landtagsfraktion. So bekam das FN 2011 Tore für ein Fußballturnier gesponsert, zu dem Schefflers Gruppe in den Landkreis Nordsachsen eingeladen hatte. Unter den 150 Teilnehmern waren auch Mitglieder der Terror Crew Muldental, gegen die wegen des Verdachtes der Bildung einer kriminellen Vereinigung ermittelt wird.

Gegen mögliche Verbote wollte man sich beim FN frühzeitig absichern. Im internen Forum wurde empfohlen, in die legale und kaum zu verbietende NPD-Jugendorganisation einzutreten. Sodann wurde einer

---

[34] Zentralorgan, a.a.O.

[35] Klose war zu dem Zeitpunkt ein Vertrauter von Thomas G. In die Schlagzeilen geriet er nach dem Auffliegen des NSU. Sein Facebook-Profil hatte er mit »Paulchen Panther«, der Figur aus dem NSU-Bekennervideo geschmückt, ehe es der Öffentlichkeit bekannt wurde.

der FN-Köpfe und enger Scheffler-Mitstreiter Tommy N. aus Leipzig fast aus dem Stegreif Vorsitzender des JN-Landesverbandes. Ein weiterer FN-Aktivist, der bei der JN mitmischte, zog 2009 Bilanz: »Der Landesvorstand der JN in Sachsen ist komplett mit revolutionären Kräften besetzt, die auf Linie sind, der Landesführer ist einer von uns und die Ausrichtung der JN wird kontinuierlich in Richtung ›NS-Ersatzorganisation‹ vorangetrieben (natürlich nicht offiziell).« Das FN rechnete mit der offiziellen Rückendeckung der NPD. Auf die Frage nach einem Verbot des Kameradschafts-Netzwerks wurde im FN-Forum auf ein Zitat verwiesen. Es fiel in einer Landtagsrede des sächsischen NPD-Fraktionschefs Holger Apfel: »Die NPD stand und steht für einen Schulterschluß mit allen konstruktiven freien Kräften, (...) und hier beziehe ich auch das (...) ›Freie Netz‹ ein.«[36] Der Zeitpunkt ist bemerkenswert: Die Rede wurde Anfang 2009 gehalten und gleichzeitig diskutierte das FN über einen speziellen Gefallen für die NPD. Sie könne »39 Ratsstellen selbst nicht abdecken im Leipziger Land/Mulde[n]talkreis«, vermeldete Scheffler. Am Ende sprangen tatsächlich einige kommunale Mandate für FN-Aktivisten heraus. Im Gegenzug, so Scheffler, könne man »Druck auf die Herrschaften ausüben« – und deutete auf die sächsische NPD mit Apfel an der Spitze. Das Taktieren im Wissen um die Abhängigkeit von Partei und Kameradschaften hat sich bezahlt gemacht: 2011 wurde er stellvertretender Landesvorsitzender des NPD-Landesverbandes, angestellt ist er bei der Landtagsfraktion.

Das Ränkespiel in Sachsen und die Annäherung an die NPD dürfen nicht verwechselt werden mit einer »Verbürgerlichung«, von der die Szene gehemmt werden könnte. Hinter der Arbeit des FN stehen überzeugte Neonazis, die sich immer wieder zu militantem Aktionismus mit mehreren hundert AnhängerInnen mobilisieren lassen. Dieser gleicht oft dem Anti-Antifa-Konzept. So wurden Anfang 2010 auf der Anti-Antifa-Website »Recherche Mitte« Adresse und Fotos eines 15-jährigen Punks aus Geithain veröffentlicht. Wenige Wochen später verletzte ihn ein Mitstreiter des FN schwer. Nach dessen Verhaftung erklärte das FN

[36] Das Zitat bezieht sich offenbar auf Holger Apfels »Rede zur Großen Anfrage der Grünen zum ›Rechtsextremismus in Sachsen‹«, 21.1.2009. Der komplette Text ist auf der Website der NPD-Fraktion Sachsen dokumentiert.

Leipzig seine Solidarität mit ihrem »Freund und Kamerad ›Albert‹«, dem »aufrichtige[n] Kämpfer und Aktivist unserer Sache«.[37]

Nicht nur in der Feindauswahl, auch bei Themen und Ikonen bleibt das FN seinen Wurzeln treu. Schon zu den ersten Aktionen gehörte im Oktober 2007 das Gedenken an den SA-Mann Horst Wessel. Und im September 2010 hat das FN mit Karl-Heinz Hoffmann sogar den Begründer der gleichnamigen, 1980 verbotenen Wehrsportgruppe aufs Podium gesetzt. Etwa 20 Autobesatzungen reisten zu der Veranstaltung, die in Colditz im Landkreis Leipzig stattfand. Darunter auch ein Wagen aus Jena. Mit an Bord: André K. Die Veranstaltung hatte für diese und weitere Gäste ernste Folgen. 16 Wohnungen und Treffpunkte wurden nachher durchsucht. Die Polizei ging dem Verdacht nach, dass ein Anschlag geplant und Sprengstoff aus Sachsen nach Jena transportiert worden sei. Gefunden wurde nichts, aber ein Sprengstoffspürhund schlug an.[38] In diesem Fall endete die Fährte einmal mehr in Jena, diesmal im Stadtteil Altlobeda, Jenaische Straße 25, besser bekannt als das »Braune Haus«. Das vorläufig letzte Mal haben die Ermittler im November 2011 in Jena nach dem Rechten gesehen, diesmal wurde Ralf W. von seiner Vergangenheit und dem THS eingeholt, den er selbst mit aufgebaut hatte.

---

[37] Der Text erschien offenbar nur online, 17.5.2010; er wurde ergänzt um die Vorbemerkung: »auf fiktiver Ebene geschrieben« und es gäbe »keinerlei Verbindung zu dem derzeitig laufenden Verfahren.«; vgl. http://logr.org/infoleipzig/?page_id=242 (Stand: 19.3.2012).

[38] Müller, Uwe/Neller, Marc (2011): Wehrsportgruppen-Hoffmann im Visier der Ermittler, in: Die Welt, 27.11.2011, www.welt.de (Stand: 19.3.2012).

Frauke Büttner/Michael Ebenau

Vom nationalen Hausprojekt zum internationalen Neonazi-Festival

Rechte Strukturen in Jena und die Gegenwehr der Zivilgesellschaft

Jena ist seit November 2011 im Zuge der rassistischen Mordserie des Nationalsozialistischen Untergrunds (NSU) im Blickpunkt der Öffentlichkeit. Hier wurden 1998 in einer von den drei Neonazis Beate Zschäpe, Uwe Mundlos und Uwe Böhnhardt genutzten Garage Rohrbomben gefunden, hier agierte der Ende November 2011 festgenommene Neonazikader Ralf Wohlleben, und mit Holger Gerlach sowie Carsten Schultze stammen weitere der derzeit inhaftierten Verdächtigen aus der Stadt.

Gerlach gehörte in den frühen 1990er Jahren zur Kameradschaft Jena, Schultze agierte als Kader der Jungen Nationaldemokraten (JN) und soll Kontaktmann der Untergetauchten gewesen sein. Die Kameradschaft Jena war über Jahre hinweg eine der aktivsten Gruppen in der Anti-Antifa Ostthüringen und später im Thüringer Heimatschutz (THS). Es gelang ihr zwar nicht, das Straßenbild der Innenstadt Jenas so zu prägen, wie man es aus anderen Orten kennt, jedoch konnte man in den 1990er Jahren die Stadtteile Lobeda und Winzerla teils als »national befreite Zonen« bezeichnen. Böhnhardt, Mundlos, Zschäpe, Wohlleben und andere drängten in das Jugendzentrum Winzer-Klub, Andersdenkende und -aussehende mussten auf den Straßen um ihre Sicherheit fürchten. Der Weihnachtsmarkt in der Innenstadt war regelmäßig Schauplatz von Übergriffen auf Punks und Mitglieder der Jungen Gemeinde Stadtmitte.

Jena sticht seit Jahren durch eine gut organisierte Neonazistruktur hervor. Mitte der 2000er Jahre musste von einem mobilisierungsfähigen Potenzial von etwa 100 Neonazis ausgegangen werden, 2012 sind es nach Einschätzungen örtlicher BeobachterInnen deutlich weniger. Geblieben aber ist der hohe Stellenwert Jenaer Neonazis und ihrer Möglichkeiten für die bundes- und europaweiten Netzwerke. Jena ist gleichzeitig eine Stadt, in der ein deutlicher Anstieg des zivilgesellschaftlichen Engagements gegen Rechts ins Auge fällt, spätestens seit der erfolgreichen Blockade des Neonazi-Festivals Fest der Völker am 11. Juni 2005. Eine Zäsur, denn hier gelang es erstmals, den Neonazis einen Platz streitig zu machen. Der Blick zurück macht deutlich, welche Formen und Dimensionen die neonazistische Präsenz hatte und wie sie sich verankern konnte. Es wird deutlich, mit welcher Stimmung antifaschistische und zivilgesellschaftliche Akteure konfrontiert waren und mit welchen Erfahrungen sie handelten.

Am 11. Juni 2005 hatten sich ab fünf Uhr morgens Stadtverordnete von PDS bis CDU zusammen mit dem stellvertretenden Superintendenten der evangelischen Kirche, GewerkschafterInnen, AntifaschistInnen und 500 weiteren BürgerInnen der Aufforderung der Polizei widersetzt, den am Vorabend vom Oberverwaltungsgericht Weimar den Neonazis zugewiesenen Platz Am Gries zu räumen. Bei anschließenden Demonstrationen, Festen und Kundgebungen bezogen etwa 8.000 Menschen gegen die Rechten Position. Albrecht Schröter, damals Dezernent für Soziales und Kultur und seit 2006 Oberbürgermeister Jenas, war einer der Stadträte, die an der Blockade teilnahmen. »Ich stehe dazu, nicht nur als Dezernent, sondern als Mensch, als Christ und jemand, dem die Aufarbeitung der jüdischen Geschichte am Herzen liegt. Als solcher stehe ich ganz entschieden gegen Rechtsextremismus und Fremdenfeindlichkeit«, sagte der SPD-Politiker drei Monate nach der Aktion im Gespräch. Was erstaunte, war die Vehemenz, mit der er sein Engagement bekräftigte: »Dafür würde ich auch ins Gefängnis gehen!« Aber gewaltfrei müsse der Widerstand sein, das sei ihm wichtig, betonte Schröter.

Der 11. Juni 2005 war ein Erfolg und die Bündnisbereitschaft außergewöhnlich. »Die Stadt hat zum Beispiel öffentlich aufgerufen, dass die Antifa ihr Informationen geben soll«, staunte Rainer Hartmann, zu der Zeit Mitarbeiter der Netzwerkstelle KoKont, Koordinierungsstelle des Jenaer Stadtprogramms gegen Fremdenfeindlichkeit, Rechtsextremismus, Antisemitismus und Intoleranz. Zwar war in Jena schon zuvor die zeitweilige Akzeptanz antifaschistischer Organisationen als Bündnispartner stärker als in anderen Städten, doch die Strategie der Kommune blieb widersprüchlich. So wurde bisweilen offensiv versucht, rechte Veranstaltungen zu unterbinden, während sie zu anderen Zeiten lediglich ignoriert werden sollten und man antifaschistischen Gruppen vorwarf, die Rechten durch Gegenaktionen aufzuwerten.

Eigentlich hätte das vom NPD-Kreisverband Jena und Freien Kameradschaften organisierte braune Spektakel unter dem Motto Fest der Völker – für ein Europa der Vaterländer auf dem Marktplatz stattfinden sollen. Über 1.000 Neonazis waren angekündigt. Bekannte Bands aus dem europäischen »Blood & Honour«-Spektrum und anderen neonazistischen Kreisen sollten sich mit Rednern aus verschiedenen Ländern abwechseln. Die auf die Blockade erfolgende Entscheidung, den Platz Am Gries nicht von der Polizei räumen zu lassen, führte zu Verhandlungen über einen Alternativstandort für die Neonazis in einem Gewerbegebiet in Jena-Lobeda, knapp zehn Kilometer vom Zentrum entfernt. Schlechte Laune über den abgelegenen, isolierten Ort und über die deutlich unter den Ankündigungen bleibende Teilnehmerzahl war bei den Organisatoren zu spüren. Mehr als 500 bis 600 BesucherInnen waren es nicht, die nach verspätetem Veranstaltungsbeginn der Auftaktrede des Thüringer NPD-Vorsitzenden Frank Schwerdt zuhörten. Die meisten trugen Skinheadlook und T-Shirts mit Schriftzügen wie »Landser« oder »Ruhm und Ehre«. KennerInnen der Szene wunderten sich, dass nur wenige führende Kader aus der bundesweiten Szene vor Ort waren.[1]

Die Ereignisse des 11. Juni 2005 standen symbolisch für die damalige Situation: Jena bot sich mehr als andere Städte als Veranstaltungsort für Neonazis an, waren hier doch Kader seit über zehn Jahren kontinuierlich aktiv und verfügten über eine eigene Immobilie. In den 1990er und 2000er Jahren gab es eine gut strukturierte rechte Szene mit stabiler Infrastruktur. Neben den seit einem knappen Jahrzehnt aktiven Neonazi-Organisationen, unter anderem dem militanten Kameradschaftsverbund THS und der NPD, trat im Jahr 2001 mit der Jugend für Jena eine neue Gruppe auf. Sie bekannte sich zu ihrer NPD-Nähe und zu dem Ziel, ein »nationales Jugendzentrum« durchzusetzen.[2] Während ihre öffentlichen Aktivitäten darauf zielten, Räume von der Stadt zu erhal-

---

[1] Röpke, Andrea (2005): Fest der Völkchen, in: Blick nach Rechts, 10. Jg., H. 13.

[2] Jugend für Jena (2001): Pressemitteilungen, 25.11.2001/12.12.2001.

ten, bemühte man sich insgeheim bereits selbst um den Kauf einer eigenen Immobilie.

Von einer im Ausland lebenden Erbengemeinschaft wurde 2002 über einen privaten Vermittler die ehemalige Gaststätte Zum Löwen in der Jenaischen Straße im Stadtteil Jena-Lobeda mit vertraglich vereinbartem Vorkaufsrecht gepachtet. Darüber hinaus kaufte Wilhelm Tell, Funktionär der Partei Die Republikaner (REP), von der städtischen Wohnungsbau- und Verwaltungsgesellschaft die Wilhelmsburg in der Schleidenstraße und übergab sie dem im August 2001 gegründeten Verein Jenaische Burse e.V. zur Nutzung. Im Vereinsvorstand saßen neben Tell auch Hans-Hermann Höll und der Burschenschaftler Karsten Schramm. Zu den Gründungsmitgliedern gehörten auch der zeitweise REP-Landesvorsitzende Heinz-Joachim Schneider und Peter Dehoust vom Verlag Nation und Europa aus Coburg. Nach der Nutzung des Hauses befragt, äußerte Tell: »Als ob das jemanden etwas angeht. Ich frage doch auch nicht, ob jemand einen Neger ins Haus lässt.«[3] Mittlerweile sind die rechten Mieter der Wilhelmsburg von öffentlichen Aktionen entnervt ausgezogen, 2011 stand das Haus zum Verkauf.

Im Blickpunkt des öffentlichen Interesses stand vor allem das Braune Haus in Lobeda, dem mit 22.000 EinwohnerInnen größten Stadtteil Jenas. »Hausgemeinschaft zu den Löwen« stand 2005 an den Briefkästen, außerdem die Nachnamen von Konrad Förster (damals NPD-Landesvorstandsmitglied), Maximilian Lemke, Ralf Wohlleben, André Kapke und der Name des von Wohlleben betriebenen Internetproviders Lobdeweb. Die Fenster waren seit der ersten größeren Demonstration gegen das Haus im Februar 2003 verrammelt, die Haustür notdürftig geflickt. Seit 2009 waren Veranstaltungen aus baurechtlichen Gründen nur noch im Hof möglich. Ein nach der Inhaftierung Wohllebens aufgehängtes Plakat »Einer für alle – alle für einen« kam schnell abhanden.

---

[3] Thüringische Landeszeitung, 27.9.2002.

Das Braune Haus: Dreh- und Angelpunkt

Das Braune Haus, das zwischenzeitlich als Geschäftsstelle des NPD-Kreisverbandes diente, wurde zum Dreh- und Angelpunkt für die rechte Szene. Hier fand der NPD-Landesparteitag 2003 statt, im November 2002 kamen unter anderem Horst Mahler sowie der Nürnberger Neonazi Gerd Ittner mit einem Bus voll »Kameraden« der Fränkischen Aktionsfront und am Vorabend des Festes der Völker 2005 trafen sich hier Neonazis aus den Niederlanden und der Slowakei. 2005 entstand auch ein Stützpunkt der JN. Die Aktivisten tagten im Braunen Haus, weil sie aufgrund fehlender Haftpflichtversicherung keine städtischen Räume mieten konnten. »Wohlleben hat sich auf der Homepage beschwert, dass sie niemand versichern will«, erinnert sich die Lobedaer Anwohnerin Sabine Lötzsch später und lacht. Die Computerfachfrau gehörte zu den Mitgliedern der Lobedaer Initiative für Zivilcourage (LIZ).

Das Verhältnis der AnwohnerInnen zu ihren neuen Nachbarn beschrieb Lötzsch im Jahr 2005: »Es gibt viele, die gegen Nazis sind, aber manche sagen, dass die Linken mehr Unruhe herein bringen. Im Januar 2003 hatten wir unser erstes Treffen. Im März luden wir die Anwohner der Straße zu einem Gesprächsabend ein, zu dem etwa 20 kamen.« Die erste Protestaktion bestand in einer Mahnwache gegen den NPD-Parteitag. 40 AnwohnerInnen und UnterstützerInnen kamen. Bei den Ortschaftsratswahlen 2004, zu denen Wohlleben für die NPD kandidierte, verteilten sie Flugblätter. »Wir wollten informieren, dass es Ralf Wohlleben ist, der da kandidiert, nicht dass aus Versehen jemand den wählt. Aber es hat nichts genützt«, zieht sie Bilanz.

Zum Repertoire neonazistischer Strategien gegenüber der LIZ gehörte die »Wortergreifung«. So versuchten sie auf einer Veranstaltung der Initiative Ende Juni 2003, verbal zu dominieren. »Wir wollten überlegen, was man so machen kann gegen Nazis, da waren die da«, so Lötzsch. »Die haben ihre Statements immer angebracht, ihre scheinheilige Argumentation hat mich sehr aufgeregt.« Verunsicherung löste auch aus, dass die Neonazis die LIZ-AktivistInnen einluden, »mal auf ein Bier« ins »Braune Haus« zu kommen.

Dass der Hauskauf in Jena-Lobeda durch die Neonazis überhaupt ins öffentliche Bewusstsein rückte, war aber vor allem Ergebnis einer mutigen Aktion einer kleinen Gruppe antifaschistischer DemonstrantInnen. Als es im November 2002 hieß, der Neonazi Horst Mahler wolle Lobeda einen Besuch abstatten, führten Lothar und Katharina König von der »Jungen Gemeinde Stadtmitte« (JG) zusammen mit etwa 15 jungen DemonstrantInnen eine Kundgebung vor dem Haus durch. »Für eine humane Gesellschaft kämpfen – gegen Nazis handeln« stand auf dem Transparent, erinnert sich Katharina König bei einem Gespräch im Spätsommer 2005. Der Preis für die Zivilcourage sei hoch gewesen, so König weiter: »Wir sind da raus gefahren, zwei Presseleute waren dabei. Fünf Minuten nach unserer Ankunft gab es einen generalstabsmäßigen Angriff aus dem Haus heraus.« Etwa 15 vermummte und mit Schlagstöcken Bewaffnete kreisten die AntifaschistInnen ein. Ein Demonstrant wurde verletzt. Die anschließende Berichterstattung machte die Problematik auf einen Schlag bekannt. »Entscheidend war diese erste Meldung«, sagt Lothar König. »Der nächste Schritt war dann, eine Bürgerversammlung für Lobeda-Altstadt zu organisieren«.

Katharina und Lothar König arbeiteten für die JG. Die damals 28-Jährige Straßensozialarbeiterin saß seit 2004 für die Linkspartei.PDS im Jenaer Stadtrat. Ihr Vater leitet seit 1990 die offene Jugendarbeit. Die JG liegt im Zentrum Jenas und ist ein beliebter Treff für Punks und linke, alternative Jugendliche. Die Auseinandersetzung mit Neonazis ist für sie seit Jahren harte Realität.

Pfarrer König erinnert sich an die zweite Hälfte der 1990er Jahre, als sich die rechte Szene immer stärker organisierte und die BesucherInnen der JG mehrmals massiv angegriffen wurden. »1998 war dann ein neuer Höhepunkt. Gleich dreimal waren hier Überfälle oder der Versuch. Am 3. Oktober sind hier schon ein paar Nazis aufs Dach gestiegen und haben versucht, auf sich aufmerksam zu machen. Am 10. Oktober ist es einer Gruppe von etwa siebzig Rechten gelungen, in die Johannisstraße bis auf wenige Meter an die JG heranzukommen. Das war immer Freitags oder Sonnabends«. Auch auf städtischen Festen waren die Neonazis präsent. Wer nicht ins rechte Weltbild passte, wurde schnell zum Opfer. Dass JG-Mitglieder attackiert wurden, war »völlig normal«, beschreibt König die Situation. Das Problem ging bis in den Stadtrat, in dem der Stadtjugendpfarrer im Jahr 2005 für Bündnis 90/Die Grünen saß. Die Debatte sei damals reduziert gewesen auf die entpolitisierende

Sichtweise, dass da »zwei Jugendgruppierungen aufeinander treffen«, erläutert er.

Häufig fanden sich die BesucherInnen der JG und Lothar König in der paradoxen Situation wieder, nicht nur Opfer von rechten Angriffen zu sein, sondern dafür auch mitverantwortlich gemacht zu werden. Als sie 2002 darauf aufmerksam machten, dass Neonazis in Lobeda ein Haus gekauft hatten, habe das anfangs niemanden interessiert, erzählen die Königs. Erst durch die Demonstration am 9. November und den gewaltsamen Angriff der Neonazis veränderte sich der Diskurs, und die Aktivitäten der Rechten rückten in den Mittelpunkt.

Auch die Wilhelmsburg illustrierte 2005 mit ihren Besitz- und Nutzungsverhältnissen die in Jena enge Bande zwischen Neonazis und REP. Diese Kooperation war erstmals im Juli 1998 zu beobachten, als im Verlauf einer REP-Wahlkundgebung mit dem Bundesvorsitzenden Rolf Schlierer auch »Kameraden« des THS als Ordner gegen eine Gegenkundgebung eingesetzt wurden, obwohl seinerzeit die REP auf Bundesebene auf Distanz zu Neonazis bedacht waren. Nutzerin der Wilhelmsburg war bis Frühjahr 2006 unter anderem die »Burschenschaft Normannia«, gegründet im Jahr 2000, die als Bindeglied zwischen rechtskonservativen Studenten und der Neonaziszene eingeschätzt wurde. So handelte es sich bei den Mitgliedern der Normannia vornehmlich um jene Burschenschaftler unter Führung des Theologiestudenten Dirk Metzig, die auf Druck der Altherrenschaft von der Burschenschaft Jenensia ausgeschlossen worden waren. Grund waren Auseinandersetzungen innerhalb der Jenensia, die sich im Dezember 1999 an der Einladung des Herausgebers der Zeitschrift Nation & Europa Peter Dehoust zu einem Vortragsabend im Haus der Jenensia entzündeten. Dass die Wilhelmsburg und die Normannia emsig in extrem rechte Strukturen verstrickt waren, zeigte sich auch an den Bewohnern des Hauses und ihren Aktivitäten. So lebte hier beispielsweise der Geraer »Liedermacher« Martin Rocktäschel, der auf Neonazi-Festivals auftrat. Im Februar 2004 war die Wilhelmsburg zudem Ausweichort für einen Teil des »Stiftungsfestes« der Normannia, nachdem Proteste die Durchführung im Hotel Schwarzer Bär verhindert hatten. Die Aktivitäten in der Schleidenstraße waren nicht so spektakulär wie die der Lobedaer »Hausgemeinschaft«, verdienen aber dennoch Aufmerksamkeit. Denn Burschenschaften wie die Normannia bieten mit ihren nationalchauvinistischen Diskursen einen niedrigschwelligen Einstieg in rechte Denk- und Erlebniswelten. Dass die Normannia zur rechten Szene hin keine Berührungsängste hat, zeigt sich auch daran, dass sie in der 2002 bis 2006 erschienenen Schülerzeitung Mitteldeutsches Sprachrohr per Anzeige für sich warb.

Zehn Prozent Rabatt versprach ein zweiter Inserent den LeserInnen des Sprachrohrs. Das Bekleidungsgeschäft Madley lag mitten im Szene- und Studentenviertel Jenas und vertrieb unter anderem T-Shirts mit einschlägigen Aufschriften wie »Hoolicaust«. Heute deuten die Ermittlungen der Generalbundesanwaltschaft darauf hin, dass einer der Betreiber des Madley in die Waffenlieferungen an den NSU verwickelt sein könnte. Gleich um die Ecke lag bis Dezember 2005 ein anderer Laden, der Accessoires auch für den rechten Lifestyle anbot, der Drachenhort. Hier verkaufte eine Frau alles, was das Germanenherz begehrt. Einem Hinweisschild im Schaufenster zufolge handelte es sich um Heike Langguth, die zeitweise für die Internetdomain des Plattenlabels Nebelfee Klangwerke firmierte, auf dem seit 2001 zahlreiche CDs neonazistischer Black-Metal-Bands erschienen.[4] Der Drachenhort kam im unpolitischen Outfit daher, doch waren die dort angebotenen Anhänger in Runenformen für viele Rechte Kultobjekte. Dass der Laden zugemacht hat, lag nicht am antifaschistischen Engagement. Ob es am mangelnden Verkaufserfolg von Waren wie den im Schaufenster wochenlang ausgestellten »Ork-Ohren« genannten fledermausartigen Plastikohren aus Naturlatex lag, bleibt Geheimnis der Ladenbetreiberin.

Die extreme Rechte in Jena war ein festes Bündnis aus neonazistischen Kameradschaften, NPD und Organisationen wie den REP und der Normannia, ausgehend von einer eigenständigen Immobilienstruktur. Die Szene baute ihre Strukturen aus und stabilisierte sich. Nach Informationen des Ordnungsamtes Jena stieg die Zahl der Anmeldungen rechter Aktivitäten in den ersten Jahren nach Erwerb der Immobilien um etwa ein Drittel. Erst nach dem Scheitern des Versuchs, das so genannte Fest der Völker in Jena zu etablieren, gingen sie merklich zurück. Mit dem Hauskauf in Lobeda machte die Szene einen logistischen

---

[4] Dornbusch, Christian/Kenzo, Rena (2005): Absurde Klangwerke. Black Metal, Mittelalter und »Absurd«, in: Der Rechte Rand, 17. Jg., H. 93.

Sprung und bediente seitdem Demonstrationen in ganz Thüringen nicht mehr nur mit ihrer Gulaschkanone, die auch während der Elbeflut 2002 öffentlichkeitswirksam rechte Hilfe anbot. Im Gegensatz zu früher, als sie für ihre Treffen immer die Öffentlichkeit fürchten mussten, agierten Jenas Neonazis ab 2005 aus Räumlichkeiten heraus, auf die die Öffentlichkeit keinerlei Zugriff hatte. Von hier agierten Wohlleben, Kapke und Co. über die Stadtgrenzen hinaus und leisteten »Entwicklungshilfe« für andere Regionen. Ende Oktober 2005 wurde von Lobeda-Altstadt aus eine »Geburtstagsfeier« mit ungarischen, italienischen und deutschen Rechtsrock-Bands im sächsischen Pausa von Lobeda aus organisiert.[5] Wald- und Wiesenspiele, wie das im Oktober 2005 zum dritten Mal durchgeführte »Herbstfest« des Nationalen Widerstandes Jena, gehörten ebenso zum Repertoire wie »Nationale Städteführungen« in Weimar oder die »Antikapitalistische Kaffeefahrt des Nationalen Widerstands Thüringen« im November 2004, eine Bustour durch Altenburg, Gera und Arnstadt.

Jena war eine Stadt mit einer nicht außergewöhnlich großen, aber gut strukturierten und kontinuierlich agierenden rechten Szene. Jena war aber gleichzeitig eine Stadt, deren Zivilgesellschaft im Juni 2005 unter Beweis stellte, dass sie mit überregionaler Unterstützung mobilisierungsfähig gegen Rechts ist. Die Neonazis kündigten danach für die nächsten zehn Jahre die Durchführung eines Festes der Völker an, am 10. Juni 2006 wurde eine Neuauflage aber per Verbot verhindert. 2007 gingen wieder Tausende auf die Straßen und konnten mit Blockaden eine deutliche Einschränkung des Rechtsrockfestivals erreichen. Danach gab es keinen weiteren Versuch, das Fest in Jena durchzuführen, die Nazis wechselten in andere Städte.

Der Blick zurück macht deutlich, welche Gefahr durch eine extreme Rechte entsteht, der es gelingt, sich örtlich zu verankern und zu vernetzen. Offenkundig ist aber auch, dass es möglich ist, die »Normalität« rechter Lebenswelten in Frage zu stellen. »Es gehörte sich, dabei zu sein«, so beschrieb KoKont-Mitarbeiter Hartmann die Stimmung 2005. Diesen antinazistischen Konsens auszubauen, ist die Aufgabe, die bleibt.

---

[5] Vgl. Vogtlandanzeiger, 1.11.2005; Freie Presse, 2.11.2005.

Sören Frerks/Paul Wellsow/Gamma Redaktion Leipzig

Die Unterstützer und das Umfeld des NSU

Max-Florian B. – Der erste Unterschlupf

In den 1990er Jahren schloss sich Max-Florian B. (geb. 1978) aus dem Erzgebirge der Chemnitzer Skinhead-Szene an, die sich damals vor allem um die Gruppierung Chemnitz Concerts 88 (CC88) organisiert hatte.[1] Die NSU-Täter sollen nach ihrem Abtauchen für mehrere Wochen bei B. gewohnt haben, nachdem dessen damalige Freundin Mandy S. von den Chemnitzer Brüdern L.[2] nach einem Unterschlupf gefragt worden war. Dabei hätten sie auch Personaldokumente erhalten. Die Wohnung B.s in der Dresdner Neustadt, wohin er später zog, wurde am 24. November 2011 durchsucht.[3] Gegen ihn wird wegen Bildung einer terroristischen Vereinigung ermittelt.[4]

Tino Brandt – Geld und Pässe

15. August 1992 in Rudolstadt: Tino Brandt (geb. 1975) organisiert mit Thomas Dienel einen Rudolf Hess-Marsch, nachdem dieser im oberfränkischen Wunsiedel verboten worden war. Über 2.000 Neonazis folgen ihm – es ist der Beginn eines rasanten Aufstiegs als Neonazi und späterer V-Mann. 1994 wird er Führungskader der neugegründeten Anti-

---

[1] Vgl. ART Dresden/Gamma Leipzig/Antifa Bern (2011): Dossier Thomas »Ace« Gerlach: führender Neonazi und »NSU«-Helfer, 7.12.2011, www.venceremos.sytes.net/artdd.html (Stand: 19.3.2012).

[2] Vgl. Datt, Thomas/Ginzel, Arndt (2012): NSU hatte zwei weitere Unterstützer, in: MDR Fakt, 20.3.2012, www.mdr.de/fakt (Stand: 29.3.2012).

[3] Vgl. Der Generalbundesanwalt (2011): Festnahme eines mutmaßlichen Unterstützers der terroristischen Vereinigung »Nationalsozialistischer Untergrund (NSU)«, 24.11.2011, www.generalbundesanwalt.de (Stand: 4.4.2012).

[4] Vgl. Banse, Dirk/Müller, Uwe (2011): Mandy Struck, Doppelgängerin der Terroristin, in: Die Welt, 27.12.2011.

Antifa Ostthüringen; 1995 im Thüringer Heimatschutz (THS); ab 2000 stellvertretender Landesvorsitzender der NPD. Der Präsident des Thüringer Landesamtes für Verfassungsschutz (TLfV) Helmut Roewer heuerte Brandt 1994 als Informant »Otto« an. Alle der insgesamt 35 Strafverfahren gegen ihn wurden eingestellt.[5] Außerdem sei er 1998 über Observationen informiert worden, mit denen das Thüringer Landeskriminalamt das Trio aufspüren wollte, umgekehrt lieferte Brandt Informationen, auch zu den Untergetauchten; noch bis 2000 habe er Kontakt zu ihnen gehabt. Auf Betreiben von Ralf Wohlleben telefonierte er im März 1999 mit Böhnhardt, schließlich wollte er ihnen über André Kapke und Wohlleben falsche Pässe sowie 2.000 DM und 500 DM weiterleiten. Der großzügige Spender: offenbar das TLfV, das über diesen Weg die Tarnidentitäten des Trios aufdecken wollte; offiziell sei das Geld aber nie angekommen. Dazu habe das TLfV Brandt für mehrere hundert DM so genannte Progromoly-Spiele abgekauft.[6] Im Mai 2001 flog die Spitzeltätigkeit Brandts auf. Bis dahin zahlte ihm das TLfV 200.000 DM, die direkt in die Neonaziszene geflossen seien. Zuletzt durchsuchte die Polizei am 28. März 2012 sein Haus in Rudolstadt. Der Vorwurf: bandenmäßiger Versicherungsbetrug.[7] Ob Geld über ihn an den NSU ging, bleibt vorerst Brandts Geheimnis.

Matthias Rolf D. – Wohnungen in Zwickau

Er gehörte der Kameradschaftsszene im Erzgebirge an; Matthias D. (geb. 1975) aus dem sächsischen Lichtenstein wohnte zuletzt in Johanngeorgenstadt. In den 1990er Jahren soll er bei der dortigen Brigade Ost auch gewalttätig in Erscheinung getreten sein. Überdies war er Aktivist der Weißen Bruderschaft Erzgebirge (WBE).[8] Der Fernkraftfahrer wurde am

[5] Vgl. Thüringer Innenministerium (2012): Drs. 5/4198, 15.3.2012.

[6] Vgl. Speit, Andreas (2011): Geld für falsche Pässe, in: Die Tageszeitung, 18.12.2011, www.tageszeitung.de (Stand: 29.3.2012).

[7] Vgl. Rathay, Peter (2012): Razzia im rechten Milieu. Ehemalige V-Leute im Visier, in: Thüringer Allgemeine, 29.3.2012.

[8] Vgl. Röpke, Andrea/Belina, Otto (2012): NSU im Netz, in: Blick nach Rechts, 18.2.2012, www.bnr.de (Stand: 29.3.2012); Banse, Dirk/Müller, Uwe (2011): Das

11. Dezember 2011 verhaftet und sitzt in Untersuchungshaft. Er soll dem NSU Ausweisdokumente zur Verfügung gestellt sowie 2001 und 2008 zwei Wohnungen angemietet haben.[9]

Thomas Dienel – Vorbild Rassenkrieg

Vom Thüringer NPD-Landesvorsitzenden zur Deutsch-Nationalen Partei (DNP). Am 19. und 20. April 1992 gründet Thomas Dienel mit Hakenkreuzfahne und Hitlergruß eine Splitterorganisation, die unverhohlen den Nationalsozialismus propagierte, und wird deren Vorsitzender. Dabei suchte er, wie beim Hess-Marsch in Rudolstadt, den Schulterschluss mit den Neonazis Andreas Rachhausen, Christian Worch und Friedhelm Busse.[10] Er rief zur Machtergreifung nach NSDAP-Manier auf und feierte den Tod des ehemaligen Vorsitzenden des Zentralrats der Juden in Deutschland Heinz Galinskis. Die DNP bezeichnete sich als »Stroßtrupp«: Im Herbst 1992 demonstrierte er Spiegel-TV nahe Erfurt eine Wehrsportübung von Parteimitgliedern, die mit Sprengstoff hantierten. Die Polizei fand später bei Razzien ein Panzerbrandgeschoss sowie Schreckschusswaffen.[11] Dienel muss schließlich für verschiedene Delikte mehrere Jahre in Haft. Nach seiner Entlassung aus der Haft 1995 war die DNP Geschichte, doch Dienel bot sich dem TLfV an. Geheimdienstpräsident Helmut Roewer machte ihn zum V-Mann »Küche«. 25.000 DM erhielt er zwischen 1996 und 1997 vom TLfV, im Jahr 2000 enttarnte er sich selbst – mit ein Grund für die spätere Suspendierung Roewers. Auch Dienels Wohnung wurde am 28. März 2012 im Zusammenhang mit der Razzia bei Brandt durchsucht.[12]

Erzgebirge und der Terror, in: Die Welt, 12.12.2011.

[9] Vgl. Der Generalbundesanwalt (2011): Festnahme eines weiteren mutmaßlichen Unterstützers der terroristischen Vereinigung »Nationalsozialistischer Untergrund (NSU)«, 11.12.2011, www.generalbundesanwalt.de (Stand: 4.4.2012).

[10] Vgl. Fromm, Rainer (1993): Rechtsextremismus in Thüringen, 2. Aufl., Marburg: Schüren, S. 23.

[11] Vgl. ebd. S. 21ff.

[12] Vgl. Rathay, a.a.O.

Andre E. – Das Bekennervideo

Geboren 1979 in Erlabrunn (Erzgebirge), zuletzt wohnhaft in Zwickau. Der Inhaber der Medienagentur Aemedig wird u.a. beschuldigt, an der Produktion des ersten NSU-Bekennervideos beteiligt gewesen zu sein, und wird mitunter als »weiteres Mitglied« des NSU bezeichnet. In der Neonaziszene bekannt ist auch dessen Zwillingsbruder Maik E., auf dessen Grundstück er im brandenburgischen Grabow Brandenburg am 24. November 2011 verhaftet wurde. Die Brüder waren 2000 und 2001 Mitglieder der WBE. Die Ehefrau von Andre E., Susann E., gilt ebenfalls als Verdächtige: Sie soll Beate Zschäpe Ausweisdokumente zur Verfügung gestellt und damit zu einer Tarnidentität verholfen haben. Bei einer Durchsuchung der Zwickauer Wohnung des Ehepaars, das über Jahre engen Kontakt zur NSU-Zelle gehalten haben soll, wurde auch eine Spendendose der Nationalen Sozialisten Zwickau gefunden. Diese Gruppierung gehört zum weiterhin aktiven Freien Netz.[13]

Holger Gerlach – Der vierte Mann

Die Bundesanwaltschaft ließ am 13. November 2011 Holger Gerlach (geb. 1974) festnehmen und durchsuchte seine Wohnung in Lauenau im Landkreis Schaumburg. Er sei verdächtig, viertes Mitglied des NSU gewesen zu sein. Seit Ende der 1990er Jahre habe er, der ursprünglich auch aus Jena stammt, in Kontakt mit den anderen Mitgliedern des Terrornetzes gestanden und sei in dieselben Kreise eingebunden gewesen. Den drei Untergetauchten habe er laut Generalbundesanwalt seinen Führerschein und Reisepass zur Verfügung gestellt. Böhnhardt soll seinen Pass bereits seit 2001 zum Untertauchen genutzt haben, auch seine Krankenkassenkarte und eine ADAC-Card übergab er. Des Weiteren habe er mehrfach für den NSU und seine Taten Wohnmobile gemietet[14] und soll 2001 oder 2002 die spätere Mordwaffe der Gruppe

---

[13] Röpke/Belina, a.a.O.

[14] Vgl. Der Generalbundesanwalt (2012): Festnahme eines mutmaßlichen Mitglieds der terroristischen Vereinigung Nationalsozialistischer Untergrund (NSU),

von Jena nach Zwickau gebracht und den Untergetauchten übergeben haben. Medien berichteten, er habe mittlerweile gegenüber der Polizei umfänglich ausgesagt. Nach eigenen Angaben hat er bis Mai 2011 die untergetauchten Neonazi-Terroristen unterstützt und persönlich getroffen.[15] Gerlach war Mitglied der Jenaer Sektion des THS und bereits 1997 nach Niedersachsen gezogen. Dort war er zumindest anfänglich weiter im Kameradschaft-Spektrum aktiv und nahm an Neonazi-Aufmärschen teil. Die Sicherheitsbehörden kannten ihn, hielten den mutmaßlichen NSU-Unterstützer aber höchstens für einen Mitläufer.[16]

Thorsten Heise – Suche nach einem Versteck

Thorsten Heise (geb. 1969) gilt als Justizwunder. Trotz einer ganzen Vorstrafenliste von Volksverhetzung über Körperverletzung bis Landfriedensbruch verbrachte er dafür nur kurze Zeit im Gefängnis. Als Landesvorsitzender der 1995 verbotenen Freiheitlichen Deutschen Arbeiterpartei (FAP) angetreten, führte er 1997 die Kameradschaft Northeim. Im Dezember 1999 kaufte Heise ein Gutshaus in Fretterode (Eichsfeldkreis), dort fand die Polizei 2007 bei einer Razzia Schusswaffen. 2004 wurde er Mitglied im Bundesvorstand der NPD und gehörte diesem bis 2011 an; 2009 zog er in den Eichsfelder Kreistag. Aus der Kameradschaftsszene kommend, hofiert er wie Frank Schwerdt und Patrick Wieschke seit jeher die militanten Neonazigruppen. Da verwundert es kaum, dass er bei der versuchten Flucht des Trios ins Ausland scheinbar von Wohlleben um Unterstützung gebeten wurde und auf seiner Hochzeitsfeier auch der mutmaßliche NSU-Unterstützer Holger Gerlach anwesend war.[17] Weitere Kontakte soll es mit Heise nicht gegeben haben.

13.11.2011, www.generalbundesanwalt.de (Stand: 4.4.2012).

[15] Vgl. o. A. (2012): Holger G. soll Zwickauer Zelle bis 2011 unterstützt haben, in: Der Spiegel, 7.1.2012, www.spiegel.de (Stand: 4.4.2012).

[16] Vgl. NDR (2011): Rechter Terror – Steckbrief des vierten Mannes, www.ndr.de, 15.11.2011.

[17] Vgl. Litschko, Konrad (2012): Die Waffe kam von zwei NPDlern, in: Die Tageszeitung, 24.2.2012, www.taz.de (Stand: 30.3.2012); vgl. Kohl, Christiane/Leyendecker, Hans (2011): Alte Bekannte, in: Süddeutsche Zeitung, 16.12.2011, www.sued-

Wohlleben sprach wohl allerdings davon, dass die Untergetauchten verschwinden würden – Zufall, oder hatte Heise seine Aufgabe erfüllt?[18]

André Kapke – Bis heute in der NPD

Seit den frühen 1990er Jahren ist André Kapke (geb. 1975) in der Thüringer Neonaziszene aktiv und einer ihrer wichtigsten Akteure. Als Mitglied der Kameradschaft Jena und der lokalen Gruppe des THS stand er in engem Kontakt mit den späteren NSU-Mitgliedern und ihrem mutmaßlichen Helfer Ralf Wohlleben. Am 1. November 1996 störte er beispielsweise mit Böhnhardt, Mundlos, Zschäpe und weiteren Neonazis aus Jena und Chemnitz in der KZ-Gedenkstätte Buchenwald; sie erhielten ein unbefristetes Hausverbot.

Nach dem Untertauchen des Trios Anfang 1998 erschien er bei der Polizei in Jena und verlangte die Herausgabe des Schlüssels von Zschäpes Wohnung. Kapke bemühte sich damals u.a. beim NPD-Bundesvorstandsmitglied Schwerdt und weiteren Neonazis um Unterstützung für die Untergetauchten. Später wurde ihm in der Szene jedoch vorgeworfen, er habe mehrere Tausend DM für die Beschaffung von falschen Pässen für das Trio veruntreut. Nach 1998 will er keinen Kontakt mehr gehabt haben.[19] Er bestreitet zudem, den Aufenthalt der NSU-Mitglieder gekannt und sie bei Straftaten unterstützt zu haben. Bis heute gehört der mehrfach verurteilte Kapke der NPD an,[20] war einer der Organisatoren des neonazistischen Fest der Völker in Thüringen und baute den Treffpunkt Braunes Haus in Jena mit auf.

---

deutsche.de (Stand: 30.3.2012); vgl. Deutscher Bundestag (2011): Innenausschuss, Protokoll, 58. Sitzung, 21.11.2011.

[18] Vgl. Diehl, Jörg (2012): Der Rechtsausleger, in: Der Spiegel, 6.3.2012, www.spiegel.de (Stand: 30.3.2012).

[19] Wir haben uns immer mehr radikalisiert, in: Junge Freiheit, Nr. 49, 2.12.2011.

[20] NPD: Das NPD-Parteipräsidium zu den Fragen um André Kapke, www.npd-naheland.de (Stand: 4.4.2012).

Andreas S., Frank L. und das Madley – Die Česká unterm Ladentisch

Nach außen unscheinbar, doch hinter dem Schaufenster lieferten sie offenbar mehr als nur rechte Szeneklamotten: Frank L. und Andreas S., die Inhaber des von 1997-2009 geöffneten Jenaer Ladens Madley bewegten sich im Umfeld der Hatebrothers 88 Kahla, einer Blood & Honour nahen Thüringer Gruppe.[21]

Wie gefährlich ihre Geschäfte wirklich waren und wie gut die Verbindung zu Wohlleben und den Flüchtigen wohl gewesen ist, kam am 25. Januar 2012 im Zuge einer Durchsuchung ihrer Wohnungen in Laasdorf und Wolfersdorf-Trockenborn bei Jena an die Öffentlichkeit. Ende 1999 verkaufte offenbar Andreas S. die spätere Mordwaffe des NSU für 2.500 DM an den Jenaer Neonazi Carsten Schultze, der nach eigenen Angaben im Auftrag Wohllebens handelte.[22] Noch bis 1998 standen die Inhaber scheinbar selbst in Kontakt mit Böhnhardt, Mundlos und Zschäpe[23] – von ihren mörderischen Zielen wollen Andreas S. und Frank L. jedoch nichts gewusst haben.[24]

Carsten Schultze – Der Aussteiger

Am 1. Februar 2012 wurde der aus Jena stammende Carsten Schultze (geb. 1980) von der GSG 9 in Düsseldorf festgenommen.[25] Ihm wird vorgeworfen, dem Trio die spätere Waffe und Munition für die rassi-

---

21 Vgl. ART Dresden/Gamma Leipzig/ARG Jena (2012): »Blood & Honour«: NSU-Helfer in Sachsen. o. O.: o. V.

22 Vgl. Schattauer, Göran (2012): Der Mann hinter den Killern, in: Focus, 20. Jg., H. 10, S. 42.

23 Vgl. Jüttner, Julia (2012): Die Treue der Kameraden. Spendenaktion für NSU, in: Der Spiegel, 26.1.2012, www.spiegel.de (Stand: 30.3.2012).

24 Vgl. Eumann, Jens/Kaufmann, Thomas (2012): NSU: Nazi-Boutique als Quelle für Mordwaffe. Razzien offenbaren illegale Handelswege, in: Freie Presse, 26.2.2012, www.freiepresse.de (Stand: 30.3.2012).

25 Färber, Ole/Josef, Ronja (2012): Von der Vergangenheit eingeholt, in: Der Rechte Rand, 24. Jg., H. 135.

stische Mordserie beschafft und an Ralf Wohlleben weiter gereicht zu haben, der die Waffe weiter zum NSU bringen ließ. Beihilfe zu sechs Morden und einem Mordversuch hält ihm der Generalbundesanwalt vor.[26] Schultze war seit 1999 im THS aktiv und wurde 2000 zum stellvertretenden Vorsitzenden der Jungen Nationaldemokraten Thüringen gewählt;[27] zweiter Stellvertreter neben ihm war Wieschke. Zudem engagierte er sich für den Jenaer NPD-Kreisverband. Gemeinsam mit Wohlleben und Kapke unterstützte er die späteren NSU-Mitglieder nach deren Untertauchen. Für kurze Zeit gehörte Schultze zum engsten Kreis der Unterstützer. Zeitweise soll er der Einzige gewesen sein, der direkten Kontakt zum NSU hielt.[28]

Über seinen Anwalt räumte er ein, die mutmaßliche Tatwaffe beschafft zu haben. Angeblich sei er 2000 aus der Neonaziszene ausgestiegen und 2003 nach Köln und Düsseldorf gezogen, wo er studierte, arbeitete und sich sozial engagierte. Sein Ausstieg ließ in Düsseldorf zwar Fragen offen, doch Kontakte in die Neonaziszene unterhielt er offenbar nicht mehr.[29]

Frank Schwerdt – Bitte um Unterstützung

Wankelmütig zwischen NPD, CDU, Republikanern und Neonazi-Organisationen wie Die Nationalen verschlägt es Frank Schwerdt (geb. 1944) im Jahr 1997 wieder zur NPD. Seine Parteikarriere begann er im Bundesvorstand und mit mehreren Monaten Haft wegen Holocaustleugnung und der Veröffentlichung einer CD der Rechtsrockband »Volksverhetzer«; im Lied »Blutrausch« hetzte sie gegen Punks: »Du willst

---

[26] Der Generalbundesanwalt (2012): Festnahme eines mutmaßlichen Gehilfen der terroristischen Vereinigung »Nationalsozialistischer Untergrund (NSU)«, 1.2.2012, www.generalbundesanwalt.de (Stand: 4.4.2012).

[27] Thüringer Landesamt für Verfassungsschutz (2000): Thüringer JN-Landesverband gegründet, in: Nachrichtendienst, Nr. 7, S. 4.

[28] Ebd.

[29] Antifaschistische Linke Düsseldorf (2012): Düsseldorfer war Kontaktmann zum rechtsterroristischen NSU? Antifa fordert Aufklärung, 25.1.2012, http://antifa-duesseldorf.de (Stand: 4.4.2012).

ihn nur noch töten«. Schwerdts Renommee verschaffte ihm von 2001 bis heute den Thüringer NPD-Landesvorsitz; 2009 wurde er stellvertretender Bundesvorsitzender. Mittlerweile sitzt er auch im Erfurter Stadtrat. Seinen internen Rückhalt verdankt er der Kumpanei mit den Kameradschaften – nicht zuletzt mit dem THS. Ralf Wohlleben war Schwerdts politischer Nachwuchs, mit dem er die Thüringer NPD 2002-2008 führte. Zehn Jahre zuvor, am 17. Januar 1998 spricht Schwerdt bei einem Aufmarsch in Erfurt, auch Zschäpe ist zugegen. Ende der 1990er Jahre heuerte er Mundlos mindestens einmal als Chauffeur an. Kapkes erster Weg auf der Suche nach einem Versteck für die Untergetauchten führte ihn im Februar 1998 in die Berliner NPD-Zentrale zu Schwerdt, doch der lehnte dem eigenem Vernehmen nach ab.[30] Wohlleben ist in Haft, Schwerdt nicht.

Mandy Struck – Der Tarnname

Die aus Erlabrunn im Erzgebirge stammende Friseurin Mandy Struck (geb. 1975) gehörte wie Mathias D. und Andre E. der »Brigade Ost« in Johanngeorgenstadt an. Ihre Wohnung in Schwarzenberg, wo sie zuletzt wohnte, wurde am 11. Dezember 2011 von der Polizei durchsucht. Am gleichen Tag wurde der mutmaßliche NSU-Unterstützer Matthias D. festgenommen.

Beate Zschäpe benutzte ihre Identität mithilfe von Personaldokumenten als Deckname. Struck war außerdem Mitglied der 2001 verbotenen Hilfsorganisation für nationale politische Gefangene und deren Angehörige (HNG) und pflegte Kontakte in die Neonaziszene, u.a. zu dem Altenburger Kameradschaftsführer und Mitbegründer des Freien Netzes Thomas G. Zwischenzeitlich war sie mit einem weiteren Neonazi liiert, der in Verdacht steht, den NSU unterstützt zu haben, Max-Florian B.[31]

---

[30] Vgl. Goll, Jo (2012): NPD-Vize Frank Schwerdt war eng mit Terrorzelle vernetzt, in: RBB/ARD, 12.3.2012, www.tagesschau.de (Stand: 19.3.2012).

[31] Banse/Müller, a.a.O.

Jan Botho W. – Blood & Honour

Er wird »Dackel« genannt, Jan Botho W. (geb. 1975) aus Chemnitz. Zwischenzeitlich galt er als Anführer der Sektion Sachsen des 2000 verbotenen Blood & Honour-Netzwerks (B&H) und ist vor Ort einer der wichtigsten Organisatoren der Neonaziszene gewesen. Er war beispielsweise an dem einschlägigen Fanzine White Supremacy und dem Label Movement Records beteilgt, das CDs von B&H-Bands produzierte. W. soll nach der Flucht den Aufenthaltsort von Zschäpe, Mundlos und Böhnhardt gekannt und sich um Unterstützung bemüht haben, unter anderem durch Geld und Waffen. Dasselbe versuchte von Chemnitz aus wohl auch die B&H-Aktivistin Antje P. (geb. 1974), zuletzt wohnte sie in Limbach-Oberfrohna. Zur B&H-Sektion gehörten ferner die Chemnitzer Neonazis Thomas S. (zuletzt Dresden-Gorbitz) und Andreas G. (geb. 1974, zuletzt Remhalden und Chemnitz).

Die Chemnitzer Szene, insbesondere CC88, hatte neben B&H auch enge Verbindungen zum Hammerskin-Netzwerk des Sebnitzer Neonazis und mutmaßlichen V-Mannes Mirko H. Zudem wird vermutet, dass die einstigen B&H-Aktivisten aus Chemnitz den NSU bis mindestens 2003 gedeckt haben. Am 25. Januar 2012 kam es deswegen zu mehreren Hausdurchsuchungen.[32]

Patrick Wieschke – Nachtquartier in Eisenach?

Wegen Beihilfe zu einem Sprengstoffanschlag auf einen türkischen Imbiss am 10. August 2000 in Eisenach musste er ins Gefängnis; überdies wurde er wegen Körperverletzung verurteilt. In dieser Zeit führte Patrick Wieschke (geb. 1981) unter anderem die Kameradschaft Eisenach und das Nationale und Soziale Aktionsbündnis Westthüringen (NSAW), das sich dem THS anschloss. Bis zum Haftantritt 2002 war er stellvertretender Vorsitzender des von ihm mitgegründeten Landesverbandes der Jungen Nationaldemokraten. Erstmals 1999 für die Thüringer NPD

[32] Vgl. ART Dresden/Gamma Leipzig/ARG Jena (2012): »Blood & Honour«: NSU-Helfer in Sachsen, o. O.: o. V.

im Wahlkampf aktiv, wurde er 2006 Landesgeschäftsführer und zog 2009 für die Partei in den Eisenacher Stadtrat. Umtriebig meldete er zahlreiche Aufmärsche an und suchte mit jeder noch so grotesken Performance die Öffentlichkeit. Dies machte ihn zur zentralen Figur des NPD-Kommunalwahlkampfes und qualifizierte ihn wohl zum Bundesorganisationsleiter und 2011 zum Mitglied im Bundesvorstand.[33] Wie sehr Wieschke an seiner Vergangenheit hängt, zeigt er auch heute, so trägt er schon mal ein T-Shirt mit dem Schriftzug »Bombenstimmung«. Doch muss sich Wieschke nach Bekanntwerden des NSU trotz scheinbarer Seriosität nicht nur nach seinen früheren Gewalttätigkeiten, sondern auch nach seiner Rolle beim Rechtsterrorismus befragen lassen – denn Fährtenhunde der Polizei führten zu seiner Eisenacher Wohnung.[34] Hat er Zschäpe im November 2011 beherbergt?

Ralf Wohlleben – »Der Mann hinter den Killern«

Am 29. November 2011 nahm die Polizei den mutmaßlichen NSU-Unterstützer Ralf Wohlleben (geb. 1975) fest; das Nachrichtenmagazin »Focus« titelt über den Jenaer Informatiker: »Der Mann hinter den Killern«.[35] Er sei »dringend verdächtig, Beihilfe zu sechs vollendeten Morden und einem versuchten Mord der terroristischen Vereinigung Nationalsozialistischer Untergrund geleistet zu haben«,[36] so der Generalbundesanwalt. Wohlleben stammt aus der Anti-Antifa Ostthüringen und dem THS, wo er seit den frühen 1990er Jahren mit den späteren NSU-

---

[33] Vgl. Quent, Matthias (2011): Die Extreme Rechte in Thüringen, in: Heinrich-Böll-Stiftung Thüringen/Nazis in Parlamenten Redaktionskollektiv (Hrsg.): Nazis in Parlamenten. Eine Bestandsaufnahme und kritische Analyse aus Thüringen, Erfurt: o. V., S. 12.

[34] Vgl. Wehner, Markus (2011): Geld, Unterschlupf, Waffen, in: Frankfurter Allgemeine Sonntagszeitung, 11.12.2011, www.faz.de (Stand: 30.3.2012).

[35] Schattauer, Göran (2012): Der Mann hinter den Killern, in: Focus, 20. Jg, H. 10, S. 40.

[36] Der Generalbundesanwalt (2011): Weitere Festnahme im Zusammenhang mit den Ermittlungen gegen Mitglieder und Unterstützer der terroristischen Vereinigung Nationalsozialistischer Untergrund (NSU), 29.11.2011, www.generalbundesanwalt.de (Stand: 4.4.2012).

Mitgliedern zusammenarbeitete. Später war er in der NPD aktiv, saß im Landesvorstand und wurde Kreisvorsitzender in Jena. 2000 wurde er dann in den Ortschaftsrat von Jena-Winzerla[37] und 2004 in den Ortschaftsrat Jena-Altstadt[38] gewählt. Im selben Jahr war er Spitzenkandidat der NPD bei den Landtagswahlen. Von 2004 bis 2008 war er stellvertretender Landesvorsitzender, 2010 trat er aus der Partei aus. Nach dem Untertauchen von Böhnhardt, Mundlos und Zschäpe 1998 organisierte vor allem Wohlleben die Unterstützung für sie und hielt den telefonischen Kontakt. Auch die Mordwaffe des NSU und eine weitere Pistole soll er mit beschafft haben.[39] Bis zu seiner Festnahme war der mehrfach Verurteilte einer der führenden Thüringer Neonazis. Unter anderem stand er mit Kapke hinter dem Braunen Haus und dem Fest der Völker und betreute Websites der Szene. Bis heute ist die Domain der Jenaer NPD auf ihn registriert.[40] Zahlreiche Neonazis, unter ihnen NPD-Funktionäre, fordern nun »Freiheit für Wolle«[41] – der Spitzname Wohllebens.

---

[37] Stadtverwaltung Jena (2000): Amtsblatt, Nr. 25, S. 217.

[38] Stadtverwaltung Jena (2004): Amtsblatt, Nr. 27, S. 279.

[39] Vgl. Der Generalbundesanwalt (2011), a.a.O.; Erb, Rainer (2012): Die Unterstützer, Brandenburgische Landeszentrale für politische Bildung, www.politische-bildung-brandenburg.de (Stand: 4.4.2012).

[40] Vgl. www.denic.de (Stand: 4.4.2012).

[41] Speit, Andreas (2012): Solidarität für möglichen Terrorhelfer, in: Die Tageszeitung, 22.2.2012, http://www.taz.de/!88230/(Stand: 4.4.2012).

Stefan Wogawa

»Allen Grund, den Verfassungsschutz zu fürchten«

Das Thüringer Landesamt für Verfassungsschutz – eine Skandalgeschichte

»Das Land Thüringen hat als erstes der neuen Länder ein Landesamt für Verfassungsschutz (...) errichtet«, heißt es stolz im ersten Thüringer Verfassungsschutzbericht.[1] Nachdem der Landtag im November 1991 ein Verfassungsschutzgesetz beschlossen hatte, war die Behörde mit 13 MitarbeiterInnen in Dienst gestellt worden, Ende 1992 war deren Stärke auf 40 angewachsen.[2] Den geplanten Personalbestand von 120 MitarbeiterInnen erreichte man nicht, nach der Aufbauphase waren es 80.[3]

»Das Referat Rechtsextremismus legte seinen Schwerpunkt auf die Informationsbeschaffung im Bereich der militanten, weitgehend unorganisiert tätigen Neonazis, bei denen es in Thüringen weitreichende Überschneidungen mit der jugendlichen Gewaltszene gibt«,[4] so der Verfassungsschutzbericht für 1997, der sich mit dem Zeitraum kurz vor dem Untertauchen der späteren Terrorgruppe Nationalsozialistischer Untergrund (NSU) beschäftigt. 1994 sei erstmals eine Anti-Antifa Ostthüringen bekannt geworden, der Zusammenschluss firmiere auch als Thüringer Heimatschutz (THS) und sei »ein Sammelbecken, das Raum für Kontakte zwischen organisierten Neonazis und gewaltbereiten ›nationalen‹ Jugendlichen bietet«.[5] Doch Erkenntnisse über die Gruppe – nach Darstellung des Thüringer Landesamtes für Verfassungsschutz (TLfV) eigentlich Schwerpunktziel der Informationsbeschaffung –, in deren Um-

[1] Thüringer Innenministerium (Hrsg.) (o. J.): Verfassungsschutzbericht Thüringen 1992, o.O.: o.V., S. 1.

[2] Vgl. ebd., S. 15.

[3] Vgl. Thüringer Landesamt für Verfassungsschutz (Hrsg.) (1998): Nachrichtendienst 12/1998. o.O.: o.V., S. 5.

[4] Thüringer Innenministerium (Hrsg.) (1998): Verfassungsschutzbericht Thüringen 1997, Erfurt: o.V., S. 9.

[5] Ebd., S. 18.

feld die späteren NSU-Terroristen agierten, fielen dürftig aus: »Der THS veranstaltete im Berichtszeitraum ein Fußballturnier und fünf Konzerte; die Veranstaltungen verliefen störungsfrei.«[6]

Stattdessen gab es immer wieder »Parteikisten«[7] – also die parteipolitische Instrumentalisierung des Geheimdienstes –, wie später der ehemalige Thüringer Verfassungsschutzpräsident Helmut Roewer einem Untersuchungsausschuss des Landtages berichtete. Die Skandale waren nicht selten direkt mit der CDU verbunden, die in Thüringen seit 1990 allein oder mit wechselnden Partnern Regierungspartei ist. Schon bei der Diskussion um den Aufbau eines Verfassungsschutzes hatte der damalige Innenminister Willibald Böck (CDU) 1991 darauf hingewiesen, die PDS müsse als verfassungsfeindlich eingestuft werden. Böck kündigte an, er werde dazu »eine Reihe von Voraussetzungen prüfen«.[8] Der SPD-Fraktionsvorsitzende Gerd Schuchardt warf Böck während der ersten Lesung des Verfassungsschutzgesetzes im Juni 1991 ein ausgeprägtes »Feindbilddenken« vor. Die SPD forderte deshalb, den Verfassungsschutz nicht dem Innenministerium unter Böck, sondern dem Justizminister zu unterstellen. Während der zweiten Lesung im Oktober 1991 warnte selbst ein CDU-Abgeordneter, das Landesamt dem Innenministerium anzugliedern; er glaube nicht, dass »ein solches Über- und Gigantenministerium wirklich allein rechtens sein kann«.[9]

Im Juli 1993 demonstrierten 1.000 Kali-Kumpel aus dem Eichsfeld friedlich vor dem Landtag, wo die Abgeordneten über die folgenschwere Kali-Fusion debattierten. Als die Demonstranten eingedrungene Zivilpolizisten enttarnten, riefen sie: »Wir sind keine Verbrecher!« und »Stasi raus!«.[10] Am Nachmittag wurde die Demonstration von einem geheimen Observationsteam gefilmt. Innenminister Franz Schuster (CDU) musste

---

[6] Ebd., S. 23.

[7] Ostthüringer Zeitung, 31.1.2002.

[8] Elias, Holger (1998): Zwischen Aufschwung und Abgesang, Erfurt: UNZ, S. 114.

[9] Der CDU-Abgeordnete Manfred Eckstein wollte das TLfV in der Staatskanzlei ansiedeln; vgl. Thüringer Landtag (1991): Plenarprotokoll 1/31, 19.10.1991, S. 2010.

[10] Elias, a.a.O., S. 25f.

die Landtagssitzung verlassen und den Abzug der Zivilpolizei sowie die Vernichtung des Videomaterials versprechen.

Am 18. Februar 1994 verbreitete ein Pressesprecher des Thüringer Innenministeriums die Meldung, die PDS werde seit November 1991 vom Verfassungsschutz beobachtet.[11] Der Geheimdienst dementierte. Ein hochrangiger Mitarbeiter des Landesamtes erklärte den Medien, der Sprecher des Innenministeriums habe die Öffentlichkeit falsch informiert.

Das TLfV hat 1994 offenbar den damaligen PDS-Landtagsabgeordneten Klaus Höpcke bespitzelt. Ex-Verfassungsschutzpräsident Roewer bestätigte im Februar 2002 den Sachverhalt gegenüber einem Untersuchungsausschuss des Landtags.[12] Der damalige Innenminister Schuster bestritt einen solchen Auftrag an den Geheimdienst.

Im Juni 1994 erreichte ein dreiseitiges Fax des Verfassungsschutzes versehentlich die Landtagsfraktion von Bündnis 90/Die Grünen. Das Papier war eigentlich an einen Herrn Doetsch gerichtet, den damaligen Pressesprecher der CDU-Fraktion. Daraus ging hervor, dass die CDU für ihren Landtagswahlkampf vom TLfV Material über die PDS angefordert und erhalten hatte. Die Grünen schrieben: »Der Thüringer Verfassungsschutz versorgt die CDU-Landtagsfraktion gezielt mit Wahlkampfmunition. Beobachtungsergebnisse insbesondere gegen die PDS werden direkt an die Pressestelle der CDU-Fraktion weitergeleitet. Ein fehlgeleitetes Fax, das offensichtlich einer umfangreicheren Serie entstammt, stellt der CDU-Landtagsfraktion unter dem Stichwort ›PDS – hier: Außerparlamentarischer Kampf‹ penibel gesammelte schriftliche Äußerungen von PDS-Funktionären zur Verfügung.«[13] Der SPD-Abgeordnete Kurt Weyh forderte: »Der Verfassungsschutz darf nicht zur Stasi der CDU umfunktioniert werden.« Innenminister Schuster stellte den Vorgang als in der Landesverfassung verpflichtend geregelte Dienstleistung der Exekutive für die Legislative dar.[14] Der Bürgerrechtler Matthias Büchner, der in Erfurt die DDR-Staatssicherheit aufgelöst hatte und dann zum

---

[11] Vgl. ebd., S. 143f.
[12] Vgl. (2002): Ließ der Minister spitzeln?, in: Der Spiegel Nr. 8, 18.2.2002, S. 9.
[13] junge Welt, 21.2.2002.
[14] Thüringer Landtag (1994): Plenarprotokoll 1/121, 7.7.1994, S. 9396.

Volkskammer-Beauftragten zur Kontrolle der Auflösung des SED-Sicherheitsapparats wurde und 1990 in den Landtag eingezogen war, sprach davon, dass »heute ein Instrument namens Verfassungsschutz sich vielleicht Messer und Gabel der CDU oder noch ganz anders nennt«. Der Fraktionsvorsitzende der CDU, Jörg Schwäblein, betonte: »Ich bin der Überzeugung, dass die PDS allen Grund hat, den Verfassungsschutz zu fürchten.«[15] Er hatte bereits im November 1993 im Landtag den PDS-Abgeordneten Jörg Pöse wissen lassen, er verdiene es, »verfassungsrechtlich beobachtet zu werden«.[16] Das Fax an die CDU offenbarte eine Spezialität des Geheimdienstes. Vom Bearbeiter im Landesamt waren sinnentstellende Veränderungen an den Ursprungstexten vorgenommen worden. Bei einem Beitrag aus der PDS-Mitgliederzeitung war die Zeile »Mutig für Bürgerinteressen eintreten und dabei den außerparlamentarischen Formen Priorität zu geben« in die wohl für die Auftraggeber brauchbarere Fassung »dem außerparlamentarischen Kampf Priorität zu geben« geändert worden.[17] In der Landtagsdebatte wurde von Schuster eine konstruierte »Einstellung der PDS zur Gewalt« zum Thema gemacht.

Vor der Landtagswahl 1994 ließ sich Thüringens Innenstaatssekretär Michael Lippert (CDU) von einem hochrangigen Mitarbeiter des Saarländischen Verfassungsschutzes über den dortigen Innenstaatssekretär Richard Dewes (SPD) informieren.[18] Dewes gehörte zum Wahlteam der SPD Thüringen und war für das Amt des Innenministers vorgesehen. Der Saarländische Geheimdienstmann meldete das Ansinnen nicht etwa seinem Dienstvorgesetzten Dewes, sondern kontaktierte Lippert über ein geheimes Nachrichtensystem. Der bezeichnete die Vorwürfe nach Bekanntwerden als »ebenso lächerlich wie spekulativ« und beklagte einen Eingriff in seine Privatsphäre. Er habe sich lediglich mit einem langjährigen Bekannten getroffen. Das Treffen entpuppte sich als Vorstellungsgespräch, zu dem Lippert seinen Informanten empfan-

---

[15] Ebd., S. 9394.

[16] Thüringer Landtag (1993): Plenarprotokoll 1/98, 26.11.1993, S. 7546.

[17] Thüringer Landtag (1994): Drs. 1/3571, 3.8.1994.

[18] Vgl. (1994): Illegale Infos, in: Der Spiegel Nr. 43, 24.10.1994, S. 62; Ostthüringer Zeitung, 24.10.1994.

gen hatte. Das CDU-Mitglied sollte Stellvertreter des Thüringer Polizeipräsidenten werden.

Im August 1995 veröffentlichte das TLfV eine Studie zur Wählerschaft der PDS, laut der in Ostdeutschland seinerzeit jeder dritte Beamte die Sozialisten wählte. Selbst Ministerpräsident Bernhard Vogel (CDU) reagierte verärgert und kritisierte den Verfassungsschutz.[19] Er legte der Behörde nahe, die Meinungsforschung den Instituten zu überlassen. Gerade in Ostdeutschland erinnere man sich an eine schlimme Vergangenheit, in der amtliche Organe Wahlergebnissen nachgingen. Die PDS warf dem Verfassungsschutz eine politische Offensive vor, um Druck auf die Beschäftigten des öffentlichen Dienstes auszuüben.

Der Neonazi Thomas Dienel war von 1995 – gerade aus der Haft entlassen – bis 1997 Informant des TLfV. Dienel (Deckname »Küche«) wurde »entgeltlich abgeschöpft«: Informationen gegen Honorar. Für etwa 80 Treffen sollen 25.000 DM geflossen sein. Der Neonazi äußerte nach seiner Enttarnung, er habe den Verfassungsschutz nicht mit Nachrichten beliefert, sondern »als Informationsquelle« genutzt.[20] Dienel, der angekündigt hatte, »mit diesen Händen werde ich die Gashähne wieder aufdrehen«, wurde bereits im ersten Thüringer Verfassungsschutzbericht 1992 genannt: Er sei Landesvorsitzender der NPD gewesen, später Vorsitzender der Deutsch Nationalen Partei, trete mit fremdenfeindlicher und antisemitischer Propaganda auf und sei wegen Volksverhetzung und weiterer Delikte verurteilt.[21] Nach der Enttarnung erklärte Dienel, er habe in Absprache mit dem Landesamt und von diesem finanziert im Herbst 1997 eine Flugblattkampagne gegen den damaligen stellvertretenden Landesvorsitzenden der Gewerkschaft HBV in Thüringen inszeniert. Auf den Flugblättern wurde die Zusammenarbeit des antifa-

---

[19] Vgl. Ostthüringer Zeitung, 30./31.8.1995; später gründete das Landesamt ein Tarnunternehmen namens »Institut für Konfliktforschung und Sozialpsychologie«.

[20] Hielscher, Almut/Mascolo, Georg/Winter, Steffen (2000): Man hat mich gedeckt, in: Der Spiegel Nr. 40, 2.10.2000, S. 109f.

[21] Vgl. Thüringer Innenministerium (Hrsg.) (o. J.): Verfassungsschutzbericht Thüringen 1992. o.O.: o.V., S. 34ff.

schistisch engagierten Gewerkschafters mit Neonazis behauptet.[22] In einem Interview sagte Dienel, durch seine Gesprächspartner beim Geheimdienst sei ihm zu verstehen gegeben worden, man könne Strafverfahren von ihm »weghalten«.[23] Nach der Informantenzeit gab es für die geplante Neonazi-Zeitung »Stimme für Deutschland«, deren Chefredakteur Dienel war, vom Thüringer Sozialministerium 18.000 DM Fördermittel.[24]

»Stasi-Methoden«

Vom TLfV wurden 1996 Kundgebungen der Bürgerinitiative gegen überhöhte Kommunalabgaben in Gotha observiert, wie das Innenministerium im Juni 2001 bestätigte. Verfassungsschutzmitarbeiter nahmen an Veranstaltungen teil und protokollierten Überwachungsergebnisse. Die Initiative war gegründet worden, um gegen die hohen Wasser- und Abwasserpreise zu protestieren. Die Dachorganisation Thüringer Bürgerallianz fühlte sich »fatal an Stasi-Methoden« erinnert.[25] Die Überwachungsakten verschwanden im Oktober 1999.

Der Thüringer Flüchtlingsrat kritisierte, dass vom TLfV im Jahr 1998 eine Demonstration gegen die Diskriminierung von Flüchtlingen observiert worden war.[26] Später wurde bekannt, dass das Landesamt auch Informationen über die Vorsitzende der Organisation gesammelt hatte.[27]

Der konspirativ im Auftrag des TLfV angefertigte Dokumentarfilm »Jugendlicher Extremismus mitten in Deutschland – Szenen aus Thüringen« wurde im April 2000 im Beisein von Innenminister Christian Köckert (CDU) und Verfassungsschutzpräsident Roewer in Jena vorge-

---

[22] Vgl. (2000): Intrige mit Rechtsradikalen, in: Der Spiegel Nr. 37, 11.9.2000, S. 18.

[23] Vgl. (2000): Zahlte Verfassungsschutz für Neonazi-Werbung?, in: Spiegel Online, 6.6.2000, www.spiegel.de (Stand: 27.3.2012).

[24] Vgl. Hielscher/Mascolo/Winter, a.a.O.

[25] Thüringische Landeszeitung, 26.6.2001.

[26] Vgl. Ostthüringer Zeitung, 7.7.1999.

[27] Vgl. Thüringische Landeszeitung, 9.1.2003.

stellt. Gedreht hatte ihn 1999 Reyk Seela, damals CDU-Kreisvorsitzender in Jena und freier Journalist bei einem Lokalsender. In dem ominösen Streifen werden militante Neonazis und Mitglieder der Jenaer Jungen Gemeinde Stadtmitte als »Extremisten« gleichgesetzt. In der in kleiner Auflage an Behörden verteilten Monatsschrift »Nachrichtendienst« des Landesamtes hieß es irreführend, der »Film sollte in Thüringen spielen, von Thüringern gemacht und ohne Einflussnahme des TLfV produziert werden«.[28] Um dessen Einfluss zu verschleiern, trat der Erfurter Heron Verlag, ein Tarnunternehmen des Landesamtes, als Auftraggeber in Erscheinung. Seela hatte sich Mitte der 1990er Jahre erfolglos als Mitarbeiter beim Landesamt beworben.[29] Im September 1999 zog er als CDU-Abgeordneter in den Landtag ein, dem er bis 2009 angehörte.

Als Christian Köckert 1999 Innenminister wurde, soll er Verfassungsschutzpräsident Roewer aufgefordert haben, ihm die »Akte Dewes«, also Geheimdienstinformationen über seinen sozialdemokratischen Amtsvorgänger Richard Dewes, vorzulegen.[30] Das TLfV hat Köckert im Februar 2000 von diesem angeforderte Informationen über den PDS-Landtagsabgeordneten Steffen Dittes geliefert, adressiert an »Minister Christian Köckert persönlich«. Dittes war von seiner Fraktion als Mitglied für die so genannte G 10-Kommission des Landtags vorgeschlagen worden, welche Telefonabhörmaßnahmen kontrollieren soll. Der Minister dementierte einen Auftrag. Die Informationen – angebliche Kontakte von Dittes in die autonome Szene und zur verbotenen kurdischen Partei PKK – seien vom Verfassungsschutz routinemäßig gewonnen und daraufhin vom Präsidenten an Köckert berichtet worden.[31] Ministerpräsident Vogel stärkte Köckert den Rücken: Von der Bespitzelung eines Abgeordneten könne keine Rede sein, der Vorwurf der politischen Instrumentalisierung des Geheimdienstes grenze ans Lächer-

---

[28] Thüringer Landesamt für Verfassungsschutz (Hrsg.) (2000): Nachrichtendienst 5/2000, o.O.: o.V., S. 39.

[29] Thüringer Allgemeine, 23.11.2006; Seela war in die engere Wahl gekommen, aber nicht eingestellt worden. Zu Seela und weiteren genannten CDU-Politikern vgl. Fraktion DIE LINKE im Thüringer Landtag (Hrsg.) (2009): Schwarzbuch CDU-Herrschaft in Thüringen, Erfurt: o. V.

[30] Vgl. Ostthüringer Zeitung, 31.2.2002.

[31] Vgl. Thüringische Landeszeitung, 25.2.2002.

liche, es werde »ein Popanz aufgebaut«.[32] Dittes wurde nicht in die »G 10-Kommission« gewählt.

Als am 20. April 2000 Unbekannte einen Brandanschlag auf die Erfurter Synagoge verübten, gingen die Sicherheitsbehörden zunächst von möglichen »linken Tätern« aus, die ausgerechnet an Hitlers Geburtstag eine Synagoge angegriffen haben sollten. Minister Köckert zeigte noch vor dem Landtag dafür Verständnis: Die Ermittlungen seien »sachlich geboten und richtig« gewesen.[33] Ein Fingerabdruck auf dem Bekennerschreiben führte am 23. April 2000 zur Festnahme eines Neonazis, der gestand, den Anschlag mit zwei Kumpanen verübt zu haben.

Nach dem Verbot der Neonazi-Organisation Blood & Honour Division Deutschland durch den Bundesinnenminister im September 2000 warnte offenbar ein hochrangiger Mitarbeiter des TLfV einen in Gera lebenden Funktionär der Gruppe – wahrscheinlich V-Mann des Dienstes – vor einer Hausdurchsuchung.[34]

Im Mai 2000 wurden zwei Kommunalpolitiker der Freien Wähler aus Blankenhain vom TLfV im Geheimdienstdatennetz NADIS überprüft. Einer der beiden war Bürgermeister, der andere ehrenamtlicher Beigeordneter. Unmittelbar nach dem ersten Wahlgang der laufenden Bürgermeisterwahl war gegenüber einem Mitarbeiter des TLfV von unsauberen Grundstücksgeschäften und möglichen »Stasi-Seilschaften« gemunkelt worden. Die NADIS-Anfragen sind erwiesen,[35] sie ergaben keine Hinweise auf eine Tätigkeit für die DDR-Staatssicherheit. Der damalige Ministerpräsident Vogel äußerte sich zur Einsetzung eines Untersuchungsausschusses zur Aufklärung: »Meiner Ansicht nach wird hier, und zwar nicht unüberlegt, aus einer Mücke ein Elefant gemacht.«[36]

Im Mai 2001 belegte eine Regionalzeitung ein Treffen von Tino Brandt, damals Pressesprecher und Landesvize der NPD sowie Mitinitiator von Anti-Antifa Ostthüringen und THS, mit Verfassungsschutzmitarbeitern.[37] Brandt gab kurz darauf mehrjährige Spitzeldienste als V-Mann des Lan-

---

[32] Neues Deutschland, 26.2.2002.
[33] Thüringer Landtag, 3. Wahlperiode: Protokoll der 16. Sitzung, 3.5.2000.
[34] Vgl. Thüringische Landeszeitung, 30.5.2001.
[35] Vgl. Thüringer Landtag (2003): Plenarprotokoll 3/91, 12.9.2003, S. 7955ff.
[36] Thüringer Landtag (2003): Plenarprotokoll 3/47, 6.9.2001, S. 3910.
[37] Vgl. Thüringer Allgemeine, 12.5.2001.

desamtes zu (Deckname »Otto«), für die er über 200.000 DM erhalten und zur Finanzierung der rechten Szene eingesetzt habe. Innenminister Köckert behauptete, Brandt sei bereits 2000 »abgeschaltet« worden, er habe als Dienstherr keine Kenntnisse von dessen Tätigkeit. Es konnte allerdings belegt werden, dass Köckert seit der Beurlaubung des früheren Verfassungsschutzpräsidenten Roewer von Brandts V-Mann-Tätigkeit wusste. Zudem war der NPD-Funktionär zwar tatsächlich zunächst »abgeschaltet«, später von einem hochrangigen Verfassungsschützer aber in Absprache mit dem Thüringer Innenstaatssekretär Georg Brüggen (CDU) wieder reaktiviert worden.[38]

Im Juni 2004 wurde bekannt, dass das TLfV ein Vorstandsmitglied der rechten Deutschen Partei (DP) als Informanten beschäftigt hatte, obwohl eine interne Richtlinie aus dem Jahr 2000 das Anwerben von Spitzeln aus der Führungsebene untersagte.[39] Der frühere V-Mann erklärte, er habe sich im Auftrag des Verfassungsschutzes verschiedenen rechten Parteien angeschlossen, zuletzt 2003 der DP. Ende 2003 habe er aussteigen wollen, vom Verfassungsschutz sei aber eine Unterstützung versagt worden. »Es kann kein rechtswidriges Verhalten des Landesamtes für Verfassungsschutz festgestellt werden«, bilanzierte Eckehard Kölbel (CDU) nach einer Sitzung der Parlamentarischen Kontrollkommission des Landtags.

Mitte 2002 teilte das TLfV dem Vorsitzenden der PDS-Landtagsfraktion Bodo Ramelow auf dessen Auskunftsersuchen hin mit, dass man über mehrere Jahre hinweg Daten über ihn gespeichert habe. Später wurde bekannt, dass über ihn eine Personenakte angelegt worden war.[40] Ramelow machte Minister Köckert dafür verantwortlich, der im August 2001 geäußert hatte, es sei »weiterhin notwendig, Teile der PDS durch den Verfassungsschutz beobachten zu lassen«, da dort »menschenverachtendes Denken« verbreitet sei.[41] Als im Januar 2003 der Landtag über die Bespitzelung des Oppositionsführers debattierte, wurde

---

[38] Vgl. Der Verfassungsschutz als Tollhaus, in: Stuttgarter Zeitung, 16.11.2011, www.stuttgarter-zeitung.de (Stand: 27.3.2012).

[39] Vgl. junge Welt, 10.6.2004.

[40] Vgl. Wogawa, Stefan (2007): Die Akte Ramelow. Ein Abgeordneter im Visier der Geheimdienste, Berlin: Dietz.

[41] Der Tagesspiegel, 12.8.2001.

Ramelow von der CDU-Abgeordneten Evelin Groß angegriffen, weil er die Beobachtung öffentlich gemacht hatte. Groß: »Deshalb ist der Begriff Schmutzfink für ihn angebracht«.[42] In Rahmen gerichtlicher Auseinandersetzungen konnte Ramelow nachweisen, dass die Beobachtung nicht nach Annahme des Landtagsmandats beendet worden war und dass man sogar parlamentarische Aktivitäten im Archiv des Landesamtes (»Redo-Schriftgutverwaltung«) gespeichert hatte. Einige der Informationen, die das Landesamt Ramelow nach dessen Auskunftsersuchen mitgeteilt hatte – darunter ein Gastkommentar in einer DKP-Zeitung sowie die Unterzeichnung einer Solidaritätserklärung für ein Opfer der Berufsverbote – waren in den Jahren 1998 und 1999 bereits in Propagandaschriften der CDU und der Christlich-Demokratischen Arbeitnehmerschaft (CDA) aufgetaucht, verfasst unter Decknamen eines Politologen mit Kontakten zu CDU- und CSU-nahen Stiftungen und zum TLfV.[43]

Auch über zwei weitere Landtagsabgeordnete, darunter die frühere stellvertretende Vorsitzende der PDS-Fraktion Karin Kaschuba, hatte das TLfV Personenakten angelegt.[44] Dem damaligen DGB-Landesvorsitzenden Frank Spieth wurde vom Landesamt mitgeteilt, sein Name tauche in »Sachakten« mit Ereignissen auf, in denen er als Person des öffentlichen Lebens in frei zugänglichen Veröffentlichungen genannt worden wäre – der Gewerkschafter hielt diese Erklärung für »eindeutig zweideutig«.[45]

---

[42] Thüringer Landtag (2003): Plenarprotokoll 3/78, 30.1.2003, S. 6885.

[43] Vgl. Wogawa, a.a.O.; Patrick Moreau verfasste das CDA-Pamphlet bzw. einen Teil der CDU-Publikation unter den Decknamen »Hermann Gleumes« bzw. »Peter Christian Segall«. Moreau trat bei Veranstaltungen des TLfV auf und publizierte im Heron Verlag.

[44] Vgl. Freies Wort, 9.1.2003.

[45] Vgl. Thüringische Landeszeitung, 9.1.2003; auch Spieth war von CDU und CDA attackiert worden.

Martina Renner/Paul Wellsow

Roewers Gesellen

Die fragwürdigen Personalentscheidungen des Ex-Chefs des Thüringer Verfassungsschutzes

Seine Inszenierungen waren legendär. Helmut Roewer alias Stephan Seeberg,[1] von 1994 bis 2001 Chef des Thüringer Landesamtes für Verfassungsschutz (TLfV), war der Ludwig II. der Geheimdienste. Mal gondelte er mit seinem Fahrrad als Observant am Rande einer Demonstration, mal verkleidete er sich als General Ludendorff mit Pickelhaube, Uniformjacke und Pferdehandpuppe im Rahmen der Kunstaktion »WeimarErinnert – Die ParallelAktion«.[2] Seine bizarre Persönlichkeit verleitet viele Beobachter, jeden Skandal um das Amt mit seiner Person zu erklären. Damit gerät in Vergessenheit, dass ihm seine Befugnisse erst von der Politik eingeräumt worden waren. In Personalsachen hatte er beispielsweise im TLfV so gut wie freie Hand. Der damalige Innenminister Richard Dewes (SPD) galt als sein Vertrauter.

Unter Roewer machten Quereinsteiger schnell Karriere. Kunsthistoriker und Archäologen, Alt-Philologen, Chemiker und Lyriker bevölkerten das Amt. Einige stiegen sogar zu Referatsleitern auf. Altgediente und Traditionalisten beäugten die »Neuen« kritisch, von »Günstlingen« war die Rede. Ein damals hochrangiger Insider berichtete gegenüber der Wochenzeitung »Die Zeit«, Roewer habe »ganz eigene, ganz moderne Vorstellungen«[3] ins Amt mitgebracht. Er wollte aus dem Amt offenbar einen von der Extremismustheorie beflügelten Think-Tank machen. Umgeben von jungen AkademikerInnen sah er sich vermutlich als

[1] Roewer selbst veröffentlichte ein Foto von sich unter dem Namen Stephan Seeberg; vgl. Roewer, Helmut/Schäfer, Stefan/Uhl, Matthias (2003): Lexikon der Geheimdienste im 20. Jahrhundert, München: Herbig, S. 414f.

[2] Eberle, Henrik/Postel, Jürgen/Postel, Sabine/Roewer, Helmut/Timpel, Claudia (1999): WeimarErinnert. Die ParallelAktion, Erfurt: Heron.

[3] Zitiert nach: Bittner, Jochen/Denso, Christian/Kraske, Michael/Staud, Toralf (2011): Verbrecher und Versager, in: Zeit Online, 16.11.2011, www.zeit.de (Stand: 29.3.2012).

Spiritus Rector einer verschworenen Gemeinde zur Rettung des Staates vor der PDS und antifaschistischen Gewerkschaftern. Dabei nahm man es offenbar mit Recht und Gesetz nicht so genau. Mit einem Stammkapital von 50.000 DM und Aufträgen aus dem Amt sowie dubiosen Finanzpraktiken wurde als Tarnunternehmen 1997 der Heron-Verlag gegründet. Dort erschienen vor allem Sammelbände mit Vorträgen aus dem TLfV. Sie wurden »kostenlos an alle Hochschul-, Fachschul-, Kreis- und Stadtbibliotheken und an Schulen Thüringens verteilt«,[4] waren aber auch im Handel erhältlich.

Der Verlag hatte die Funktion, Geld aus dem Amt abzuziehen. »Mitarbeiter« erhielten Werkverträge über 15.000 bis 95.000 DM. Eine adäquate Gegenleistung wurde nicht erwartet, stattdessen wurden die Summen auf ein Konto von »Stephan Seeberg« überwiesen – insgesamt etwa 400.000 DM. Ein Verfahren gegen Roewer wegen Untreue wurde 2010 gegen eine Auflage von 3.000 Euro eingestellt.[5] Ein Ergebnis der Verlagsarbeit war auch, dass das TLfV de facto Neben-Verfassungsschutzberichte publizierte – losgelöst von politischer Kontrolle. Der Amtschef gab das fast unumwunden zu, als er schrieb, »daß neben der offiziellen Berichterstattung (...) in einem Nachrichtendienst Meinungen diskutiert und gebildet werden, die nicht unmittelbar Einfluss auf die tägliche Arbeit haben.«[6] Sie wurden im Heron-Verlag publiziert.

Roewers Traum einer antikommunistischen Denkfabrik hinterließ Chaos. Wer gegen die Jungakademiker ohne Behördenerfahrung »aufmuckte«, wurde degradiert. Die Alten im Amt mussten das »blöde Fußvolk mimen«, erzählte ein Insider.[7] So erging es auch dem Referatsleiter für »Rechtsextremismus« Friedrich Karl Schrader, der seinen Stuhl für den jungen Historiker Stefan Schäfer freimachen musste. Schrader

---

[4] Thüringer Innenministerium (1999): Verfassungsschutzbericht 1998. Erfurt: o.V., S. 13.

[5] Vgl. Müller, Claus-Peter (2011): Terrorheimstatt Thüringen, in: Frankfurter Allgemeine Zeitung, 16.11.2011.

[6] Roewer, Helmut (1997): Editorial, in: Baumann, Fritz-A./Roewer, Helmut/Rannmacher, Helmut (Hrsg.): In guter Verfassung. Erfurter Beiträge zum Verfassungsschutz, Demokratie im Diskurs, Bd. 2, Erfurt: Heron, S. 4.

[7] Bittner/Denso/Kraske/Staud, a.a.O.

bat den damaligen Innenminister Christian Köckert (CDU), »die unerträglichen Zustände im Verhältnis von Präsident und Belegschaft«[8] zu beenden.

Grund genug, auch Roewers neues Personal zu betrachten. Zumal nicht nur er zuletzt in einem Verlag der extremen Rechten publizierte,[9] sondern auch ein früherer Mitarbeiter. Gemeinsam führten sie einen Kreuzzug gegen Linke. Die Basis war ein tiefsitzender Antikommunismus, der offenbar aus biografischer Prägung den Blick auf die tatsächlichen Gefahren des Neonazismus verstellte. Einer von ihnen war der bereits genannte Historiker Stefan Schäfer. Als wissenschaftlicher Mitarbeiter kam er 1996 ins TLfV[10] und widmete sich anfänglich den Themen Jugendgewalt und Scientologie.[11] Ab Ende 1999 leitete er das »Referat 22 Rechtsextremismus« – also jene Abteilung, die vorgeblich oder tatsächlich nie in der Lage war, die abgetauchten NSU-Mitglieder zu finden. Zusammen mit der ehemaligen Mitarbeiterin Claudia Timpel, zuständig für das »Referat 23 Ausländerextremismus«, veröffentlichte er im Heron-Verlag das geschichtsklitternde Buch »... dich brenn' ich eigenhändig an... Buchenwald – Kristallisationspunkt für Extremisten?«[12] Darin geht es historisch und politisch munter durcheinander: Der Massenmord der Nazis, die Zwangsarbeit und Folter in dem KZ treten dort undifferenziert neben die Toten des Sowjetischen »Speziallagers 2 Buchenwald«. Für die Geheimdienstler ist Buchenwald »ein Symbol für zwei totalitäre Diktaturen auf deutschem Boden«.[13] Fotos im Buch zei-

---

[8] Ebd.

[9] Vgl. Roewer, Helmut (2010): Die Rote Kapelle und andere Geheimdienst-Mythen, Graz: Ares.

[10] Vgl. Baumann, Fritz-A./Roewer, Helmut/Rannmacher, Helmut (Hrsg.) (1998): In guter Verfassung II. Erfurter Beiträge zum Verfassungsschutz, Demokratie im Diskurs, Bd. 3, Erfurt: Heron, S. 389.

[11] Vgl. Schäfer, Stefan (1998): Scientologie – eine Gefahr für die Demokratie?, in: ebd., S. 279-311.

[12] Timpel, Claudia/Schäfer, Stefan (1997): ... dich brenn' ich eigenhändig an. Buchenwald – Kristallisationspunkt für Extremisten?, Demokratie im Diskurs, Bd. 4, Erfurt: Heron.

[13] Ebd., S. 43.

gen nebeneinander Neonazis und Gedenkveranstaltungen für die Opfer des Faschismus[14] – für Schäfer und Timpel alles dasselbe.

Unbelastet von praktischem Verwaltungswissen stieß der Pressesprecher Joachim Werneburg zum TLfV. Der Ingenieur und Literat war von 1994 bis 1997 Leiter der Öffentlichkeitsarbeit. Heute arbeitet er im Thüringer Landesverwaltungsamt. Fünf seiner literarischen Werke publizierte er im rechten, mythischen Kleinverlag Edition Arnshaugk aus Neustadt an der Orla.[15] Auf den ersten Blick scheint der Verlag von Uwe Lammla esoterisch und skurril. Doch schnell stößt man auf »deutsche Naturlyriker«, auf Runen-Schrift, Mythen und die Ablehnung der Moderne.[16] Unter den AutorInnen von Arnshaugk und den dort zum Verkauf angebotenen Büchern anderer extrem rechter Verlage findet sich das Who-is-Who der extrem rechten, völkischen und faschistischen Intelligenz. Aus älteren Tagen beispielsweise Julius Evola, Armin Mohler, Oswald Spengler oder Ernst Jünger, aus der heutigen Zeit vor allem Autoren aus dem Umfeld der extrem rechten Wochenzeitung »Junge Freiheit« (JF). In der Ausgabe 2009 des »Jahrbuchs für Natur und Mythos« trifft Werneburg auf Mitautoren aus der extremen Rechten.[17] Der Verleger des frühen Geheimdienstlers verkauft nicht nur rechte Literatur und nahm 1993 an der Sommerakademie der JF teil,[18] er schreibt auch selbst. So griff er für die JF zur Feder und gewährte dem Blatt ein Interview.[19] Auf seiner Website will er überdies »Hitler von rechts (...) kritisieren« und glaubt, der Zweite Weltkrieg sei »Deutschland aufgezwungen« worden. Vollkommen abstrus wird es, wenn er über den Nationalsozialismus schreibt: »Auch daß die Juden nach ihrer Amsterdamer Kriegserklärung ausgegrenzt wurden, zeigt neben dem totalitären auch den antiimperialistischen Zug des Regimes.« Damit bezieht er sich auf eine

---

[14] Vgl. ebd., S. 85-101.

[15] Vgl. www.joachim-werneburg.de (Stand: 29.3.2012).

[16] Vgl. www.arnshaugk.de (Stand: 30.3.2012).

[17] Gauger, Klaus (Hrsg.) (2009): Diktynna. Jahrbuch für Natur und Mythos. Neustadt an der Orla: Arnshaugk.

[18] Vgl. Lammla, Uwe (o. J.): Zweifrontenkrieg, in: www.lammla.de (Stand: 30.3.2012).

[19] Lammla, Uwe (2008): Kyffhäusergeist, in: Junge Freiheit Nr. 30, 18.7.2008; Interview mit Uwe Lammla, ebd.

Propagandalüge der Nazis, die mit einer angeblichen »jüdischen Kriegserklärung« gegen Deutschland die Verfolgung der Juden in Deutschland rechtfertigen sollte. Ist das ein geeignetes Umfeld für einen früher führenden Mitarbeiter des Verfassungsschutzes? Das Amt störte sich offenbar nicht daran.

Ein weiterer junger Akademiker, den Roewer in sein Umfeld holte, war Michael Ploenus. Beim Heron-Verlag zeichnete er Verträge über fast 80.000 DM und war Mitautor in den drei Bänden der »Erfurter Beiträge zum Verfassungsschutz«. Mal unter dem Pseudonym Egon Serèn, mal unter Klarnamen warnte er vor allem vor dem Erstarken der PDS.[20] Sein Thema ist die »Aufarbeitung« der DDR-Geschichte. Im ersten Band schrieb er einen Beitrag über »Revisionistische Tendenzen und sinnstiftende Publizistik seit 1989 auf dem Gebiet der ehemaligen DDR«,[21] den er im zweiten Band fortführte.[22] Der Fokus lag auf dem tatsächlichen oder vermeintlichen publizistischen Umfeld der PDS.[23] Ihm attestierte er »Geschichtsrevisionismus« und die Instrumentalisierung von Geschichtsdebatten. Da jedoch keine Belege erbracht werden konnten, dass die PDS grundgesetzwidrig agiere, erging sich Serèn alias Ploenus in Überlegungen, wie die Partei die Gesellschaft über Bündnisarbeit mit anderen demokratischen Akteuren unterwandere. Im dritten Band der Reihe vergleicht er gemäß der Extremismustheorie[24] die Programme von NPD und PDS und kommt zu dem fragwürdigen Schluss, es gebe »eine Reihe frappanter Gemeinsamkeiten«.[25] Nach seiner Zeit

---

[20] Vgl. Serèn, Egon (1997): Revisionistische Tendenzen und sinnstiftende Publizistik seit 1989 auf dem Gebiet der ehemaligen DDR, in: Baumann/Roewer/Rannmacher, In guter Verfassung, a.a.O., S. 98.

[21] Ebd., S. 33-108.

[22] Serèn, Egon (1998): Linker Revisionismus. Allgemeines, Theoretisches, Organisatorisches, Argumentativ-Exemplarisches mit Blick auf Thüringen, in: Baumann/Roewer/Rannmacher, In guter Verfassung II, a.a.O., S. 179-276.

[23] Neben zahlreichen anderen Zeitschriften werden auch die Thüringer UNZ sowie Sozialismus aus dem VSA-Verlag genannt.

[24] Vgl. Kapitel »Der ›Experte‹« in diesem Buch.

[25] Ploenus, Michael (1999): Die Selbst- und Fremdwahrnehmung rechter und linker Gruppierungen, in: Baumann, Fritz-A./Roewer, Helmut/Rannmacher, Helmut (Hrsg.): In guter Verfassung III. Erfurter Beiträge zum Verfassungsschutz, Demokratie im Diskurs, Bd. 5, Erfurt: Heron, S. 307.

im Umfeld des TLfV promovierte er bei dem »Extremismusexperten« Eckhard Jesse[26] und verfasste Beiträge in dessen »Jahrbuch Extremismus & Demokratie«.[27]

Ähnlich agierte auch der Historiker Henrik Eberle. Seine Forschungsschwerpunkte seien »beide deutschen Diktaturen und extremistische Parteien der Gegenwart«.[28] Er schrieb im »Jahrbuch Extremismus & Demokratie«[29] für die CSU-nahe Hanns-Seidel-Stiftung[30] und gemeinsam mit dem Freund der Geheimdienste Patrick Moreau.[31] Auch im TLfV setzte man auf ihn, um gegen die PDS zu agitieren: »Autor Eberle ist dem TLfV kein Unbekannter«,[32] ließ Roewer 1998 im internen Blättchen des Thüringer Geheimdienstes, dem »Nachrichtendienst«, verlauten. Zuvor hatte er vor Mitarbeitern des Amtes zur Frage »Wirkt die SED Propaganda weiter?«[33] referiert. Seine Antwort war eindeutig: »Die PDS setzt diese Propaganda (...) fort.«[34] Eberle war auch Mitorganisator der dubiosen Veranstaltungsreihe »WeimarErinnert – Die Parallel-

---

[26] Vgl. Jesse, Eckhard (2007): Vorwort, in: Ploenus, Michael: »... so wichtig wie das tägliche Brot«. Das Jenaer Institut für Marxismus-Leninismus 1945-1990, Köln/Weimar/Wien: Böhlau.

[27] Jesse, Eckhard/Backes, Uwe (Hrsg.) (2005): Jahrbuch Extremismus & Demokratie. Baden-Baden: Nomos, S. 433f.

[28] www.historisches-buero.de (Stand: 30.3.2012).

[29] Backes, Uwe/Jesse, Eckhard (Hrsg.) (2007): Jahrbuch Extremismus & Demokratie, Baden-Baden: Nomos, S. 473f.; Backes, Uwe/Gallus, Alexander/Jesse, Eckhard (Hrsg.) (2009): Jahrbuch Extremismus & Demokratie, Baden-Baden: Nomos, S. 418f.

[30] Vgl. Eberle, Henrik (2000): Die Partei »Vorm Untergang bewahren«. Der Einfluss des Marxistischen Forums auf programmatische Positionen der PDS, in: Hirscher, Gerhard/Segall, Peter Christian (Hrsg.): Die PDS: Zustand und Entwicklungsperspektiven, München: Hanns-Seidel-Stiftung, S. 109ff.

[31] Vgl. Eberle, Henrik (2002): Marxistisches Forum, in: Moreau, Patrick/Schorpp-Grabiak, Rita (Hrsg.): Man muss so radikal sein wie die Wirklichkeit. Die PDS: Eine Bilanz, Baden-Baden: Nomos, S. 198ff.

[32] Thüringer Landesamt für Verfassungsschutz (Hrsg.) (1998): Nachrichtendienst 8/1998. o.O.: o.V., S. 27.

[33] Ebd., Nachrichtendienst 5/1998, S. 25.

[34] Eberle, Henrik (1998): Von der SED- zur PDS-Propaganda. Kontinuitäten und Brüche, in: Baumann/Roewer/Rannmacher, In guter Verfassung II, a.a.O., S. 147.

Aktion«. Angeblich eine »Privatinitiative«,[35] war sie faktisch u.a. von Roewer, der Mitarbeiterin des TLfV Claudia Timpel und dem Tarnunternehmen Heron organisiert.[36] In der aufwendig produzierten Dokumentation heißt es zu der Aktion von 1999, sie erinnere an »99 Personen, denen die Stadt Weimar ein ›Denkmal‹ gesetzt oder nach Auffassung der Akteure der ParallelAktion aufzustellen unterlassen hat«. Sie widmete sich auch dem NS-Gauleiter in Thüringen Fritz Sauckel. Waren Roewer und seine »Geheimdienstspezialisten« der Auffassung, es fehle ein Erinnerungsort für ihn? Ist das Lust an der Provokation oder Relativierung des Grauens?

Der glühende Antikommunismus, der Roewer und seine Mannschaft antrieb, nahm psychopathologische Züge an und schien auch illegale Aktionen zu rechtfertigen. Obwohl Roewer behauptete, bei der damaligen PDS handele es sich lediglich »um eine Art marxistischen Traditionsverein in Plaste-Trainingshosen denn um eine furchteinflößende Avantgarde der Weltrevolution«,[37] betrieb er eine Jagd auf die Partei und andere Linke – finanziert mit offiziellen sowie offenbar abgezweigten Mitteln. Gleichzeitig päppelte er mit V-Leute-Gehältern die militante Neonaziszene auf, die mit ihm den Antikommunismus teilte und sich auf den tödlichen Weg in den bewaffneten »Rassenkrieg« gemacht hatte.

---

[35] Germer, Volkhardt (1999): Vorwort, in: Eberle/Postel/Postel/Roewer/Timpel, a.a.O., 2. Umschlagseite.

[36] Vgl. Eberle/Postel/Postel/Roewer/Timpel, a.a.O.; ob die Finanzierung auch mit Mitteln des TLfV erfolgte, versucht DIE LINKE im Thüringer Landtag 2012 mit einer Anfrage an die Regierung zu erfahren.

[37] Rower, Helmut (1999): Verfassungsschutz – abschaffen oder renovieren?, in: Baumann/Roewer/Rannmacher, In guter Verfassung III, a.a.O., S. 321.

Sören Frerks/Paul Wellsow

Der »Experte«

Wie Eckhard Jesse die extreme Rechte verharmlost

»Feste rechtsterroristische Strukturen fehlen«,[1] schrieb Eckhard Jesse Anfang 2011 in seinem Aufsatz »Extremismus in Deutschland«, der in dem von ihm mit herausgegebenen Buch »Extremismus in den EU-Staaten« erschienen ist. Einige Monate nach Erscheinen war klar, dass Jesses Einschätzung vollkommen falsch war. Denn das Auffliegen des Nationalsozialistischen Untergrundes (NSU) offenbarte, dass eine Gruppe polizeibekannter Neonazis unter den Augen der Sicherheitsbehörden abtauchen und aus dem Untergrund mindestens zehn Morde, vermutlich zwei Bombenanschläge und offenbar 14 Banküberfälle begehen konnte. 13 Jahre wurde die Gruppe trotz zum Teil intensiver Fahndung nicht gefasst, ein festes Netz aus UnterstützerInnen aus der organisierten Neonaziszene, zum Teil prominente AktivistInnen, ermöglichte das Leben im Untergrund, die Beschaffung von Waffen und die Anmietung der Tatfahrzeuge.

Doch auch mit anderen Beurteilungen lag Jesse falsch. »Ich sehe keinen Zusammenhang zwischen der Mordserie der Zwickauer Gruppe und der NPD«,[2] verkündete er am 28. November 2011 im Interview mit der Zeitung des Bundestages »Das Parlament«. Nur einen Tag nach dem Erscheinen des Gesprächs ließ die Bundesanwaltschaft wegen des Beihilfeverdachts zu sechs Morden den früheren Thüringer NPD-Spitzenfunktionär Ralf Wohlleben in Jena festnehmen.[3] Es folgte Carsten Schultze,

---

[1] Jesse, Eckhard (2011): Extremismus in Deutschland, in: Jesse, Eckhard/Thieme, Tom (Hrsg.): Extremismus in den EU-Staaten. Wiesbaden: VS, S. 83-98.

[2] Jesse, Eckhard (2011): Rechtsterror in Deutschland, in: Das Parlament, Nr. 48, 28.11.2011.

[3] Vgl. Der Generalbundesanwalt beim Bundesgerichtshof (2011): Weitere Festnahme im Zusammenhang mit den Ermittlungen gegen Mitglieder und Unterstützer der terroristischen Vereinigung »Nationalsozialistischer Untergrund (NSU)«, Pressemitteilung Nr. 41, 29.11.2011, www.generalbundesanwalt.de (Stand: 14.3.2012).

der frühere stellvertretende Landesvorsitzende der Thüringer NPD-Jugendorganisation Junge Nationaldemokraten.[4] Er gestand seine logistische Unterstützung des NSU. Weitere Mitglieder der NPD sind in den Blick der Öffentlichkeit geraten, da ihre Nähe zu der Terrororganisation oder dem Unterstützerumfeld frappierend erscheint.[5]

Thüringens CDU-Fraktion im Landtag ficht nicht an, dass Jesses Thesen wenig mit der Realität gemein haben. Anfang März 2012 teilte die Fraktion mit, sie wolle den Politikwissenschaftler von der Technischen Universität Chemnitz als Sachverständigen zur Anhörung in den so genannten NSU-Untersuchungsausschuss berufen.[6] Wer ist dieser Mann, der trotz seiner Fehlurteile zum Neonazismus bis heute in Medien, Wissenschaft, Teilen der Politik und vor allem den Sicherheitsbehörden ein gefragter »Experte« ist?

1990 wurde Jesse erstmals einer großen Öffentlichkeit bekannt, als er gemeinsam mit den Autoren Uwe Backes und Rainer Zitelmann das Buch »Die Schatten der Vergangenheit. Impulse zur Historisierung des Nationalsozialismus«[7] herausgab. Es enthielt Beiträge einer Reihe von jüngeren konservativen und rechten Autoren. Die Forderung nach einer »Historisierung« der Verbrechen des deutschen Faschismus meint nichts anderes als deren Bagatellisierung. Der Band avancierte schnell zum Standardwerk der damals erstarkenden »Neuen intellektuellen Rechten«,[8] die sich vor allem um die Zeitung »Junge Freiheit« sammelte. He-

---

[4] Vgl. Der Generalbundesanwalt beim Bundesgerichtshof (2012): Festnahme eines mutmaßlichen Gehilfen der terroristischen Vereinigung »Nationalsozialistischer Untergrund (NSU)«, Pressemitteilung Nr. 3, 1.2.2011, www.generalbundesanwalt.de (Stand: 14.3.2012).

[5] U.a. der Thüringer NPD-Landesvorsitzende und stellvertretende Bundesvorsitzende Frank Schwerdt; vgl. ARD Tagesthemen (2012): NPD-Vize war eng mit Terrorzelle vernetzt, 12.3.2012, www.tagesschau.de/inland/npdnsu100.html (Stand: 14.3.2012).

[6] Jesse sagte seine Teilnahme mittlerweile ab.

[7] Backes, Uwe/Jesse, Eckhard/Zitelmann, Rainer (1990) (Hrsg.): Die Schatten der Vergangenheit. Impulse zur Historisierung des Nationalsozialismus. Frankfurt/Main: Propyläen.

[8] Vgl. u.a. Kornexl, Klaus (2008): Das Weltbild der Intellektuellen Rechten in der Bundesrepublik Deutschland. Dargestellt am Beispiel der Wochenzeitschrift Junge Freiheit. München: Herbert Utz; Cremet, Jean/Krebs, Felix/Speit, Andreas

ribert Prantl bezeichnete das Buch in der »Süddeutschen Zeitung« später als »Standardwerk des gemäßigten Geschichtsrevisionismus«[9] und der Publizist Otto Köhler sah in Jesse einen »Mitbegründer des neueren deutschen Geschichtsrevisionismus«.[10] Jesse und die Mitherausgeber kritisierten in ihrem Vorwort gar die Indizierung von Schriften, die die Verbrechen des Nationalsozialismus relativieren, sowie vermeintliche »Rituale einer falschen Unterwürfigkeit« im Umgang mit dem Faschismus. In einem Aufsatz zum Antisemitismus schrieb Jesse: »Auf Dauer dürfte Judenfeindlichkeit nicht zuletzt gerade wegen mancher Verhaltensweisen von Repräsentanten des Judentums an Bedeutung gewinnen«. Und: »Jüdische Organisationen« bräuchten gar »Antisemitismus in einer gewissen Größenordnung, um für ihre Anliegen Gehör zu finden (...).«[11] Prantl attestierte ihm dafür, dass er »durch Verharmlosung rechtsextremer Umtriebe« und ein »unkritisches Verhältnis zur rechten politischen Szene« aufgefallen« sei.[12] Damals war Jesse als Gutachter im NPD-Verbotsverfahren bestellt worden.

Seit Jahren agiert Jesse mit wechselnden Begründungen gegen ein Verbot der Alt- und Neonazipartei.[13] Ein Verbot sei zwar »möglich, jedoch nicht nötig«,[14] denn die Partei stelle »keine Gefahr für das freiheitliche Gemeinwesen dar«.[15] Und im Mitgliedermagazin des CDU-Jugend-

---

(1999): Jenseits des Nationalismus. Ideologische Grenzgänger der ›Neuen Rechten‹. Münster: Unrast.

[9] Prantl, Heribert (2002): Bundesverfassungsgericht macht Bock zum Gärtner, in: Süddeutsche Zeitung, 5.2.2002.

[10] Köhler, Otto (2008): Das war Jesses Geschoß, in: junge Welt, 14.11.2008.

[11] Jesse, Eckhard (1990): Philosemitismus, Antisemitismus und Anti-Antisemitismus. Vergangenheitsbewältigung und Tabus, in: Backes, Uwe/Jesse, Eckhard/Zitelmann, Rainer (Hrsg.): Die Schatten der Vergangenheit. Impulse zur Historisierung des Nationalsozialismus. Frankfurt/Main: Propyläen, S. 543-567.

[12] Prantl, a.a.O.

[13] Vgl. Jesse, Eckhard (2000): NPD-Verbot rechtmäßig, aber nicht zweckmäßig, in: Focus, Nr. 34, 21.8.2000, S. 54; ders. (2008): NPD-Verbot ist kein Gebot, in: Deutschland Archiv, 41. Jg., H. 3, S. 392-396; ders. (2008): Politologe Jesse gegen neues NPD-Verbotsverfahren, ddp, 14.6.2008.

[14] Jesse, Eckhard (2011): Wir müssen sie ertragen. Ein Widerspruch, in: Focus, Nr. 51, 19.12.2011, S. 62.

[15] Ebd., S. 63.

verbandes Junge Union betonte er: »Trotz ihres harten Extremismus ist sie keine gesellschaftliche Gefahr.«[16]

Der Vergleich und die Gleichsetzung von linkem und rechtem »Extremismus« sowie das »trivialisierende Vergleichen von DDR und Drittem Reich«[17] ist das politische Kerngeschäft Jesses. Womöglich ist er in konservativen Kreisen so beliebt, weil er bei Fragen zu Neonazis und extremer Rechter lieber die Mär einer Bedrohung von links erzählt. Stets betont er, der vermeintlich »weiche Extremismus« der LINKEN sei gefährlicher als der »harte Extremismus« der NPD – so auch auf einem Symposium des Thüringer Landesamtes für Verfassungsschutz am 4. November 2010 unter dem Titel »Linksextremistische Gewalt – Gefährdungen, Ursachen und Prävention«. Den anwesenden Mitarbeitern der Thüringer Sicherheitsbehörden gab er eine Einschätzung mit auf den Weg: »Der harte Extremismus ist keine Gefahr für den demokratischen Verfassungsstaat.«[18]

In immer gleichlautenden Publikationen und Vorträgen trägt Jesse gemeinsam mit seinem Kollegen Uwe Backes vom umstrittenen Hannah-Arendt-Institut[19] – einer von der Sächsischen CDU aufgebauten »Munitionsfabrik gegen die PDS«[20] – sein Mantra von der »Extremismus-

---

[16] Jesse, Eckhard (2011): Zwei ist mehr als drei, in: Die Entscheidung, 59. Jg., H. 5/6, S. 14.

[17] Vgl. Wippermann, Wolfgang (2009): Dämonisierung durch Vergleich: DDR und Drittes Reich, Berlin: Rotbuch, S. 135.

[18] DIE LINKE im Thüringer Landtag (2010): Mitschrift des Symposiums der Fraktion.

[19] Vgl. dazu u.a.: Henke, Klaus-Dieter (2003): Interesse und Erkenntnis. Ein Lehrstück konzertierter Krisenregulierung in den Geisteswissenschaften am Beispiel des Hannah-Arendt-Instituts 1992-2002, in: Zeitschrift für Geschichtswissenschaft, 51. Jg., H. 3, S. 205-236; Augstein, Franziska (2001): Vorhang zu! Das Hannah-Arendt-Institut im Griff der Politik, in: Frankfurter Allgemeine Zeitung, 10.1.2001, S. 43; Posener, Alan (2010): Das Hannah-Arendt-Institut gehört abgeschafft, in: Die Welt, 30.11.2010; zur Gründung durch die CDU: CDU-Fraktion im Sächsischen Landtag (1992): Gründung eines Institutes zur Erforschung totalitärer Strukturen. Eine Initiative der CDU-Fraktion im Sächsischen Landtag. Meinungen und Materialien, Schriftenreihe der CDU-Fraktion im Sächsischen Landtag. Dresden: o. V.

[20] Bartsch, Michael (2002): Total politisiert, in: Die Tageszeitung, 28.2.2002.

theorie«[21] vor. Deren Gleichsetzung von »links« und »rechts« wird von der kritischen Sozialwissenschaft attestiert, dass sie unwissenschaftlich und interessengeleitet ist. Der Historiker Wolfgang Wippermann resümiert, der »Extremismusbegriff« als vermeintlich politikwissenschaftliche Kategorie sei »allein vom Verfassungsschutz und einigen seiner offiziellen und inoffiziellen Mitarbeiter in die Debatte eingeführt worden«;[22] gemeint sind Backes und Jesse.

Zur Verbreitung ihrer Thesen und der Extremismustheorie geben Backes und Jesse u.a. seit 1989 das »Jahrbuch Extremismus & Demokratie« heraus, in dem auch schon führende Funktionäre der extremen Rechten schreiben durften. Später gründeten sie den Veldensteiner Kreis.[23] Hier bringen sie Sozialwissenschaftler, Historiker, Mitarbeiter der Sicherheitsbehörden und Politiker im Sinne einer »vergleichenden Extremismusforschung« – und einer entsprechenden Umsetzung in Politik und Sicherheitsbehörden – zusammen. Auch Thüringens ehemaliger Verfassungsschutz-Chef Helmut Roewer war Gast.[24] Dass Backes und Jesse mit ihrem »Jahrbuch« auf politischer Mission sind und es ihnen nicht vorrangig um Wissenschaft geht, machten sie im Vorwort zur ersten Ausgabe klar: »Bei aller angestrebten wissenschaftlichen Fundiertheit will das Jahrbuch auch umfassende Informationen und Impulse für den Praktiker (Politiker, Ministerialbeamte, Sicherheitskräfte, Pädagogen usw.) anbieten.«[25] Seinen Bestand verdankt das Jahrbuch auch der Förderung durch den großzügigen Ankauf von Exemplaren durch die Bundesregie-

---

[21] Vgl. zur Kritik der Extremismustheorie einführend: Wippermann, Wolfgang (2010): Politologentrug. Ideologiekritik der Extremismus-Legende, in: Standpunkte, Rosa-Luxemburg-Stiftung, 9. Jg., H. 10.; ausführlich: Forum für kritische Rechtsextremismusforschung (Hrsg.) (2011): Ordnung. Macht. Extremismus. Effekte und Alternativen des Extremismus-Modells. Wiesbaden: VS.

[22] Wippermann, Dämonisierung, a.a.O., S. 26.

[23] Vgl. Bernhardt, Markus (2012): Die Wegbereiter, in: junge Welt, 2.1.2012.

[24] Vgl. Maaß, Anita (2003): Macht die Regierungsform einen Unterschied? 26. Tagung des Veldensteiner Kreises, in: Deutschland Archiv, 36. Jg., H. 6, S. 1049-1051; Kliese, Hanka (2004): Totalitarismus – Terrorismus – Islamismus. Tagung des Veldensteiner Kreises, 14.-16. Mai 2004, in: Deutschland Archiv, 37. Jg., H. 5, S. 891-892.

[25] Backes, Uwe/Jesse, Eckhard (1989) (Hrsg.): Jahrbuch Extremismus & Demokratie, Bd. 1, Bonn: Bouvier, S. 1.

rung. So kaufte sie allein von den Ausgaben der Jahre 2008 und 2009 1.400 Exemplare für etwa 35.000 Euro und veranlasste »die Abgabe an einen Verteiler« aus »Medien und Administration«.[26]

Seit Jahren wiederholt Jesse, es gebe keine relevante Bedrohung durch rechte Terrorstrukturen. Seine aktuellen Fehleinschätzungen zum NSU sind die Konsequenz seiner bisherigen Arbeit. 1993 skizzierten Jesse und Backes in ihrem Buch »Politischer Extremismus in der Bundesrepublik Deutschland« zwar ausführlich »schwere Gewaltakte mit rechtsextremen Hintergrund«,[27] kamen aber zu dem Ergebnis, die »rechtsterroristischen Aktivitäten blieben hinter denen von links deutlich zurück«.[28] Rechte Gewalt sei, so glaubt er, das Ergebnis von spontanen Taten: »Meistens liegt diesen kriminellen Handlungen keine langfristige Planung zugrunde, häufig ist Alkohol im Spiel. Die Aktionen sind vielmehr das Produkt einer nicht verfestigten rechtsextremistischen Subkultur.«[29] Und 2005 – also während der rassistischen Mordserie des NSU – kommt er zu dem, wie wir heute wissen, falschen Schluss: »Den Anfang der achtziger Jahre im Anfangsstadium steckengebliebenen terroristischen Gruppierungen rechtsextremistischer Observanz fehlte es überwiegend an vergleichbarer Logistik und Planungsintensität«.[30] Nach dem Auffliegen des NSU gab sich Jesse überrascht: »[Es ist] eine absolute Ausnahme, dass eine [rechtsextreme] Gruppe sich zusammenfindet und dann geplante Aktivitäten begeht«, da »ihre Gewalt expressiver Natur ist, sie reagieren sich ab, während die Gewalt bei Linksextremisten eher in-

[26] Deutscher Bundestag (2010): Antwort der Bundesregierung auf die Kleine Anfrage der Abgeordneten Ulla Jelpke, Jan Korte, Petra Pau und der Fraktion DIE LINKE. Förderung der Herausgabe des »Jahrbuches Extremismus und Demokratie« durch die Bundesregierung oder sonstige Bundesbehörden, Drs. 17/2992, 20.9.2010.

[27] Backes, Uwe/Jesse, Eckhard (1993): Politischer Extremismus in der Bundesrepublik Deutschland. Berlin/Frankfurt a.M.: Propyläen, S. 210.

[28] Ebd., S. 444.

[29] Jesse, Eckhard (2005): Der Umgang mit parteipolitischem Rechtsextremismus, in: Konrad Adenauer Stiftung (Hrsg.): Arbeitspapier/Dokumentation, Nr. 149/2005. Sankt Augustin: o. V., S. 7. Fast wortidentisch äußerte er sich 2011 in seinem Aufsatz »Extremismus in Deutschland«, in: Jesse, Eckhard/Thieme, Tom (Hrsg.): Extremismus in den EU-Staaten. Wiesbaden: VS, S. 95.

[30] Jesse, Der Umgang mit parteipolitischem Rechtsextremismus, a.a.O., S. 7.

strumenteller Natur ist, also Mittel zum Zweck«.[31] Um den Verdacht der Verharmlosung und Kritik an seinen Fehleinschätzungen zurückzuweisen, sagte er Ende November 2011: »Keiner von uns hatte sich vorstellen können, dass eine kleine Gruppe es wirklich fertig bringt, in derartiger Abschottung derartig schlimme Gewalttaten zu vollbringen. Jetzt so zu tun, als wäre das Geschehene irgendwie absehbar gewesen, wäre unehrlich.«[32]

Doch an konkreten Berichten und Warnungen vor rechtem Terror hat es nie gemangelt. Nur waren diese allzu oft unbequem, blieben unbeachtet oder wurden als Hysterie abgetan. Ebenso gab es in der Geschichte der Bundesrepublik immer rechte Gewalt und organisierten Neonazi-Terror mit zahlreichen Verletzten und Toten.[33] Der Bombenanschlag auf das Münchener Oktoberfest 1980 war der bisher blutigste.[34] Funde von Waffen und Sprengstoff, Anleitungen für den Bombenbau und den bewaffneten Kampf aus dem Untergrund zirkulierten immer in der Neonaziszene.[35] Darüber führt auch der Verfassungsschutz detailliert Buch. In der vertraulichen Studie »Gefahr eines bewaffneten Kampfes deutscher Rechtsextremisten – Entwicklungen von 1997 bis Mitte 2004« listet er Sprengstoffanschläge, Waffen- und Bombenfunde, Diebstähle militärischen Materials, Ermittlungsverfahren wegen des

---

[31] Jesse, Eckhard (2011): Extremismusforscher überrascht über möglichen Rechtsterrorismus, zitiert nach: dapd, 11.11.2011, www.derwesten.de (Stand: 11.03.2012).

[32] Jesse, Eckhard (2011): Verdauungsstörung im Umgang mit den Nazis, zitiert nach: Cicero, 28.11.2011, www.cicero.de (Stand: 11.03.2012).

[33] Vgl. Virchow, Fabian (2011): Für Volk und Nation. Der Rechtsterrorismus ist keine Folge der Wiedervereinigung. Er begleitet die Bundesrepublik seit den fünfziger Jahren, in: Die Zeit Nr. 48, 24.11.2011, S. 26; Röpke, Andrea (2012): Explosive Stimmung in der braunen Szene, in: Blick nach Rechts, 12.3.2012, www.bnr.de (Stand: 15.3.2012); Rath, Christian (2011): Wehrsportgruppen und Freikorps, 15.11.2011, in: Die Tageszeitung, www.taz.de (Stand: 15.3.2012); Rabitz, Cornelia (2011): Chronik des rechten Terrors in Deutschland, in: Deutsche Welle, 21.11.2011, www.dw.de (Stand: 15.3.2012).

[34] Vgl. Heymann, Tobias v. (2008): Die Oktoberfest-Bombe. München, 26. September 1980. Berlin: Nora.

[35] Vgl. Antifaschistisches Autorenkollektiv (1996) (Hrsg.): Drahtzieher im braunen Netz. Ein aktueller Überblick über den Neonazi-Untergrund in Deutschland und Österreich. Hamburg: Konkret Literatur.

Verdachts der Gründung von rechten terroristischen Gruppierungen, Zusammenschlüsse militanter Neonazis und Debatten in der Szene um die Aufnahme des »bewaffneten Kampfes« auf.[36] Dennoch kamen die Schlapphüte 2004 zu dem überraschenden und falschen Befund, damals seien »in Deutschland keine rechtsterroristischen Organisationen und Strukturen erkennbar«.[37] »Es fehlen geeignete Führungspersonen, Logistik und finanzielle Mittel«,[38] war sich der Dienst sicher. Öffentlich wurde Entwarnung gegeben. »Der ›Blick nach Rechts‹ ist überscharf entwickelt, der nach links hingegen getrübt«,[39] klagte Jesse. Doch ganz offenbar war in Wirklichkeit der Blick nach Rechts in den vergangenen Jahren getrübt – zumindest der von Sicherheitsbehörden und vermeintlichen »Experten«.

---

[36] Bundesamt für den Verfassungsschutz (2004): Gefahr eines bewaffneten Kampfes deutscher Rechtsextremisten – Entwicklungen von 1997 bis Mitte 2004, BfV Spezial Rechtsextremismus, Nr. 21. Köln: o. V.

[37] A.a.O., S. 46.

[38] Ebd.

[39] Jesse, Eckhard (1996): Fließende Grenzen zum Rechtsextremismus? Zur Debatte über Brückenspektren, Grauzonen, Vernetzungen und Scharniere am rechten Rand – Mythos und Realitäten, in: Falter, Jürgen W./Jaschke, Hans-Gerd/Winkler, Jürgen R. (Hrsg.): Rechtsextremismus. Ergebnisse und Perspektiven der Forschung, Politische Vierteljahresschrift, Sonderheft Nr. 27. Opladen: Westdeutscher Verlag, S. 526.

Friedrich Burschel

Der Referent, der aus der Kälte kam

Der Inlandsgeheimdienst und die Politische Bildung

Es ist nun wahrhaftig nicht so, dass die Extremismusdoktrin erst neuerdings Einzug in den gesellschaftlichen Diskurs der BRD gehalten hat. Genau genommen dürfte die Definition des »Linksextremismus« unter der Ägide des Innenministers Werner Maihofer (FDP) Mitte der 1970er Jahre die regierungsamtliche Übernahme eines dezidiert auf die Zeitumstände konfigurierten Extremismusbegriffs und gleichzeitig eine Ablösung des Totalitarismusdiskurses »alter Schule« markieren.[1] Neu ist seit dem Amtsantritt der schwarz-gelben Regierung unter Kanzlerin Angela Merkel (CDU) das Ineinandergreifen einer regierungsoffiziellen Extremismusoffensive der umstrittenen Bundesfamilienministerin Kristina Schröder (CDU) mit massiven und publizistisch begleiteten Vorstößen der Verfassungsschutzämter in der politischen Bildung und einer damit einhergehenden Aufwertung und Ermächtigung dessen, was sich »Extremismusforschung« nennt. Seither haben die Wissenschaftlichkeit beanspruchenden Forschungen vor allem der beiden Protagonisten dieser Denkschule, die sächsischen Politikprofessoren Eckhard Jesse (TU Chemnitz) und Uwe Backes (TU Dresden, stellvertretender Direktor des Hannah Arendt Instituts für Totalitarismusforschung), an Wirkmacht und Deutungshoheit gewonnen.[2] Etliche Sozial- und PolitikwissenschaftlerInnen treten als Büchsenspanner in Erscheinung und munitionieren konservative Politik und VerfassungschützerInnen mit Argumenten und Expertisen für die neue Extremismuskampagne. Diese nimmt vor allem

---

[1] Vgl. Mohr, Markus/Rübner, Hartmut (2010): Gegnerbestimmung. Sozialwissenschaft im Dienst der »inneren Sicherheit«, Münster: Unrast, S. 198ff.

[2] Jesse und Backes sind nicht die einzigen VertreterInnen der Extremismustheorie in der Wissenschaft: Neben anderen ist zu nennen Michael Falter (Universität Mainz) und Kristina Schröders Doktorvater oder auch »Vordenker der Neuen Rechten« Hans-Helmuth Knütter (Universität Bonn, 1997 emeritiert).

den als die eigentliche Gefahr für die FdGO (»Freiheitlich demokratische Grundordnung«) bestimmten »Linksextremismus« ins Visier.[3]

Rechtzeitig zur von Ministerin Schröder als eine ihrer ersten Amtshandlungen über die so genannte Demokratieerklärung vorgetragenen Initiative gegen mutmaßliche »Verfassungsfeinde« in staatlichen Förderprogrammen erschien Mitte 2010 quasi als Buch zur Extremismusoffensive ein hastig zusammengestellter Sammelband: »Offener Demokratieschutz in einer offenen Gesellschaft«.[4] Als Herausgeber treten zwei jüngere Wissenschaftler in Erscheinung, die als Paradebeispiele für die Indienstnahme von SozialwissenschaftlerInnen für die Belange des Verfassungsschutzes gelten können. Thomas Grumke reist als »Vater« der »Andi-Comics« durch das Land und wirbt für seine »Bestseller«: die drei zu den Themen »Rechts-«, »Linksextremismus« und »Islamismus« herausgegebenen Bildergeschichten, die zuerst das Landesamt für Verfassungsschutz (LfV) Nordrhein-Westfalen herausbrachte. Eher aus dem Bereich der »Nicht-Regierungsorganisationen« kommend, tritt der promovierte Politikwissenschaftler 2004 in die Dienste des LfV Nordrhein-Westfalen.[5] Die drei Extremismushefte sollen sich als Download und per kostenloser Verschickung in »Klassenstärke« über eine Million mal verteilt haben, nachdem auch die LfV Niedersachsen und Hessen sie nachdruckten und das Familienministerium bezeichnenderweise nur das »Linksextremismus«-Heft übernommen hat.[6] Die Hefte sind der Extremismustheorie verpflichtet und lehren holzschnittartig und simplifizierend, wo die Gefahren für die Demokratie lauern. Obwohl zahlreiche

---

[3] Neben »Links-« und »Rechtsextremismus« wurde im Zuge dessen auch »Ausländerextremismus«/»Islamismus« in den Fokus der anti-extremistischen Politik gerückt.

[4] Grumke, Thomas/Pfahl-Traughber, Armin (Hrsg.) (2010): Offener Demokratieschutz in einer offenen Gesellschaft. Öffentlichkeitsarbeit und Prävention als Instrumente des Verfassungsschutzes, Opladen/Farmington Hills: Barbara Budrich.

[5] Grumke arbeitete eine Zeit lang für das Zentrum Demokratische Kultur (ZDK) in Berlin, wo er gemeinsam mit dessen Chef Bernd Wagner das Handbuch des Rechtsradikalismus (2002) herausgab.

[6] Vgl. Ministerium für Inneres und Kommunales NRW (o. J.): Niedersachsen druckt »Andi« nach. Dadurch steigt die Gesamtauflage aller Hefte auf über 1.000.000!, www.andi.nrw.de (Stand: 17.3.2012).

WissenschaftlerInnen die Comics als für den Unterricht ungeeignet einschätzen, können sie als staatlich sanktioniertes Unterrichtsmaterial betrachtet werden. Über die Arbeit an Schulen mit diesem Material kann nur spekuliert werden, da es keinerlei wissenschaftliche Evaluierung darüber gibt, wer das Material zu welchem Zwecke bestellt und wie es verwendet wird.[7] Professor Armin Pfahl-Traughber schließlich, der zweite Herausgeber, gehört wohl zu den wichtigsten und geachtetsten Publizisten zum »Rechtsextremismus«. Er arbeitete ab 1994 als wissenschaftlicher Mitarbeiter im Bundesamt für den Verfassungsschutz (BfV) und wurde 2004 Professor an der Fachhochschule des Bundes für öffentliche Verwaltung – somit ist er ebenfalls eng vernetzt mit den staatlichen Organen. Ausgehend von Jesses und Backes theoretischer Vorarbeit sind es diese nachrückenden WissenschaftlerInnen, die der Extremismusdoktrin mit ministerieller Förderung auf die Sprünge helfen.

Ihr Buch kann als Grundlagenwerk zur Umwidmung des Verfassungsschutzes von der reinen Tätigkeit als »politischer Geheimdienst«[8] hin zu einem unter dem Deckmäntelchen der »Öffentlichkeitsarbeit und Prävention« arbeitenden Bildungsträger gewertet werden. »Das Selbstverständnis der Verfassungsschutzämter in Deutschland hat sich verändert«, heißt es in der Einführung, und weiter: »Der Verfassungsschutz entwickelt sich von einer sich selbst abschottenden, daher geheimnisumwitterten und skandalanfälligen Institution hin zu einer aktiv Öffentlichkeitsarbeit betreibenden, Züge ›normaler‹ Behörden annehmenden Einrichtung.«[9]

---

[7] Arbeitskreis Extremismusbegriff an der Universität Marburg (2011): Andi auf dem Vormarsch, Manuskript des Vortrags gehalten beim Gesprächskreis Rechts der Rosa-Luxemburg-Stiftung, Berlin, 25.11.2011. Im Herbst erscheinen die Ergebnisse des Arbeitskreises im Unrast-Verlag in Buchform unter dem Titel: »Schulverweis für Andi! Warum der Verfassungsschutz mit seiner Bildungsarbeit gegen ›Extremismus‹ scheitert«.

[8] Endlich offen eingestanden in der Sendung »Günther Jauch« vom ehemaligen Präsident des BfV Peter Frisch am 29.1.2012; vgl.: Deggerich, Markus (2012): Staatsfeinde unter sich, in: Spiegel Online, 30.1.2012, www.spiegel.de (Stand: 19.3.2012).

[9] Jaschke, Hans-Gerd, in: Schubarth, Wilfried/Stöss, Richard (Hrsg.) (2001): Rechtsextremismus in der Bundesrepublik Deutschland. Eine Bilanz. Opladen: Leske & Budrich, zitiert nach: Grumke/Pfahl-Traughber, a.a.O., S. 9.

»Analysekompetenz und Öffentlichkeitsarbeit des Verfassungsschutzes« heißt der programmatische Beitrag von Pfahl-Traughber, der das Terrain absteckt und Postulate formuliert, wie sie der Autor heute, nach den NSU-Enthüllungen, so vermutlich nicht mehr stehen lassen würde: »Demgemäß besteht aufgrund dieser Funktion eine objektive Interessenidentität von Gesellschaft und Verfassungsschutz, welche (...) aber nicht immer erkannt wird: Innerhalb der Gesellschaft bestehen nach wie vor noch Vorbehalte gegen die Arbeit der Verfassungsschutzbehörden, unterstellt man deren Mitarbeitern doch immer wieder dubiose Praktiken bei der Beobachtung extremistischer Bestrebungen.«[10] Die AutorInnen des Bandes bitten geradezu um »Wertschätzung« für die wertvolle Arbeit der Ämter, denn, so schreibt die umtriebige Chefin des Brandenburger Verfassungsschutzes, Winfriede Schreiber, »ist der Bürger aufgrund der Informationen in der Lage, extremistische Propaganda zu durchschauen, haben wir den bestmöglichen Verfassungsschutz und die bestmögliche Prävention. (...) In einer offenen Gesellschaft ist die präventive Auseinandersetzung mit ihren Feinden wichtig.«[11]

Auffällig ist, dass es alle AutorInnen des Buches – aber auch andere Apologeten des öffentlichen Agierens der Verfassungsschutzämter – vermeiden, von Bildungsarbeit zu sprechen und stattdessen »Prävention« und »Öffentlichkeitsarbeit« bevorzugen. Ihnen scheint klar zu sein, dass es schwierig werden könnte, einen gesetzlichen Bildungsauftrag für VerfassungsschützerInnen zu formulieren. Doch bislang können sich die bildungsbeflissenen Geheimdienst-Protagonisten bequem zurücklehnen, denn es gibt so gut wie keine Proteste oder ernstzunehmende Einwände gegen die Geheimdienste in der schulischen Bildungsarbeit. Einer der ganz Wenigen, die sich in jüngster Zeit strikt gegen geheimdienstliche Bildungsarbeit wandten, ist der einstige Redakteur der Tageszeitung »taz« und heutige Bundesgeschäftsführer von »Schule ohne Rassismus«, Eberhard Seidel. Er formulierte eine dezidierte Ablehnung: »Doch seit ein paar Jahren gehen Mitarbeiter der Verfassungsschutzämter wie selbstverständlich in Schulen, in Jugendzentren und in der Lehrerfortbildung ein und aus. (...) Republikanisch betrachtet,

---

[10] Ebd., S. 19.
[11] Ebd., S. 33.

ist das längst nicht mehr in Ordnung, sondern ein Verstoß gegen geltendes Recht.« Er zitiert den Paragraphen 3 des Bundesverfassungsschutzgesetzes[12] und kommt zu dem Schluss: »Von politischer Bildung ist da nicht die Rede.«[13] Es ist ein Rätsel, dass die simple Feststellung Seidels und vieler, möglicherweise nicht als seriös genug betrachteter AkteurInnen, »politische Bildung ist keine Aufgabe von Nachrichtendiensten«, gesellschaftlich keine Unterstützung findet und zu Widerspruch, Verweigerung und Protest von SchülerInnen, LehrerInnen und Eltern führt. Es ist nämlich im Gegenteil so, dass das Image des Verfassungsschutzes trotz einer haarsträubenden Skandalgeschichte, die nicht erst seit den jüngsten Enthüllungen weithin bekannt und beschrieben ist, offenbar gut und unantastbar ist. Diesen Leuten würde offensichtlich eine überwiegende Mehrheit im Lande ihre Kinder anvertrauen. So war es für die InitiatorInnen des Aufrufs »Bildungsarbeit ohne Geheimdienst« völlig überraschend, dass diese gegen das Vordringen des Verfassungsschutzes in den Bildungssektor gerichtete Initiative medial völlig unbeachtet blieb und trotz ihrer rund 150 zum Teil namhaften UnterstützerInnen im Sande verlief.[14]

Es mag sein, dass diese Aktivitäten des Verfassungsschutzes nicht wahr und ernst genommen werden, was angesichts der schieren Zahl von Vorträgen, Ausstellungen mit Begleitprogramm, Workshops und Projekttagen zumindest in einigen Bundesländern nur schwer verständlich ist. Vorreiter dieser Bildungspolitik der Inlandsgeheimdienste ist einmal mehr der als »Abschiebeminister« und Hardliner bekannte niedersächsische Innenminister Uwe Schünemann (CDU). Er hat nicht nur die

---

[12] »Sammlung, Auswertung von Informationen, Nachrichten und Unterlagen über Bestrebungen, die sich gegen die freiheitlich demokratische Grundordnung richten«; vgl.: Gesetz über die Zusammenarbeit des Bundes und der Länder in Angelegenheiten des Verfassungsschutzes und über das Bundesamt für Verfassungsschutz.

[13] Seidel, Eberhard (2010): Blindes Staatsvertrauen, in: Tageszeitung, 11.7.2010, www.taz.de (Stand: 19.3.2012); vgl. auch Schillo, Johannes (2011): Verfassungsschutz und Politische Bildung, in: Journal für Politische Bildung, 1. Jg., H. 4, S. 63-72.

[14] Vgl. Bildungsarbeit ohne Geheimdienst!, 23.6.2011, www.bildenohnegeheimdienst.blogsport.de (Stand: 17.3.2012).

»Landeszentrale für politische Bildung« seines Landes abgewickelt und einen Teil ihrer MitarbeiterInnen dem Verfassungsschutz zugeschlagen, sondern schickt diese als »Demokratielotsen« in die Schule und vertritt hier als erster offensiv einen Bildungsauftrag der Behörde. In der Antwort auf eine Anfrage der Landtagsabgeordneten Pia Zimmermann (DIE LINKE) bezieht er sich nicht nur explizit und zustimmend auf das Buch von Grumke und Pfahl-Traughber, sondern listet stolz etwa 50 Veranstaltungen seiner »Demokratielotsen« aus der Niedersächsischen Extremismus-Informationsstelle auf, die etwa 10.000 SchülerInnen besucht haben sollen, und außerschulisch weitere 60 Veranstaltungen mit rund 2.000 ZuhörerInnen.[15]

Auch für andere Bundesländer gibt es solche Anfragen. In einigen Ländern lassen die gegebenen Einblicke der Innenministerien fürchten, dass das Vordringen auf dem Bildungssektor ein bundesweiter Trend ist und nicht erst kürzlich begann. Das Thüringer Innenministerium etwa bringt es 2010 ebenfalls auf 50 Veranstaltungen, deren Reichweite mit knapp 1.500 ZuhörerInnen angegeben wird und die sich überwiegend an halböffentliche und öffentliche Träger wenden. In der Liste finden sich Industrie und Handelskammern, Polizeischulen, Behörden, Volkshochschulen, die Junge Union, die Juso-Hochschulgruppe, ParlamentarierInnen der Grünen, mittelständische Vereinigungen, kirchliche Träger und auch ein Rotary Club. Demnach hat es in Thüringen fünf Schulveranstaltungen gegeben.[16] In Berlin und Hamburg ergibt sich ein ähnliches Bild.[17] Aber auch in anderen Bundesländern gibt es Hinweise auf vermehrte Aktivitäten der Landesbehörden im Bildungsbereich. So soll etwa das LfV Brandenburg in allen Landkreisen Vorträge ausgerechnet zur Problematik des Islamismus organisiert haben, der dort auf dem flachen Land kaum ein Thema sein dürfte.[18] Das dortige Landesamt sieht

---

[15] Vgl. Niedersächsischer Landtag (2012), Drs. 16/3798, 1.7.2011; vgl. auch Fraktion DIE LINKE im Niedersächsischen Landtag (2011): Verfassungsschutz hat an Schulen nichts zu suchen, Pressemitteilung, 8.7.2011.

[16] Vgl. Thüringer Landtag (2011): Drs. 5/3064, 11.7.2011.

[17] Vgl. Abgeordnetenhaus Berlin (2011): Drs. 16/15556, 20.9.2011; vgl. Bürgerschaft der Freien und Hansestadt Hamburg, Drs. 20/465, 17.5.2011.

[18] Vgl. Geißler, Astrid (2010): Wie Bin Laden nach Prenzlau kam, in: Tageszeitung, 4.7.2010, www.taz.de (Stand: 19.3.2012).

anscheinend eine beträchtliche Gefahr, ist mit einem »Bildungsmobil« unterwegs und bietet seine Teilnahme an entsprechenden Veranstaltungen selbst an.[19]

Der Trend ist sichtbar. Niedersachsen als Vorreiter leistet ganze Arbeit und es steht zu befürchten, dass diese Praxis der Verfassungsschutzbehörden noch zunehmen wird, flankiert von der rigiden und als antidemokratisch angeprangerten Kontrollpolitik der Familienministerin, die auch allen freien Trägern der Politischen Bildung, die staatlich geförderte Veranstaltungen anbieten wollen oder für solche Veranstaltungen angefragt werden, die Unterzeichnung der Extremismusklausel abverlangt. Statt Protest und Widerstand regt sich eine eher unkritische Abrufmentalität in Schulen und bei Trägern, wie bei einigen thüringischen Volkshochschulen, die schon aus Kostengründen oder auch um Ärger mit dem Verfassungsschutz oder dem Geldgeber zu vermeiden, eher auf die kostenlosen Angebote des Geheimdienstes zurückgreifen. Schließlich ist das eine Behörde und kann ja nichts Falsches im Schilde führen...

[19] Man zeigte sich etwa anheischig, am nicht-öffentlichen Gesprächskreis Rechts der RLS am 25.11.2011 teilzunehmen, wo es unter dem Titel »Wem gehört die Bildungsarbeit?« um Politische Bildung und Verfassungsschutz ging.

Philipp Vergin

Die braunen Wurzeln des Verfassungsschutzes[1]

Mehr als 60 Jahre nach seiner Gründung stellt sich das Bundesamt für Verfassungsschutz (BfV) seiner Geschichte. Seit dem 1. November 2011 erforschen die Historiker Constantin Goschler und Michael Wala von der Universität Bochum die »Organisationsgeschichte des Bundesamtes für Verfassungsschutz 1950-1975, unter besonderer Berücksichtigung der NS-Bezüge früherer Mitarbeiter in der Gründungsphase«. Ziel ist es, belastbare Angaben über die Anzahl früherer BfV-Bediensteter mit vormaligen Verwendungen in Behörden und Sicherheitsapparaten des NS-Systems und den juristischen sowie dienstrechtlichen Umgang damit machen zu können. Dafür soll nun der systematische Aufbau des Aktenbestandes B443 des BfV im Bundesarchiv in Koblenz sowie die archivarische Erschließung des Materials erfolgen.

Als das BfV am 7. November 1950 auf Grundlage des »Gesetzes über die Zusammenarbeit des Bundes und der Länder in Angelegenheiten des Verfassungsschutzes« gegründet wurde, war die Maschinerie des Kalten Krieges bereits angelaufen. Am 14. April 1949 hatten die Militärgouverneure der Westalliierten grünes Licht für die Einrichtung eines deutschen Nachrichtendienstes gegeben. Die US-Armee betrieb eine Tarneinrichtung namens Amt für Verfassungsschutz, deren Agenten vor allem Informationen über die Kommunistische Partei Deutschlands (KPD) sammeln sollten.[2] Die Landesregierungen in Nordrhein-Westfalen und Niedersachsen bauten ab 1948 einen Informationsstelle genannten Inlands-Nachrichtendienst auf.[3] Obwohl der Alliierte Kontrollrat

---

[1] Der Artikel ist ein überarbeiteter Nachdruck aus dem antifaschistischen Magazin Der Rechte Rand Nr. 134/2012. Mit freundlicher Genehmigung der Redaktion.

[2] Conflicting DAD Operations, 66th Counter Intelligence Corps Detachment, 18. September 1950.

[3] Vgl. Buschfort, Wolfgang (2004): Geheime Hüter der Verfassung. Von der Düsseldorfer Informationsstelle zum ersten Verfassungsschutz der Bundesrepublik

und das Internationale Militärtribunal in Nürnberg das Reichssicherheitshauptamt (RSHA) und den Sicherheitsdienst (SD) des NS-Staates zu verbrecherischen Organisationen erklärt hatten und verlangten, dass entsprechende Mitarbeiter gerichtlichen Verfahren zugeführt werden sollten,[4] kam es schon bald zu einer unübersehbaren Präsenz ehemaliger NS-Funktionseliten in den neuen Sicherheitsbehörden. Schnell griff man im Kampf gegen Linke auf bewährte Angehörige der NS-Institutionen zurück.

Um nur einige Beispiele anzuführen: Zwischen 1955 und 1972 war Hubert Schrübbers BfV-Präsident. Schrübbers war überzeugter Nationalsozialist, der vor 1945 bei der Generalstaatsanwaltschaft am Reichsgericht in »Hochverratsprozessen« besonders hohe Strafanträge gegen Nazigegner stellte. Seine Vizepräsidenten Albert Radke (1951-1964) und Ernst Brückner (1964-1967) wiesen ähnliche NS-Karrieren auf. Noch 1963 hatten 16 frühere Gestapo-Mitarbeiter führende Positionen im BfV inne.[5] Einer von ihnen war der ehemalige Hauptsturmführer und »Chef des faschistischen Sicherheitsdienstes in Holland«[6] Richard Gerken. Im BfV wurde er 1953 »Abteilungsleiter IV« – die wichtigste nachrichtendienstliche Person.[7] Vor allem Gerken gelang es, an den Alliierten vorbei alte »Kameraden« als freie Mitarbeiter im BfV einzustellen.[8]

(1947-1961), Paderborn: Ferdinand Schöningh, S. 62.

[4] Vgl. ebd., S. 76.

[5] Vgl. o. A. (2007): Cliquen und Kameraden. Der Wiederaufbau der Sicherheitsbehörden in der frühen Bundesrepublik, in: Antifaschistisches Infoblatt, 21. Jg., H. 74, S. 43.

[6] Zitiert nach: BStU, ZAIG/1 9580/2, Pressematerial v. 29.8.63; vgl. hierzu auch Walde, Thomas (1971): ND-Report. Die Rolle der geheimen Nachrichtendienste im Regierungssystem der BRD, München: Piper, S. 60ff.

[7] Buschfort, a.a.O., S. 70; abweichend zu Buschfort, bei dem Gerken »Leitender Regierungsdirektor und Abteilungsleiter II« wurde, finden sich bei Eichner, Klaus/Schramm, Gotthold (Hrsg.) (2007): Angriff und Abwehr. Die deutschen Geheimdienste nach 1945, Berlin: Edition Ost, S. 119, Angaben, wonach Gerken, der als Mitarbeiter der Abteilung IV im Reichssicherheitshauptamt (Gestapo) an der Verfolgung von Antifaschisten in Holland beteiligt war, auch im BfV als Leiter der Abteilung IV (Spionageabwehr) eine führende Position inne hatte. Dies erscheint plausibler.

[8] Günther, Hartmut/Hölter, Hans Friedrich Hans/Kutscha, Martin/Landwehr, Axel/Renz, Gertrud/Zschaubitz, Lothar (1977): Geschichte, politische Funktion

Ein anderer war Erich Wenger, der als Leiter der Gruppe »Informationsbeschaffung« innerhalb der »Abteilung IV« des BfV fungierte und auf eine nationalsozialistische Bilderbuchkarriere zurückblicken konnte. Seit 1933 Angehöriger der SS, kam er 1935 zur Gestapo und wechselte 1939 ins RSHA; 1944 führte er ein Kommando zur Bekämpfung französischer Partisanen. In Kriegsgefangenschaft wechselte Wenger seine Identität und wurde 1950 im BfV eingestellt; erst 1954 nahm er wieder seinen richtigen Namen an. Im BfV wusste man aber von der Verschleierung.[9] Auch war er nicht der einzige, der unter falscher Identität für das Amt arbeitete. So tauchte auch der SS-Obersturmführer und spätere Oberregierungsrat in der »Abteilung III« (»Linksradikalismus«) des BfV, Karl-Heinz Siemens, im Amt als »Dr. Kaiser« unter. So gelang es, die Alliierten zu täuschen, die noch bis Mitte der 1950er Jahre ein Veto gegen Personalentscheidungen der Ämter einlegen konnten. Ein ehemaliger Beamter des Verfassungsschutzes beschrieb die vom BfV praktizierten Täuschungsmanöver: »Die Alliierten (...) wussten nichts von ihrer Existenz. Kamen die Verbindungsoffiziere in das Haus, gab es Alarm, und alles ging auf Tauchstation, in nahe Cafés oder nach Hause. Sie kehrten erst wieder zurück, wenn die Luft rein war«.[10]

Auch in den Landesämtern für Verfassungsschutz (LfV), von denen bis heute kein einziges seine Geschichte aufarbeiten ließ, tummelten sich NS-Verbrecher: Das erst 1957 gegründete LfV Saarland wurde zum Beispiel vom NSDAP-Mitglied Rudolf Beck aufgebaut.[11] Unter ihm und seinem Nachfolger Wilhelm Bender kamen etliche alte Nazis im Amt unter. Und Harald Spehr, der ehemalige Leiter des Wannsee-Instituts des RSHA, machte von 1951 bis 1960 als Leiter des LfV Hessen Karriere. Besonders viele alte Kameraden kamen beim Bayerischen LfV unter. Des-

---

und Arbeitsweise des Verfassungsschutzes, in: Blätter für deutsche und internationale Politik, 21. Jg., H. 9, S. 1096.

[9] Vgl. Cliquen und Kameraden, a.a.O.

[10] Zitiert nach: Wagner, Patrick (2001): Ehemalige SS-Männer am »Schilderhäuschen der Demokratie«? Die Affäre um das Bundesamt für Verfassungsschutz 1963/64, in: Fürmetz, Gerhard/Reinke, Herbert/Weinhauer, Klaus (Hrsg.): Nachkriegspolizei. Sicherheit in Ost- und Westdeutschland 1945-1969, Hamburg: Ergebnisse, S. 172.

[11] Vgl. Nara RG 263 Records of the Central Intelligence Agency, Beck, Rudolf.

sen Leiter Max Nöth pflegte von Anfang an sehr enge Beziehungen zur Vorläuferorganisation des Bundesnachrichtendienstes, der Organisation Gehlen, da der ehemalige Gestapo-Offizier und Beamte der »Geheimen Feldpolizei« 1948 selbst in die »Org« eingetreten war, bevor er 1950 zum LfV wechselte.[12] Nöth, der bis 1954 amtierte, zog andere Gestapo-Angehörige nach.

Bei so vielen »Experten« verwundert es nicht, dass bis in die jüngste Zeit die personelle Ausstattung der »Abteilung II« (»Rechtsextremismus«) im BfV am kleinsten und unbedeutendsten war. Seit 2006 gibt es auf Anordnung des Bundesinnenministers im BfV gar keine eigene Abteilung »Rechtsextremismus« mehr. Gegen den bis heute fortwirkenden historischen Geburtsfehler des BfV hilft keine bessere Kontrolle, sondern nur die Abschaffung.[13] Ein erster Schritt wäre die Offenlegung der Geschichte und freier Zugang zu Akten und Daten für Wissenschaft und Medien. Man darf gespannt sein, ob die Historiker Goschler und Walla mit den gleichen Problemen zu kämpfen haben werden, wie ihre Kollegen in der Historikerkommission zur Erforschung der Frühgeschichte des Bundesnachrichtendienstes – deren Arbeit zumindest wurde von Beginn an sabotiert.

---

[12] Vgl. Winter, Robert (2010): Täter im Geheimen. Wilhelm Krichbaum zwischen NS-Feldpolizei und Organisation Gehlen, Leipzig: Militzke, S. 108, 126f.

[13] Vgl. Pütter, Norbert (2009): Die Dienste der Bundesrepublik. Vom Kalten Krieg zur »neuen Sicherheitsarchitektur«, in: Bürgerrechte & Polizei/CILIP, 32. Jg., H. 93, S. 20.

Katharina König

Das Versagen der politisch Verantwortlichen

Am 29. September 2009 verabschiedete der neu gewählte Thüringer Landtag in seiner ersten Sitzung mit nur fünf Enthaltungen und keiner Gegenstimme die gemeinsame »Erklärung für ein demokratisches, tolerantes und weltoffenes Thüringen«[1] – getragen von allen fünf Fraktionen im Parlament.[2] Daran anschließend sollte gemeinsam von der Landesregierung, den Fraktionen im Landtag sowie den Thüringer Bündnissen gegen Rechts ein Landesprogramm gegen Rechts erarbeitet werden. Doch auch das Thüringer Landesamt für Verfassungsschutz (TLfV) war an dem Prozess beteiligt und aufgrund der mangelnden Transparenz und fehlenden Teilhabemöglichkeiten bei der Erarbeitung sowie fehlender politischer Klarheit des Programms stiegen die zum Teil seit vielen Jahren engagierten Bürgerbündnisse gegen Rechts aus der Erarbeitung wieder aus.

Ihren Schritt begründeten sie öffentlich: »Ein Landesprogramm nach dem vorliegenden Entwurf schwächt die gewachsenen Strukturen und die praktische Arbeit gegen Rechtsextremismus. Daran werden wir uns nicht weiter beteiligen. Wir fordern ein wirksames Landesprogramm gegen Rechtsextremismus.«[3] Diese Kritik an der Landesregierung ist nicht neu. Denn eine wirksame und klare Positionierung und entsprechendes Handeln gegen rechte Strukturen waren nach 1990 zu vermissen. Stattdessen war und ist bei den Zuständigen immer wieder Fehlverhalten festzustellen.

---

[1] Thüringer Landtag (2009): Erklärung für ein demokratisches, tolerantes und weltoffenes Thüringen, Drs. 5/12, 29.9.2009.

[2] Im Thüringer Landtag sind Bündnis 90/Die Grünen, CDU, DIE LINKE, FDP und SPD vertreten.

[3] Willms, Tobias: Bürgerbündnisse in Thüringen fordern wirksames Landesprogramm gegen Rechtsextremismus. Netz gegen Nazis. 5.11.2010 (www.netz-gegen-nazis.de/artikel/buergerbuendnisse-thueringen-landesprogramm-7123).

1994 wurde Tino Brandt, damals einer der aktivsten Neonazis, vom TLfV als V-Mann angeworben. In den kommenden Jahren baute er unter den Augen des Staates den Thüringer Heimatschutz (THS) auf, das politische Sozialisationsfeld der späteren Mitglieder des Nationalsozialistischen Untergrundes (NSU). Laut eigenen Aussagen steckte er die 200.000 DM, die er als V-Mann erhalten haben will, in die Neonazibewegung.[4] Im Mai 2001 wurde er durch Recherchen der Zeitung »Thüringer Allgemeine« als Spitzel enttarnt. Doch er war nicht der einzige hochrangige Aktivist, der vom TLfV als Spitzel angeworben wurde und Gelder erhielt. Im Juni 2000 wurde der vorbestrafte Thomas Dienel, zeitweise Landesvorsitzender der NPD, als V-Mann angeheuert. 25.000 DM erhielt er für seine Informationen. Nach seiner Enttarnung erklärte er, dass er in Absprache mit dem Geheimdienst und von diesem finanziert eine Flugblattkampagne gegen den Gewerkschafter Angelo Lucifero durchgeführt habe.[5]

Hart gegen links, insbesondere gegen antifaschistische und antirassistische Bündnisse, und verharmlosend gegen die extreme Rechte, so lässt sich die Linie zusammenfassen, der das TLfV in den Jahren unter Helmut Roewers Führung folgte. »Neben der Gewinnung von Informationen durch nachrichtendienstliche Mittel – also Observationen, Überwachungen und der Einsatz von Spitzeln – ist es vor allem die Erarbeitung von Dossiers und deren gezielte Weitergabe gewesen, die das Vorgehen gegen Linke prägten.«[6] »Das breite Bündnis aus Gewerkschaften, PDS, Grünen und Autonomen – ein Ergebnis jahrelanger kontinuierlicher antifaschistischer Arbeit in Thüringen – erschien dem Amt offenbar als die größte Gefahr für die freiheitliche demokratische Grundordnung im Lande«, so das kritische Resümee über die staatliche »Thüringer Einäugigkeit«.[7]

---

[4] Debes, Martin (2012): 35 erfolglose Ermittlungsverfahren gegen früheren V-Mann, in: Thüringer Allgemeine, 16.3.2012, www.thueringer-allgemeine.de (Stand: 5.4.2012).

[5] Vgl. Hielscher, Almut/Mascolo, Georg/Winter, Steffen (2000): Man hat mich gedeckt, in: Der Spiegel, Nr. 40.

[6] Ellinghaus, Christoph (2000): Rechte Spitzel des Verfassungsschutzes. Nicht nur in Thüringen, in: Bürgerrechte & Polizei/CILIP, Nr. 66.

[7] Ebd.

Die Gleichsetzung von antifaschistischer Arbeit und neonazistischen Aktivitäten findet in den jährlichen Verfassungsschutzberichten ihre Höhepunkte. So wurden 1997 im Bereich »Linksextremismus« auch Bündnis 90/DIE GRÜNEN und die DGB-Jugend Erfurt genannt. Einziger Grund: Sie waren an der Organisation einer Anti-Atom-Demonstration des Anti-Atom-Plenums Thüringen beteiligt.[8]

1998 wurde dann auch das Jugendzentrum der Evangelisch-Lutherischen Kirche Jena, die Junge Gemeinde Stadtmitte (JG), im Bereich »Linksextremismus« erstmals erwähnt. Dafür reichte dem TlfV, dass Jugendliche der JG in einem Gespräch mit dem Antifaschistischen Infoblatt (AIB) sagten: »Die Antifa-Arbeit ist sicher zur Zeit einer der wichtigsten Bereiche der Arbeit, hinzu kommt die ganze Asylproblematik sowie die Anti-Atom-Bewegung.«[9] Der politische Hintergrund für diese Aussage hingegen schien nicht im Blick des Geheimdienstes gewesen zu sein, nämlich eine zunehmende Vernetzung der Neonazis nicht nur in Thüringen sowie die Häufung von rechten Angriffen und Aufmärschen. Ebenso wenig Aufmerksamkeit schenkte das Amt der Verbindung des THS mit rechten Burschenschaften und konservativen Kreisen. Diese Vernetzungen fanden erst Eingang in die Verfassungsschutzberichte und eine breitere öffentliche Wahrnehmung, nachdem antifaschistische Gruppen ihre Recherche veröffentlicht hatten.

Neben der Anwerbung führender Neonazis als Spitzel und der dadurch indirekten Subventionierung ihrer Aktivitäten gab es noch weitere finanzielle Unterstützung. So erhielt beispielsweise André Kapke, ebenfalls seit Beginn der 1990er Jahre aktiver Neonazi und im THS aktiv, vom Thüringer Sozialministerium im November 1997 einen Existenzgründerzuschuss in Höhe von 23.000 DM. Die Mittel nutzte er zur Gründung des rechten Zeitungsprojektes »Neues Denken«, als Mitarbeiter

---

[8] Thüringer Innenministerium (1998): Verfassungsschutzbericht 1997, Erfurt: o. V., S. 69. Akribisch wurde in dem Bericht auch vermerkt: »Ein sofortiger Ausstieg aus der Kernenergie wurde gefordert.«

[9] Thüringer Innenministerium (1999): Verfassungsschutzbericht 1998, Erfurt: o.V., S. 77; vgl. auch Antifaschistisches Infoblatt, Nr. 45/1998.

wurde Thomas Dienel beschäftigt.[10] Medienberichte stoppten das Skandalprojekt.[11]

Am 30. Oktober 1997 wurde in Erfurt die Heron Verlagsgesellschaft gegründet, ein Tarnunternehmen des TLfV. Gründer war ein gewisser Stephan Seeberg, die Tarnidentität des damaligen Präsidenten des TLfV, Roewer. Mit Mitteln des Landesamtes wurden Verträge für Buchprojekte abgeschlossen, die der Thüringer Rechnungshof später als Scheinwerkverträge einstufte.[12] 2000 erschien in diesem Verlag der Film »Jugendlicher Extremismus mitten in Deutschland – Szenen aus Thüringen«, der ein Projekt des Thüringer Innenministeriums und als Lehrfilm für Gymnasien gedacht war. Verantwortlich war Reyk Seela, später Landtagsabgeordneter der Thüringer CDU. In dem »Lehrfilm« konnte unter anderem der Neonazi André Kapke als Sprecher des THS unkommentiert dafür werben, dass seine Organisation geeignet sei für »Jugendliche ohne politische Bindung, die sich aber gern politisch bilden und betätigen wollen«.[13]

Während sich die Aktivisten des THS, Tino Brandt und André Kapke, in dem Film als Opfer vermeintlich linker Gewalt präsentierten und militante Neonazi-Strukturen verharmlost wurden, mussten für die vermeintlich existierenden gewaltbereiten linken Jugendlichen in Jena Filmaufnahmen eines Jugendfestivals der kirchlichen JG-Stadtmitte in Jena herhalten. Unter anderem der Landesjugendring Thüringen kritisierte den Film mit einem offenen Brief und forderte »die Landesregierung auf, eine Verbreitung des Filmes zu verhindern und bei Interesse der Landesregierung, eine Neuproduktion mit einer seriösen und sachge-

---

[10] Lachmann, Harald: Fördergelder für Neonazis, in: Südkurier online, 17.11.2011 (www.suedkurier.de/nachrichten/politik/Foerdergelder-fuer-Neonazis;art410924, 5229573); Für Details vgl. Thüringer Landtag (2000): Tätigkeit des Neonazis Dienel als Informant für den Thüringer Verfassungsschutz (III), Drs. 3/913, 30.8.2000.

[11] Ebenau, Michael (2001): Jenaer Notizen, in: Broschüregruppe (Hrsg.): ...nicht vom Himmel gefallen. Rechtsextremismus in Jena, o. V., S. 5ff.

[12] Winter, Steffen (2005): Deckname Rubicon, in: Der Spiegel, Nr. 29/2005, 18.0.2005 (http://wissen.spiegel.de/wissen/image/show.html?did=41106152&aref=image035/E0528/ROSP200502900480049.PDF&thumb=false).

[13] Seela, Reyk (2000): Jugendlicher Extremismus mitten in Deutschland – Szenen aus Thüringen, Erfurt: Heron (http://vimeo.com/32500122).

rechten Darstellung in Auftrag zu geben«, da es im Video zu einer »unzulässigen Gleichsetzung verschiedenartiger Gruppierungen sowie zu einer Verharmlosung der mit rechtsideologischem Hintergrund begangenen Gewalt an Personen (kommt). Der Film verkennt damit die Gefahr, die von neofaschistischen Organisationen ausgeht (...), und (entspricht) gar nicht der aktuellen Situation in Thüringen.«[14]

Das Thüringer Innenministerium jedoch schätzte die politische Situation und Bedrohung damals anders ein. Am 20. April 2000 wurde auf die Erfurter Synagoge ein Brandanschlag verübt. Das Innenministerium erklärte, der Anschlag könne von linken Tätern verübt worden sein.[15] Eine völlig absurde und falsche Vermutung, wie sich wenig später zeigte. Neonazis wurden gefasst und für die Tat verurteilt.

Demokratische und rechte Einstellungen in Thüringen

Als eine Reaktion auf den Anschlag wird ab dem Jahr 2000 die Studie Thüringen Monitor im Auftrag der Thüringer Staatskanzlei von einem Forscherteam der Friedrich-Schiller-Universität Jena erarbeitet.[16] Ziel ist es, »über mehrere Jahre hinweg auf der Grundlage einer Umfrage (...) die politischen Einstellungen der Thüringer generell sowie zu einem jährlich festzulegenden Schwerpunktthema zu erheben und einer politikwissenschaftlichen Analyse zu unterziehen. Für den Bericht des Jahres 2000 wurde das Schwerpunktthema ›Rechtsextremismus und Ausländerfeindlichkeit‹ vereinbart.«[17] Seitdem werden jährlich neben einem

---

[14] Sengewald, Matthias/Weise, Peter: Verbreitung des Films »Jugendlicher Extremismus in der Mitte Deutschlands – Szenen aus Thüringen« von Reyk Seela muss verhindert werden, 13.7.2000, www.nadir.org/nadir/aktuell/2000/07/18/865.html (Stand: 5.4.2012).

[15] Lucifero, Angelo: Zum Brandanschlag auf die Erfurter Synagoge, in: Hagalil online, 21.4.2000, www.hagalil.com/archiv/2000/04/erfurt.htm (Stand: 5.4.2012).

[16] Die Studien von 2000 bis 2011 sind – mit Ausnahme von 2009 – zu finden unter www.thueringen.de/de/politisch/tm/ (Stand: 5.4.2012).

[17] Dicke, Klaus/Edinger, Michael/Schmitt, Karl (2000): Politische Kultur im Freistaat Thüringen. Ergebnisse des Thüringen-Monitors 2000, Jena: Institut für Politikwissenschaft Friedrich-Schiller-Universität Jena, 2000, S. 5.

Abbildung 1: Rechtsextremismus im Zeitverlauf (2001-2011) in %

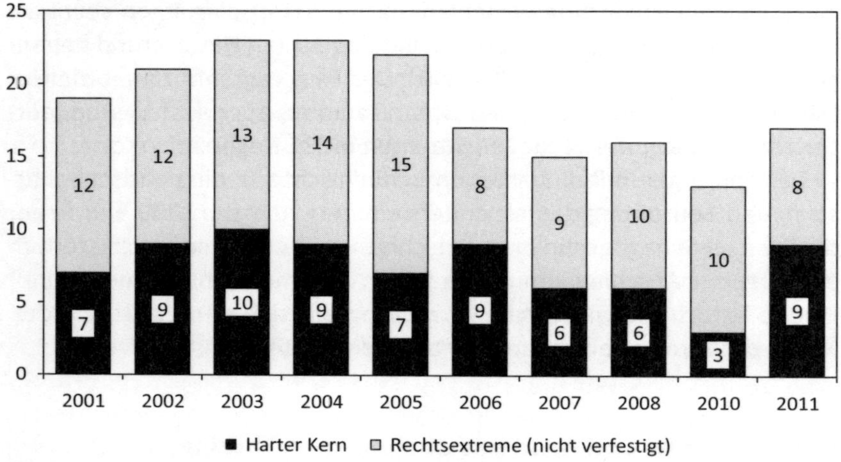

Quelle: Schmitt, Karl/Wolff, Jürgen H.: Politische Kultur im Freistaat Thüringen. Staatsaufgaben und Staatsausgaben. Ergebnisse des Thüringen-Monitors 2011. Institut für Politikwissenschaft Friedrich-Schiller-Universität Jena, 2011, S. 78.

wechselnden Schwerpunktthema auch rechte und antidemokratische Einstellungen untersucht. Zwischen 2001 und 2011 haben sich für den »Rechtsextremismus« typische Einstellungsmuster in Thüringen entwickelt wie in Abbildung 1 dargestellt.

Trotz der über die Jahre hohen neonazistischen Einstellungen in Thüringen folgt daraus kein konzipiertes Vorgehen bzw. keine wahrnehmbare Reaktion der Thüringer Landesregierung. 2011 wurde im Thüringen Monitor festgestellt, dass 56% der Befragten und damit neun Prozentpunkte mehr als im Vorjahr der Aussage zustimmen, dass die Bundesrepublik in einem »gefährlichen Maße überfremdet« sei. Ebenso gibt es leichte Zuwächse bei der Verharmlosung des Nationalsozialismus (19%) sowie bei antisemitischen Einstellungen (11%).[18]

---

[18] Vgl. MDR: Thüringen-Monitor 2011 – Thüringer weiter ohne Vertrauen in die Landesregierung, 11.10.2011, www.mdr.de/thueringen/thueringenmonitor102.html (Stand: 4.4.2012).

Hinzu kommen seitens der Landesregierung Fehleinschätzungen von rassistischen und rechten Übergriffen und Rechtsrock-Konzerten. Die Mobile Beratung in Thüringen – Für Demokratie Gegen Rechtsextremismus (Mobit) weist zu diesen Vorfällen und Aktionen seit Jahren kontinuierlich höhere Zahlen aus, als es das TLfV und die Landesregierung tun. So wurden beispielsweise 2005 laut Mobit 31 Rechtsrock-Konzerte in Thüringen veranstaltet. Dazu kamen fünf rechte Liederabende, bei denen die Musik nur »begleitenden Charakter« gehabt haben soll, sowie vier Konzerte im »Grauzonenbereich« und neun durch die Polizei verhinderte Konzerte der Neonaziszene.[19]

Das TLfV zählte für denselben Zeitraum hingegen nur 19 Rechtsrock-Konzerte sowie neun aufgelöste und sechs verhinderte Veranstaltungen.[20] Damit blieb das Amt deutlich hinter den realen Zahlen zurück.

Am 2. April 2005 fand im Schützenhaus Pößneck der Landesparteitag der Thüringer NPD mit einem anschließenden Konzert statt. Das Haus befand sich seit 2003 im Besitz von Jürgen Rieger, einem damals bundesweit aktiven Neonazi und Anwalt der Szene. Bereits Tage vorher vermuteten AntifaschistInnen, dass hier das Abschiedskonzert des Neonazis Michael Regener alias Lunikoff stattfinden sollte, und informierten die Öffentlichkeit. Doch erst am Mittag des 2. April erfuhren örtliche Behörden und die Polizei davon. Die Durchsetzung eines kurzfristigen Verbots durch die Stadt war der anwesenden Polizei nicht möglich: Den etwa 200 bis 300 BeamtInnen standen mehr als 1.000 Neonazis gegenüber.[21]

Die in Thüringen teils seit Anfang der 1990er Jahre bestehenden Aktionsbündnisse gegen Rechts erhielten ab 2007 Verstärkung. Um sich den Entwicklungen in der Neonaziszene entgegenzustellen, gründeten sich in Thüringen zunehmend Bürgerbündnisse gegen Rechts sowie al-

---

[19] Vgl. Mobit (2006): Chronik der RechtsRock-Konzerte und rechtsextremen Liederabende in Thüringen im Jahr 2005, 6.3.2006, http://www.mobit.org/Materialien/2005_Chronik_RechtsRock_Th%FCringen.pdf (Stand: 5.4.2012).

[20] Thüringer Innenministerium: Verfassungsschutzbericht 2005. Freistaat Thüringen, S. 23.

[21] Die Neonazis sprachen sogar von bis zu 2.000 Konzertbesuchern, vgl. redok.de (2005): Verbot eines Neonazi-Konzerts konnte nicht durchgesetzt werden, 4.4.2005, www.redok.de/content/view/371/36/ (Stand: 4.4.2012).

ters- und spektrenübergreifende Netzwerke, wie zum Beispiel das Aktionsnetzwerk gegen Rechtsextremismus Jena.[22] Doch die Landesregierung sah weiterhin keinen Bedarf für ein Landesprogramm gegen Rechts, das diesen Namen verdient hätte, und verfolgte weiterhin ihre Strategie der »Nichtwahrnehmung«. So fanden auch die Verbindungen zwischen Neonazis und dem Motorradclub Red Devils, ein Unterstützer-Charter der Hells Angels im Landkreis Saalfeld-Rudolstadt,[23] keine Erwähnungen in den Verfassungsschutzberichten.

Blind oder desinteressiert scheinen die Behörden auch bei Immobilienkäufen von Neonazis zu sein. So wurde jüngst erst durch Veröffentlichung der innenpolitischen Sprecherin der Fraktion DIE LINKE im Thüringer Landtag, Martina Renner, bekannt, dass Neonazis in dem kleinen Ort Crawinkel eine Immobilie gekauft hatten.[24] Die Zahl der von Neonazis genutzten Häuser und Treffpunkte in Thüringen steigt kontinuierlich. Neben dem so genannten Braunen Haus in Jena, der Erlebnisscheune in Kirchheim, dem Europahaus in Bad Langensalza, dem Rittergut in Guthmannshausen oder dem neuen Haus eines Funktionärs der Schlesischen Jugend (SJ) in Marlishausen in der Gemeinde Wipfratal können weitere Objekte zum Beispiel für Konzerte oder andere Veranstaltungen von Neonazis genutzt werden.[25]

---

[22] www.aktionsnetzwerk.de.

[23] Zur Rocker-Szene vgl. u.a. Thüringer Landtag (2011): Kriminelle Biker- und Motorradclubszene in Thüringen, Drs. 5/2547, 8.4.2011; Thüringer Landtag (2012): Kontakte und Zusammenarbeit Thüringer Neonazis zu Rocker-Clubs, Drs. 5/3851, 2.1.2012.

[24] Renner, Martina (2012): Pressemitteilung – Weiteres Versagen im Kampf gegen Rechts, 7.2.2012, www.die-linke-thl.de (Stand: 4.4.2012).

[25] Eine Übersicht über rechte Immobilien in Thüringen findet sich unter www.die-linke-thueringen.de/politik/antifaschismus/rechte_immobilien (Stand: 4.4.2012); zu den aktuellen Käufen vgl. Kovahl, Ernst (2012): Immobilien-Paradies. Neonazis kaufen weitere Häuser in Thüringen, in: Der rechte Rand, Nr. 135.

Kontinuitäten des Unvermögens

Vor dem Hintergrund der steigenden Aktivitäten von Neonazis in Thüringen macht der Umgang der Landesregierung mit den Häuserkäufen – und somit der Verankerung von Neonazis vor Ort – sprachlos. So informierte sich beispielsweise der Bürgermeister der Gemeinde Wipfratal vorab über den Kaufinteressenten beim zuständigen Landratsamt. Doch das Amt stufte den Käufer, den Landesvorsitzenden Fabian Rimbach der vom TLfV beobachteten SJ, als unbedenklich ein; das Haus wurde verkauft. Noch beschämender für die Landesregierung ist hingegen der Verkauf des alten Ritterguts in Guthmannshausen. Die ehemalige Landwirtschaftsschule wurde vom landeseigenen Thüringer Liegenschaftsmanagement verkauft und wird seit Ende 2011 nun regelmäßig als Ort für bundesweite Veranstaltungen der extremen Rechten genutzt. Vor allem der mit dem 2008 verbotenen neonazistischen Collegium Humanum personell und ideologisch verbundene Verein Gedächtnisstätte nutzt das großzügige Haus. Zwar verfügte der Thüringer Verfassungsschutz offenbar im Vorfeld des Verkaufs über Informationen bezüglich der einschlägig bekannten Käuferin, doch wurden sie nicht genutzt, um den Verkauf zu stoppen.[26] Später teilte die Landesregierung mit, die Käuferin selbst sei Mitglied des »rechtsextremistisch eingestuften Verein Gedächtnisstätte« und habe »Kontakte zu der ebenfalls rechtsextremistischen Gesellschaft für freie Publizistik«.[27] Doch ein Mitarbeiter des TLfV behauptete auf einer öffentlichen Veranstaltung im Februar 2012, die Käuferin sei »ohne jegliche Verbindung zum Rechtsextremismus«. Das Versagen des TLfV bekamen selbst Sicherheitsbehörden zu spüren. So gab es 2011 keinen Hinweis an das Bundeskriminalamt, als es seine Beamten während des Papstbesuches in Thüringen im Neonazi-Treffpunkt Romantischer Fachwerkhof in Kirchheim unterbrachte. Die Gaststätte mit Hotel ist ein langjähriger Ort für regionale und überre-

---

[26] Baumgärtner, Maik/Hebel, Christina: Immobilien-Deal. Thüringen verkauft Rittergut an Rechtsextreme, Spiegel online, 18.10.2011, www.spiegel.de (Stand: 5.4.2012); Renner, Martina/Wellsow, Paul (2011): Mit Behördenhilfe zum braunen Herrensitz, www.thueringen-links.de (Stand: 5.4.2012).

[27] Thüringer Landtag (2011): Plenarprotokoll, Drs. 5/68, 14.10.2011, S. 6280.

gionale Neonaziveranstaltungen. Kirchheim ist mittlerweile Kristallisationspunkt einer engagierten Bürgergesellschaft gegen Rechts, aber offenbar kein Beobachtungsobjekt für das TLfV, das keine Kenntnis davon hatte, dass zahlreiche Kriminalbeamte dort untergebracht wurden.[28]

Bezüglich der Finanzierung von Neonazis versagte das TLfV auch 2010. Damals erhielt der NPD-Kreistagsabgeordnete und Vorsitzende der NPD im Kreis Gotha, Sebastian Reiche, durch das Thüringer Wirtschaftsministerium mehr als 5.700 Euro öffentliche Fördermittel für seine neu gegründete Werbeagentur Leitbild Medien. Pikantes Detail: Die Gesellschaft für Arbeits- und Wirtschaftsförderung des Freistaats Thüringen (GFAW) hatte nach eigener Aussage vor der Bewilligung des Antrages extra ein Auskunftsersuchen zum Antragsteller an den Geheimdienst gestellt, jedoch nie eine Antwort erhalten. Das Wirtschaftsministerium hatte Reiche zwischenzeitlich aufgefordert, die Mittel zurückzuzahlen, weil damit indirekt die Arbeit der NPD unterstützt worden sei.[29] Doch bis heute prangen das Logo des Europäischen Sozialfonds auf seiner Website sowie der Eintrag »Gefördert durch das Thüringer Ministerium für Wirtschaft, Technologie und Arbeit«.[30]

Völkische Strukturen, wie die inzwischen verbotene Heimattreue Deutsche Jugend (HDJ) und die SJ, fanden erst Beachtung durch das TLfV, nachdem kritische Recherchen deren Bestrebungen in Thüringen aufgedeckt hatten.[31] Auf diese Dokumentationen stützten sich auch wesentlich die Maßnahmen in diesem Bundesland im Zuge des HDJ-Verbotes 2009. Auch kommunale Maßnahmen gegen die SJ, wie die Kündigung eines Mietvertrages 2010 im Landschulheim Kleinschmalkalden, fußten allein auf Hinweisen an die Betreiber und die Verwaltung durch investigative Recherche zum Wirken dieser inzwischen bundesweit in

---

[28] Vgl. MDR (2011): BKA-Beamte übernachten in Neonazi-Treff, 4.11.2011 (www.mdr.de/nachrichten/kirchheim100_zc-e9a9d57e_zs-6c4417e7.html).

[29] Vgl. Nazis in Parlamenten: Öffentliche Förderung für NPD-Funktionär, 14.2.2011, www.nip-thueringen.de/mitte/gotha/reiche-sebastian (Stand: 5.4.2012).

[30] Vgl. www.leitbild-medien.de/impressum.html (Stand: 5.4.2012).

[31] Röpke, Andrea (2008): Die reden nicht mehr. Die hassen, in: Südthüringer Zeitung, 11.12.2008.

den Fokus gerückten Organisation.[32] Die Gefährdung von Jugendlichen und Kindern durch völkische Gruppen und ihrer Bildungsarbeit ist dem Landesamt entgangen.[33]

Das Versagen Thüringer Behörden im Umgang mit rechten Strukturen weist seit 1990 eine Kontinuität auf. Der Umgang mit dem bis heute fehlenden Landesprogramm gegen Rechts ist Teil dessen. Ob aber ein solches Programm unter einer CDU/SPD-Koalition überhaupt entstehen kann, bleibt fraglich. »Die Gefahren des Rechtsextremismus resultieren nicht allein aus rechtsterroristischen Gruppen, sondern aus einem politischen Interaktionszusammenhang«, schrieb Peter Reif-Spirek, Mitglied im Kreisvorstand der Erfurter SPD, im März 2012. Und weiter: »Dieser Zusammenhang sollte im Blick gehalten werden, wenn es um die langfristige Entwicklung von Gegenstrategien geht, die immer einen Mix aus präventiven und repressiven Maßnahmen gewährleisten müssen. Das Thüringer Programm blendet den o. g. Interaktionszusammenhang aus und ist auf eine verfassungsschützerische Problemsicht auf (rechts-)extreme Potentiale fixiert. Das zentrale Problem fremdenfeindlicher und rassistischer Mentalitäten in der Mitte der Thüringer Gesellschaft, die eine diskriminierungsbereite Alltagskultur erzeugen, wird in dem Programm zwar erwähnt, aber sprachlich und politisch marginalisiert. Es sind jedoch genau diese Mentalitäten, die ins Zentrum einer Gegenstrategie gerückt werden müssten.«[34]

---

[32] Baumgärtner, Maik (2010): Konspirativer Erntetanz, in: Blick nach Rechts, 11.11.2010.

[33] Die SJ Thüringen wurde im Thüringer Verfassungsschutzbericht 2010 erstmals erwähnt, nachdem u.a. die Tagesschau berichtete, vgl. Gensing, Patrick/Baumgärtner, Maik (2011): Vertriebenen-Nachwuchs im Zwielicht, tagesschau.de, 5.4.2011 (www.tagesschau.de/inland/schlesischejugend100.html).

[34] Spirek-Reif, Peter: Warum wir in Thüringen immer noch kein Landesprogramm gegen Rechts haben. spd-erfurt.de, 16.3.2012 (http://www.spd-erfurt.de/themen/erfurter_notizen/author/peter_reif_spirek/).

Katharina König

Keine Sorgen mit den Rechten

Saalfeld-Rudolstadt – Hochburg der Rechten in den 1990er Jahren und Herz des Thüringer Heimatschutzes

Der Jahresbericht des Thüringer Landesamtes für Verfassungsschutz (TLfV) aus dem Jahr 1996 listete 939 Straftaten mit rechtem Hintergrund auf – 231 allein in der Region Saalfeld. Damit geschahen dort 25% Prozent der gesamten Straftaten mit rechtem Hintergrund im Freistaat.[1]

Knapp 140.000 EinwohnerInnen lebten in den 1990er Jahren im Landkreis Saalfeld-Rudolstadt, mindestens 120 davon waren der organisierten Neonaziszene zuzurechnen – 12% der vom Innenministerium geschätzten 1.000 Thüringer Neonazis. Saalfeld und Rudolstadt galten seit Anfang der 1990er Jahre bei AntifaschistInnen als Hochburgen der rechten Szene, doch weder Bevölkerung noch Behörden vor Ort teilten diese Einschätzung. Das Problem verorten sie stattdessen links.

1992 erregte der Landkreis bundesweit Aufsehen, als es den Neonazis nach einem Verbot des Rudolf-Heß-Aufmarsches in Wunsiedel gelang, die TeilnehmerInnen konspirativ nach Rudolstadt zu dirigieren. Mehr als 2.000 Neonazis marschierten am 15. August durch die Stadt. Unter ihnen Vertreter der mittlerweile verbotenen Organisationen Freiheitliche Deutsche Arbeiterpartei (FAP), Nationale Offensive, Wiking Jugend (WJ) und der bis heute legalen NPD. Gilt dieser Marsch in Rudolstadt als ein Höhepunkt der bundesweiten Neonaziszene, war er für die lokalen Gruppierungen das Signal zur Offensive.

Neben zunehmenden Übergriffen auf alternative Jugendliche kam es im Landkreis zu Treffen bundesweit agierender Organisationen, so beispielsweise an einem Juniwochenende 1993. Das 1950 gegründete

---

[1] Vgl. Dittes, Steffen (1997): Nach Verbot jubilierte die rechtsextreme Szene, in: PDS-Fraktion im Thüringer Landtag (Hrsg.): Saalfeld – Demokratie im Würgegriff? Dokumentation zur Öffentlichen Anhörung der PDS-Fraktion im Thüringer Landtag am 5. November 1997, Erfurt: o.V., S. 10f.

Deutsche Kulturwerk europäischen Geistes, das von Anbeginn unter Beobachtung des Verfassungsschutzes stand, diente »der organisationsübergreifenden Sammlung rechtsextremer Kräfte«[2] und galt Mitte der 1960er Jahre als »größte überparteiliche Organisation des deutschen Nachkriegsfaschismus«.[3] Unter dem Schutz der WJ und der Polizei versammelten sie sich damals in einem nahe Saalfeld gelegenen Hotel.[4] Proteste von Kirchen bei den zuständigen Ministerien wurden ignoriert.

In den Thüringer Verfassungsschutzberichten waren in den Folgejahren als Beispiele für Aktivitäten stets Vorfälle aus Saalfeld-Rudolstadt aufgeführt. Im September 1996 besetzten Neonazis ein altes Fabrikgelände und forderten ein »Nationales Jugendzentrum«. Bei der Räumung am 4. September wurden 31 Personen angetroffen und die Polizei beschlagnahmte »Schlag-, Hieb- und Stichwerkzeuge sowie ein Koppelschloß mit NS-Emblemen«.[5] Nach der Räumung bildete sich um den Verfassungsschutzspitzel und Kopf des Thüringer Heimatschutzes (THS) Tino Brandt der Deutsche Freundeskreis, dessen Ziel die Rekrutierung und Vernetzung jugendlicher Rechter im Landkreis war. Die Kampagne für einen rechten Jugendclub, die in Teilen der Bevölkerung gar auf Zustimmung stieß, setzte sich im Folgejahr ebenso fort wie Übergriffe auf MigrantInnen und Alternative.

Im März 1997 kommt es in Rudolstadt zu einem Übergriff auf einen Asylbewerber; im Mai wird in Saalfeld ein Jugendlicher von mehreren Neonazis mit einer Schreckschusspistole angeschossen und erleidet eine schwere Augenverletzung.[6] Im Juli eröffnet im Saalfelder Stadtteil Gorndorf – einer für AntifaschistInnen und MigrantÍnnen »national befreiten Zone« – ein Stadtteilzentrum, das von Mitgliedern des THS als Treffpunkt genutzt wird. Die in den 1990er Jahren praktizierte

[2] Mecklenburg, Jens (1996) (Hrsg.): Handbuch Deutscher Rechtsextremismus, Berlin: Elefanten Press Verlag, S. 254f.

[3] Ebd.

[4] Thüringer Innenministerium (1994): Verfassungsschutzbericht 1993, Erfurt: o.V., S. 21

[5] Thüringer Innenministerium (1997): Verfassungsschutzbericht 1996, Erfurt: o.V., S. 43.

[6] B., Dieter (1997): Polizeiaktionen gegen linksalternative Jugendliche sind nicht neu, in: PDS-Fraktion im Thüringer Landtag, a.a.O., S. 20.

Tabelle 1: Erfasste Straftaten »links«/»rechts« des Thüringer Innenministeriums

	1993	1994	1995	1996	1997
Erfasste Straftaten »rechts«	219	477	733	939	1206
Erfasste Straftaten »links«	22	28	24	59	53

Quelle: siehe Anm. 8

Form der falsch verstandenen und später im Umgang mit rechten Jugendlichen delegitimierten akzeptierenden Jugendarbeit wurde auch in Saalfeld umgesetzt.

Die Anti-Antifa bestand damals bereits mehrere Jahre, der THS hatte sich gegründet und war maßgeblich für die Zunahme rechter Gewalt verantwortlich. Die Öffentlichkeit nahm diese Entwicklung, wenn überhaupt, als Problem rivalisierender Jugendgruppen wahr. Gefährlicher und fernab der Realität wirkt nur noch die Analyse des TLfV: »Auffällig ist hier vor allem die Zunahme von Gewaltstraftaten, die von Einzeltätern oder Gruppen der ›linken‹ oder ›rechten‹ Jugendszene begangen werden. Die Selbstsicht der Jugendlichen als ›rechts‹ oder ›links‹ und die Darstellung dieses Bildes in den Medien, der Öffentlichkeit und der Politik führt vielfach zu dem Schluß, es handele sich hierbei um politischen Extremismus. In der übergroßen Zahl der Fälle ist diese Sicht nicht haltbar, fehlt der Gewalt doch oft eine unmittelbare politische Grundlage.«[7] Die Gleichsetzung durch das TLfV ließ sich schon mit dessen eigener Statistik widerlegen (siehe Tabelle 1); die Zahl »rechter« Straftaten stieg 1995 auf das über 30-fache und lag zwei Jahre später beim etwa 22-fachen der erfassten »linken« Delikte:[8]

Die Zunahme von Neonazi-Aktionen und der Vernetzung im Landkreis (1995: 189 rechte Straftaten, 1996: 231)[9] wurde aufgrund mangelnder Thematisierung durch die Polizei, fehlender Berichterstattung lokaler Medien sowie einer falschen Situationseinschätzung der Verantwort-

---

[7] Thüringer Innenministerium (1997): Verfassungsschutzbericht 1996, Erfurt: o.V., S. 15.

[8] Vgl. Thüringer Innenministerium (1996): Verfassungsschutzbericht 1995, o.O.: o.V., S. 42, 59; vgl. Thüringer Innenministerium (1998): Verfassungsschutzberichte 1997, Erfurt: o.V., S. 43, 71.

[9] Vgl. Hübner, Carsten (1997): Rechte Strukturen in Thüringen und in Saalfeld-Rudolstadt, in: Kopfstand, Neustadt/Orla.

lichen im Landkreis zwar nicht in der Öffentlichkeit, aber in antifaschistischen Kreisen bekannt.

Im Juli wurde durch die Landesarbeitsgemeinschaft Gewerkschafter gegen Rassismus und Faschismus eine überregional vorbereitete Demonstration »Den rechten Konsens brechen« für den 11. Oktober 1997 angemeldet. Neben Gewerkschaften und Parteien mobilisierten insbesondere antifaschistische Gruppen nach Saalfeld.

Keine Unterstützung hingegen gab es im Landkreis Saalfeld-Rudolstadt selbst. Sowohl der Bürgermeister als auch Stadträte und Teile der Medien widersprachen trotz bekannter Statistiken dem Vorbereitungsbündnis, dass Saalfeld eine Hochburg rechter Aktivitäten sei. Die Demonstration würde dem Ansehen der Stadt schaden, lautete der Vorwurf; seine Vertreter einte die Überzeugung, dass es kein Problem mit rechten, sondern mit gewaltbereiten Jugendcliquen gebe.

Im Landkreis distanzierte man sich von dem Vorhaben – auch bei der SPD und Teilen der Grünen. Medien und Behörden diffamierten die antifaschistische Demonstration, Schreckensbilder von vermeintlich anreisenden »Chaoten« und »Chaostagen« in Saalfeld wurden heraufbeschworen.

Einer der Organisatoren, der Gewerkschafter Angelo Lucifero, erhielt Morddrohungen von Neonazis. Der damalige Präsident des TLfV, Helmut Roewer, kommentierte im MDR, es sei »normal«, dass die, die sich »politisch aus dem Fenster hängen«, mit Drohanrufen rechnen müssten.[10]

Die Thüringen NPD meldete Anfang August ebenfalls für den 11. Oktober in Saalfeld einen Aufmarsch unter dem Motto »Gegen linke Gewalt« an. »Während in anderen Städten wohl ohne größere Umstände die Provokation der Neonazis verboten worden wäre, folgten Stadtrat und Landratsamt in Saalfeld jedoch genau den Maximen, gegen die das antifaschistische Bündnis am übernächsten Samstag auf die Straße gehen will: Die Kriminalisierung antifaschistischer Initiativen und die Duldung und Förderung rechter Strukturen«, urteilte die Wochenzeitung

---

[10] Sänger, Fabian (1997): Wenig Sorgen mit den Rechten, in: Jungle World Nr. 38, 11.9.1997.

Jungle World.[11] Mit einem Offenen Brief der Stadtverwaltung und des Stadtrates Saalfeld wurden die Organisatoren der antifaschistischen Demonstration aufgefordert, »die für den 11. Oktober geplante Demonstration abzusagen, um noch größeren Schaden von der Stadt Saalfeld und der Öffentlichkeit abzuwenden«.

In der Woche vor dem 11. Oktober kam es zum Verbot des Neonazimarsches als auch zum Verbot der antifaschistischen Demonstration. Dieses erfolgte, so der damalige SPD-Innenminister Richard Dewes, »insbesondere (wegen der) sich verdichtenden Hinweise darauf, daß das gesamte gewaltbereite linke Spektrum beabsichtigte, an der Versammlung in Saalfeld teilzunehmen«.[12] Man habe sicherstellen wollen, »daß Thüringen nicht zum Aufmarschgebiet linker und rechter Chaoten wird«.[13]

Während der damalige CDU-Bürgermeister Richard Beetz die Bevölkerung aufforderte, zu Hause zu bleiben, und die Polizei empfahl, das Gebiet weiträumig zu umfahren,[14] kam es in den Morgenstunden des 11. Oktober 1997 zu Razzien im Landkreis Saalfeld. Während bei der Durchsuchung des linken, alternativen Hauses am Schloßberg 1 lediglich Handys sowie Fotoapparate beschlagnahmt wurden, stieß die Polizei in der Gaststätte in Heilsberg auf das bis dahin größte festgestellte Waffenarsenal der rechtsextremen Szene im Freistaat.[15]

Die antifaschistischen DemonstrantInnen wurden bei der Anreise mit Polizeischikanen überzogen, mehr als 300 Menschen kamen über zwei Tage in Unterbindungsgewahrsam.

Die OrganisatorInnen kündigten auch aufgrund der polizeilichen Repression wenige Tage später eine zweite bundesweite Demonstration

---

[11] Schneider, Frank (1997): Staatlich organisierter Krawall, in: Jungle World, Nr. 41, 2.10.1997.

[12] Dewes, Richard (1997): Sofortbericht Maßnahmen der Landesregierung im Zusammenhang mit dem Demonstrationsgeschehen im Kreis Saalfeld-Rudolstadt vom 10. bis 13. Oktober 1997, zitiert nach: Thüringer Landtag: Plenarprotokoll 2/67, 13.11.1997, S. 5863.

[13] Winkler, Ron (1997): Wie man den Ausnahmezustand organisiert. Thüringen hat an einem Wochenende im Oktober den Polizeistaat erlebt, in: Akrützel, 8. Jg., H. 108, S. 9.

[14] Ebd.

[15] Vgl. Dewes, a.a.O., S. 5841.

an: für den 14. März 1998. Erneut begann die Diffamierung. Landrat Werner Thomas (CDU) wandte sich mit einem Schreiben an die Parteien im Landkreis und rief sie zu »einer konzertierten Aktion (auf), um eine erneute Demonstration in Saalfeld (...) zu verhindern«.[16] Der Landkreis solle nicht »zum Austragungsort der Auseinandersetzung linker und rechter Extremisten« werden.[17] 2.500 SaalfelderInnen unterschrieben einen von den Stadtratsfraktionen der CDU, SPD und FDP initiierten Aufruf, die Antifa-Demonstration zu verbieten.[18]

Am 14. März 1998 kam es trotz enormer Auflagen zur Demonstration »Gegen jeden rechten Konsens – Antifaschismus läßt sich nicht verbieten – Stoppt rassistische und faschistische Übergriffe« – etwa 5.000 Menschen aus dem gesamten Bundesgebiet beteiligten sich. Wie zuvor urteilte die Stadt: Ihr sei »ein beträchtlicher, nicht wieder gut zu machender, öffentlicher, politischer, sozialer und damit letztlich wirtschaftlicher Schaden zugefügt worden«.[19] Zwölf Tage später, am 26. März 1998, wird im Saalfelder Stadtteil Gorndorf die 14-jährige Jana Georgi von einem Jugendlichen der rechten Szene ermordet – sie ist das zweite Todesopfer rechter Gewalt in Thüringen nach 1990.

---

[16] Hintergrund. Furcht vor Neuauflage der Demonstration. Saalfelder Landrat wendet sich mit einem eindringlichen Appell an alle demokratischen Parteien, in: Thüringische Landeszeitung, 23.10.1997.

[17] Ebd.

[18] Vgl. o. A. (1998): Saalfeld die 2. Antifaschismus lässt sich nicht verbieten!, in: Was Lefft, o. Jg., H. 169, www.fen-net.de/was-lefft (Stand: 29.3.2012).

[19] Bündnis gegen Rechts Leipzig (1997): Saalfeld. Ein Stück deutscher Normalität II., in: CEE IEH, o. Jg., H. 38, www.conne-island.de/nf (Stand: 29.3.2012).

Kai Bekos/Annette Rudolph

Auf dem rechten Auge blind

Positionierungen von Politikern der Thüringer CDU und FDP zum Neonazismus 1996-2011

Seit 1990 hat sich der Thüringer Landtag regelmäßig in Plenardebatten und mit parlamentarischen Initiativen mit Neonazismus, der extremen Rechten und der Gefahr eines im Freistaat entstehenden Rechtsterrorismus befasst. Die Fraktion DIE LINKE und die frühere PDS-Fraktion wurden immer wieder bezichtigt, die Gefahr von rechts künstlich überhöht darzustellen, um sich politisch mit diesem Thema zu profilieren. Vor allem von Seiten der CDU-Fraktion, aber auch durch die Landesregierungen und die FDP, wurde stets verharmlost und kräftig die Extremismus-Keule geschwungen, um antifaschistisches Engagement zu diskreditieren. Die folgenden Zitate aus Landtagsdebatten der letzten 15 Jahre geben exemplarisch Aufschluss darüber, wie die braune Gefahr in Thüringen in grober Weise verkannt und verzerrt wurde.[1]

- »Sie sind eine Partei mit einer extremistischen, terroristischen Vergangenheit. Und Sie sind auch eine Partei mit einer extremistischen und terroristischen Gegenwart und Zukunft.« (Willibald Böck, ehemaliger Vorsitzender der CDU Thüringen und Innenminister von Thüringen (1990-1992) sowie Abgeordneter des Thüringer Landtages (1990-2004), in einer Rede anlässlich einer Anfrage der PDS-Fraktion zum Thema Rechtsextremismus, 21. Juni 1996)
- »Worauf ich allerdings noch einmal ausdrücklich hinweisen möchte, Thüringen ist, Gott sei Dank, kein Aufmarschgebiet von Rechtsextremisten. Ich glaube, dass wir das zumindest heute hier festhalten sollten, und das soll auch die Botschaft sein, die ins Land hinausgeht, wir wollen es nicht herbeireden (...).« (Wolfgang Fiedler, Abgeord-

[1] Alle Reden aus dem Thüringer Landtag seit 1990 sind online in der Parlamentsdokumentation nachzulesen: www.parldok.thueringen.de/parldok/

neter seit 1990 und Innenpolitischer Sprecher der CDU-Fraktion im Landtag, 16. März 2000)

- »(...) wir müssen auch in der Hitze der Debatte immer wieder deutlich sagen, ja, Rechtsextremismus, das gibt es auch in Thüringen. Diese Erscheinungen werden von uns in aller Härte und Konsequenz bekämpft, aber das ist nicht Thüringen. Thüringen ist nach wie vor kein bevorzugtes Aufmarschgebiet für Rechtsextremisten.« (Christian Köckert, ehemaliger Vorsitzender der CDU-Fraktion im Landtag und Innenminister von Thüringen (1999-2002), 14. September 2000)
- »Meine sehr geehrten Damen und Herren, dem Verfassungsschutz ist durch die reichlich überzogene Diskussion der letzten Tage in der Tat Schaden zugefügt worden – von Ihnen, der PDS und von Ihresgleichen (...). Ich bin neben dem Präsidenten auch den Mitarbeitern des Landesamts dankbar, dass sie sich in Wahrnehmung ihrer Aufgaben nicht beirren lassen, sondern ihren Aufgaben, ihrem Auftrag, unser demokratisches Staatswesen zu schützen, unbeirrt nachgehen. Ich danke auch der Mehrheit dieses Hauses, dass sie zu diesem Landesamt steht. Herzlichen Dank.« (Christian Köckert, 17. Mai 2001)
- »Die These, die V-Mann-Tätigkeit des Tino Brandt könne den Verbotsantrag gefährden, ist von der PDS nicht einmal plausibel begründet. Denkbar wären solche Auswirkungen nur, wenn sich die Verbotsanträge auf Aktionen und Äußerungen stützen, zu denen ein V-Mann vom Verfassungsschutz angestiftet wurde.« (Christian Köckert, 14. Juni 2001)
- »Es spricht manches dafür, in den Spielarten des Extremismus verfeindete Geschwister zu sehen, die mehr verbindet, als beiden vielleicht lieb ist. (...) es gibt auch heute erhebliche inhaltliche Schnittmengen zwischen den verfassungsfeindlichen extremistischen Positionen der NPD auf der rechten Seite und denen von Teilen der Linken auf der ganz linken Außenseite.« (Christian Carius, CDU-Abgeordneter im Landtag und seit 2009 Thüringer Minister für Bau, Landesentwicklung und Verkehr, 13. Juli 2007)
- »Sie sollten sich schon so viel Zeit nehmen, von Rechtsextremismus und von Linksextremismus zu sprechen. Das Linksextremismus, das geht Ihnen sowieso nicht über die Lippen, das weiß ich, aber Sie sollten das immer schön sagen. Dieses Verklären, das wird Ihnen nicht

gelingen und wir werden auch entsprechend darauf immer wieder zurückkommen. Meine sehr verehrten Damen und Herren, meine Kollegen haben ja die anderen Dinge dargelegt. Ich glaube, gemeinsam sollten wir Rechtsextremismus, Linksextremismus und Extremismus insgesamt bekämpfen durch das Hohe Haus. Aber wir sollten nicht voreilig zu Schnellschüssen kommen, die dann am Ende vielleicht noch zur Stärkung von diesen Truppenteilen genutzt wird.« (Wolfgang Fiedler, 13. Juli 2007)

- »Deswegen, meine sehr verehrten Damen und Herren, deswegen, Frau Ministerin, rufe ich Sie auf, bei der Durchführung und bei der Umsetzung dieses Programms alle Kräfte mit zu bündeln, die antifaschistisch sind, aber eben auch antikommunistisch. Das gehört zum vollständigen, zum kompletten Bild dazu.« (Uwe Barth, Vorsitzender der FDP-Fraktion im Landtag, über das Landesprogramm gegen Rechtsextremismus, 27. Januar 2011)
- »Die Einzigen, die versuchen zu kriminalisieren und zu denunzieren, sind der VVN-BdA und dagegen müssen sich auch aufrechte Demokraten wehren können. (...) Unter dem Deckmantel der Extremismusbekämpfung wird hier gegen Demokraten agiert. Nur weil sich die Ausstellung gegen Rechtsextremismus wendet, ist sie noch lange nicht demokratisch.« (Mario Voigt, CDU-Abgeordneter, im Rahmen einer Aktuellen Stunde anlässlich der Beschlagnahme einzelner Tafeln der Ausstellung »Neofaschismus in Deutschland« der Vereinigung der Verfolgten des Naziregimes – Bund des AntifaschistInnen (VVN-BdA) im Suhler Rathaus durch die Staatsanwaltschaft, 25. März 2011)
- »(...) ist es durchaus interessant, dass in dem Thüringen-Monitor nicht abgefragt wurde, wie es sich denn mit dem Extremismus auf der anderen Seite verhält, der links oder auch religiös motiviert ist. Hier ist bedauerlicherweise der Thüringen-Monitor genauso blind wie das Landesprogramm.« (Uwe Barth, Vorsitzender der FDP-Fraktion im Landtag, 13. Oktober 2011)

Steffen Dittes/Martina Renner

Parlamentarische Untersuchung im Thüringer Landtag – Eine Einschätzung

Nach der erstmaligen gemeinsamen Sitzung des Innenausschusses und des Justizausschusses des Thüringer Landtages am 10. Januar 2012 war die Entscheidung zur Einsetzung eines Untersuchungsausschusses faktisch unausweichlich. DIE LINKE stellte nach der Beratung fest, dass die bisher in Anspruch genommenen parlamentarischen Kontrollrechte an ihre Grenzen geraten seien und dem berechtigten Anliegen von Parlament und Öffentlichkeit nach rückhaltloser Aufklärung nicht mehr Rechnung getragen werden könne. In der Sitzung verweigerten die anwesenden Minister größtenteils Antworten auf Fragen zum Themenkomplex des rechtsterroristischen Nationalsozialistischen Untergrunds (NSU) und dem offenkundigen Versagen der Thüringer Sicherheitsbehörden. Dies geschah unter Bezugnahme auf eine angebliche »Weisung« durch den Generalbundesanwalt, der zufolge untersagt sei, den parlamentarischen Gremien über die den Sicherheitsbehörden vorliegenden Kenntnisse zum Zeitraum ab Januar 1998 im Zusammenhang mit den Straftaten des Neonazi-Netzes und den Ermittlungen der Sicherheitsbehörden durch die Landesregierung Auskunft zu geben. Selbst die in den vergangenen Sitzungen der Parlamentsausschüsse praktizierte Herstellung der Vertraulichkeit würde an der fehlenden Bereitschaft zur Informationsübermittlung nichts ändern. Ein von der Landtagsverwaltung im Auftrag des Innenausschusses erstelltes Gutachten zum Umfang der Auskunftsrechte von Mitgliedern des Innenausschusses und die darin getroffene Feststellung, dass der Generalbundesanwalt nicht berechtigt sei, die aus der Verfassung abgeleitete parlamentarische Kontrollfunktion des Thüringer Landtages zu beschränken, wurde von der Regierung ignoriert. Für die Landesregierung führte Innenminister Jörg Geibert (CDU) in der Sitzung und im Nachgang öffentlich aus, dass durch die Landesregierung die Einsetzung eines Untersuchungsausschusses durch den Landtag begrüßt werde und sie die Arbeit des Untersuchungsausschusses unterstützen werde. Dieses ungewöhnliche Verhältnis einer Landesregierung gegenüber einem sich auf die Aufklärung exekutiven Fehlhandelns gerichteten Untersuchungsausschuss setzte sich in der Debatte des Landtages über den Einsetzungsbeschluss am 26. Januar 2012 fort. Im Kern eine ureigenste parlamentarische Angelegenheit, kommentierte Geibert dessen Entscheidung: »Mit der Einsetzung eines Untersuchungsausschusses wird der Landtag nunmehr selbst aktiv und hat so die Möglichkeit, gewissermaßen als Herr eines eigenen Ermittlungsverfahrens sich ein einheitliches Bild über die Geschehnisse im Rahmen eines justizähnlich ausgestalteten Beweisverfahrens zu verschaffen.«[1] Geiberts wertende Darstellung verkennt, dass der Landtag und insbesondere die parlamentarischen Gremien bemüht waren, Licht ins Dunkel der Geschehnisse zu bringen und insbesondere die Rolle der Sicherheitsbehörden und des Thüringer Landesamtes für den Verfassungsschutz (TLfV) aufzuklären. In fünf Sitzungen des Innenausschusses, drei Sitzungen des Justizausschusses und einer unbekannten Anzahl von Zusammenkünften der geheim tagenden Parlamentarischen Kontrollkommission (PKK) stellten die Abgeordneten Fragen und erhielten unzureichende, teils auch widersprüchliche Antworten. Zudem wurde auf Antrag der Landesregierung die Vertraulichkeit der Sitzungen hergestellt. Dies hatte zur Folge, dass zwar die Landesregierung mit einer unbestimmten Anzahl von Bediensteten der parlamentarischen Beratung beiwohnen darf, MitarbeiterInnen der Fraktionen aber die Sitzung verlassen mussten. Die von den Sitzungen angefertigten Protokolle sind nur in den Räumen der Landtagsverwaltung durch Abgeordnete einsehbar, die selbst an der Sitzung teilgenommen haben. Sowohl die Informationsfülle als auch das von der Landesregierung dem Parlament aufgedrängte Verfahren widersprach dem von der Ministerpräsidentin Thüringens Christine Lieberknecht (CDU) in ihrer Regierungserklärung am 16. November 2011 postulierten Anspruch der Landesregierung: »Natürlich muss man sich vor vorschnellen und einseitigen Schuldzuweisungen gegenüber Polizei, Staatsanwaltschaft und Verfassungsschutz

---

[1] Thüringer Landtag (2012): Plenarprotokoll 5/76, 26.1.2012; die zitierten Drucksachen und Plenarprotokolle des Thüringer Landtages sind online abrufbar, www.parldok.thueringen.de/parldok.

hüten, aber es tun sich viele Fragen auf und diese Fragen müssen beantwortet werden – vollständig, schonungslos und transparent.«[2]

Parlamentarische Gremien

»Aufgrund der aktuellen Ereignisse beabsichtigte ich die Mitglieder des Innenausschusses am 11. November 2011 über folgendes Thema zu unterrichten: Sparkassenüberfall in Eisenach und Wohnmobilbrand in Stregda/Eisenach«,[3] lautete die schlichte Mitteilung des Thüringer Innenministers am 8. November 2011 an die Präsidentin des Thüringer Landtages. Am selben Tag wurde bekannt, dass in dem am 4. November 2011 in Eisenach ausgebrannten Wohnmobil die bei einem Mord an einer 22-jährigen Polizistin im Jahr 2007 in Heilbronn entwendeten Polizeiwaffen sichergestellt wurden. Der Eisenacher Banküberfall nahm eine dramatische Wendung. In einer Pressemitteilung teilte DIE LINKE im Thüringer Landtag mit, dass es sich nach ihr vorliegenden Informationen bei den beiden Toten um die im Januar 1998 untergetauchten Neonazis Uwe Mundlos und Uwe Böhnhardt handelte und diese sich zusammen mit der ebenfalls untergetauchten Beate Zschäpe zuvor jahrelang in Zwickau aufgehalten hatten. Vor dem Hintergrund der bekannten Tatsache, dass die drei Neonazis im Januar 1998 quasi unter den Augen der Polizei und des TlfV unbemerkt untertauchen konnten, drängte sich die Frage nach der Rolle der Thüringer Sicherheitsbehörden und der Wirksamkeit der eingeleiteten Fahndungsmaßnahmen auf. Am 10. November 2011 wurde erstmalig eine Verstrickung der Geheimdienste mit Berufung auf erfahrene Polizisten öffentlich diskutiert.[4] Den Ermittlern und Fahndern des Thüringer Landeskriminalamtes muss wohl die mehrjährige Erfolglosigkeit bei der im Jahr 1998 begonnenen Zielfahndung nur dadurch erklärbar gewesen sein, dass die Gesuchten zumindest zeitweise durch einen mit den entsprechenden Kompetenzen und

---

[2] Thüringer Landtag (2011): Plenarprotokoll 5/69, 16.11.2011.

[3] Thüringer Landtag (2011): Vorlage 5/1810, 8.11.2011.

[4] Vgl. Thüringische Landeszeitung (2011): Hatte Geheimdienst die Finger im Spiel?, 10.11.2011.

Möglichkeiten ausgestatteten Dienst gedeckt wurden. Einen Tag später sprach die Zeitung sogar von einem »unangenehmen Mitmischen der Geheimdienste in diesem Fall«.[5] Die Landesregierung kam nun um eine Erklärung nicht mehr herum. Diese sollte am 11. November gegenüber dem Innenausschuss erfolgen. Noch bevor der Innenminister seinen Bericht begann, überschlugen sich die Meldungen. Erst berichteten die Medien über ein in der Wohnung aufgefundenes Waffenarsenal, dann verbreitete sich die Meldung, dass in Zwickau die Tatwaffe gefunden worden war, mit der im Zeitraum 2001 bis 2007 neun MigrantInnen in der Bundesrepublik ermordet worden waren. Innenminister Geibert räumte ein, dass eigentlich beabsichtigt war, den Ausschuss über den »spektakulären Fall des Sparkassenüberfalls« zu informieren. Der Fall drohe nunmehr Dimensionen anzunehmen, die alles Bisherige der Thüringer Kriminalgeschichte seit 1990 in den Schatten stellten. Er teilte den Parlamentariern mit, dass sowohl das Landeskriminalamt (LKA) als auch das TlfV gebeten wurden, sämtliche Unterlagen nochmals auszuwerten. Zu einer im Raum stehenden Beteiligung insbesondere des Verfassungsschutzes teilte er mit, dass beteiligte MitarbeiterInnen des Geheimdienstes zur Abgabe einer dienstlichen Erklärung aufgefordert wurden, dass keiner der drei Neonazis als Quelle geführt wurde und das Landesamt auch in keiner sonstigen Verbindung mit den Verdächtigen stand, diese beim Untertauchen nicht unterstützt oder den Aufenthaltsort gekannt habe. Dennoch blieben viele Fragen offen, die die Landesregierung durch eine namhaft besetzte und unabhängige Kommission untersuchen lassen wolle.

DIE LINKE und BÜNDNIS90/DIE GRÜNEN beantragten keine Woche später die Einberufung einer Sondersitzung und reichten eine weitere Vorlage ein: »Warum scheiterte eine Festnahme der gesuchten Uwe B., Uwe M. und Beate Z. durch die Thüringer Polizei, nachdem diese durch Zielfahnder aufgespürt wurden?«[6] Anlass war eine Mitteilung des MDR vom 15. November 2011, wonach Zielfahnder des Landeskriminalamtes die damals mit internationalem Haftbefehl gesuchten drei Neonazis in

---

[5] Thüringische Landeszeitung (2011): Half jemand den Bombenbauern?, 11.11.2011.

[6] Thüringer Landtag (2011): Vorlage 5/1888, 17.11.2011.

Chemnitz aufgespürt hatten, ohne dass ein Zugriff oder eine Festnahme erfolgte. Die Sitzung fand umgehend am 18. November 2011 statt und die Landesregierung berichtete in vertraulicher Sitzung über ihr vorliegende Erkenntnisse.

Parallel zum Innenausschuss beschäftigte sich auf Grundlage eines Antrages der Fraktion DIE LINKE auch der Justizausschuss mit einem möglichen Versagen der Justizbehörden. Anlass hierfür war die nicht erfolgte Festnahme am 26. Januar 1998 während der Durchsuchungen von Garagen und Wohnungen der Beschuldigten im Zusammenhang mit der nicht angeordneten Vollstreckung einer im Herbst 1997 rechtskräftig gewordenen Haftstrafe gegen Böhnhardt und die Feststellung des Verjährungseintritts im Jahr 2003. Auch der Justizausschuss sollte fortan in vertraulicher Sitzung beraten, eine transparente und öffentliche Aufklärung und vor allem die Beantwortung der zahlreichen Fragen waren damit obsolet. Oftmals wiederholte der Innenminister in seinen Berichten das, was durch investigativ arbeitende JournalistInnen längst veröffentlicht worden war. Andere Informationen waren noch nicht verifiziert und mussten später korrigiert werden. Andere wiederum stützten sich auf damalige Akten, die im Widerspruch zu zwischenzeitlich erlangten Kenntnissen stehen.

Kurzum: Die parlamentarische Aufklärung gestaltete sich schwierig und zunehmend drang der Ruf nach einem parlamentarischen Untersuchungsausschuss in die Öffentlichkeit. Dieser Ruf wurde auch durch vermehrt kritische Meinungsäußerungen aus den Reihen der Koalitionsfraktionen verstärkt. Parlamentarier, die Mitglieder der PKK waren und an den vertraulichen Sitzungen des Innen- und des Justizausschusses teilnahmen, monierten, dass je nach Urheber der Information der Informationsgegenstand variierte. Der Präsident des Thüringer TlfV informierte die Parlamentarier anders als der Innenminister und dieser wieder anders als der Justizminister. Zwischenzeitlich gelangten tagtäglich neue Informationen über Geldzuwendungen des Verfassungsschutzes, Fahndungspannen und Beteiligung anderer Geheimdienste des Bundes und eines sehr viel größeren neonazistischen Terrornetzes an die Öffentlichkeit.

Schäfer-Kommission

Der Landesregierung war angesichts des offenkundigen Versagens der Sicherheitsbehörden und der sich daran anschließenden Fragen nach den Ursachen von Beginn an bewusst, dass sie sich einem eigenen Aufklärungsbeitrag nicht entziehen konnte. Die Ankündigung des Innenministers am 11. November 2011, eine eigene unabhängige Untersuchungskommission einzurichten, wurde am 15. November konkretisiert. Als deren Leiter wurde der ehemalige Bundesrichter Dr. Gerhard Schäfer berufen. Er war zwischen 1996 und 2002 Vorsitzender Richter des 1. Strafsenats am Bundesgerichtshof und bereits in zwei Fällen als Sachverständiger des Parlamentarischen Kontrollgremiums des Bundes berufen worden. In beiden Fällen waren Vorwürfe gegenüber dem Auslandsgeheimdienst BND Gegenstand. Neben Schäfer gehören der Kommission der ehemalige Bundesanwalt und ständige Vertreter des Generalbundesanwaltes Volkhard Wache und Gerhard Meiborg, Abteilungsleiter im rheinland-pfälzischen Justizministerium der Kommission an; beide nahmen am 23. November 2011 ihre Arbeit auf. In Vorbereitung ihrer Untersuchungstätigkeit tauschten sich die Mitglieder der Kommission in mehreren Gesprächen auch mit den Fraktionsvorsitzenden im Thüringer Landtag aus, um Einvernehmen über Untersuchungsgegenstand und -tiefe herzustellen.

Die Kommission erhielt Unterlagen des LKA sowie des TLfV und wurde unterstützt durch Richter und Staatsanwälte. Doch bevor die eigentliche Arbeit durch die Kommissionsmitglieder begann und diese Einblick in die teilweise vertraulichen und geheimen Dokumente nehmen konnten, mussten sie sich einer Sicherheitsüberprüfung unterziehen. Diese wurde durch den Thüringer Verfassungsschutz vollzogen – eben jene Behörde, die selbst im Mittelpunkt der Untersuchungen steht. Die Kommission stellte am 9. Januar 2012 in einer Pressekonferenz erste Ergebnisse vor. Die Information war erkennbar dem Medieninteresse geschuldet und weniger dem bereits öffentlich verwertbaren Ergebnisstand der Kommission. Schäfer stellte vor allem die Zusammenarbeit zwischen LKA und TLfV bei den Durchsuchungen im Januar 1998 und den vorausgegangenen Observationsmaßnahmen dar. Darin bezeichnete er nach ersten Erkenntnissen einen als »VS-VERTRAULICH« eingestuften Bericht des TLfV als mitursächlich für die Nichtausstellung eines Haftbefehls, der ein Untertauchen Böhnhardts hätte verhindern können. Die nächste Information über die Arbeit der Kommission gelangte am 6. März 2012 an die Öffentlichkeit. Danach sollte der langjährige Informant des TlfV und gleichzeitige Führungskader des Thüringer Heimatschutzes (THS) und der NPD, Tino Brandt, vor der Kommission aussagen. Zu welchen Fragen, ist nicht bekannt.

Ob die Schäfer-Kommission einen Beitrag zu einer transparenten und vor allem öffentlichen Aufklärung leisten kann, bleibt vorerst offen. Geibert kündigte an, den Bericht zunächst dem Generalbundesanwalt vorzulegen und danach über die Veröffentlichung zu befinden. Wenngleich die Einsetzung der Kommission durch die Fraktionen im Landtag begrüßt wurde, verwiesen unisono Abgeordnete aller Fraktionen darauf, dass eine eigene parlamentarische Aufklärung als ureigenste Aufgabe legislativer Verantwortung dadurch nicht überflüssig geworden ist.

Untersuchungsausschuss

Noch in der Debatte über den gemeinsamen Antrag aller Fraktionen zur Einsetzung eines Untersuchungsausschusses am 26. Januar 2012 waren Bedenken zu vernehmen. Für die FDP fasste deren parlamentarischer Geschäftsführer Dirk Bergner zusammen: »Denn am Ende (...) werden wir alle gemeinsam am Ergebnis gemessen. Deswegen bleibt bei uns auch ein bisschen die Skepsis, ob wir im Augenblick den richtigen Zeitpunkt erwischen, wenn wir sehen, wie viele andere Gremien im Augenblick auch damit befasst sind. (...) Es ist nicht hilfreich, wenn sich die Aufklärer gegenseitig auf den Füßen stehen und wenn ein Wettrennen um die Akten und die Zeugen stattfindet.«[7]

Unstrittig war jedoch für alle Fraktionen, dass der Landtag mit der Einsetzung des Untersuchungsausschusses[8] seiner parlamentarischen

---

[7] Thüringer Landtag (2012): Plenarprotokoll 5/76, 26. 1.2012.

[8] Vollständiger Titel: »Mögliches Fehlverhalten der Thüringer Sicherheits- und Justizbehörden, einschließlich der zuständigen Ministerien unter Einschluss der politischen Leitungen, sowie der mit den Sicherheitsbehörden zusammenarbeitenden Personen (so genannte menschliche Quellen) im Zusammenhang mit Akti-

Verantwortung nachkommt, Vorwürfe an die Landesregierung und an die Sicherheitsbehörden mit den ihm zustehenden Rechten zu untersuchen und aufzuklären. Einig sind sich die Fraktionen aber auch darüber, dass »viel beschworene Aufklärung (...) nicht länger hinter verschlossenen Türen stattfindet«,[9] so die Vorsitzende des Untersuchungsausschusses Dorothea Marx (SPD) in der Debatte.

Der Untersuchungsgegenstand umfasst einerseits die Aufklärung darüber, »ob und in welchem Umfang die Gefahr der Bildung militanter rechtsextremer Strukturen in Thüringen durch die Landesregierung falsch eingeschätzt wurde und somit deren Herausbildung begünstigt wurde und ob und in welchem Maße Thüringer Sicherheitsbehörden an Gründung und Aufbau sowie der Unterstützung rechtsextremer Strukturen in Thüringen, beispielsweise der ›Anti-Antifa Ostthüringen‹ als Vorläufer des THS, durch den Einsatz von Vertrauenspersonen (›V-Personen‹) und verdeckten Ermittlern beteiligt waren, diese beförderten oder durch Unterlassen geeigneter Maßnahmen duldeten und eingesetzte V-Personen und verdeckte Ermittler an der Durchführung oder Vorbereitung von Straftaten sowie Aktivitäten, die sich gegen das Grundgesetz richteten, beteiligt waren oder diese begünstigten«.[10] Andererseits soll der Untersuchungsausschuss am Ende seiner Arbeit »gleichfalls Schlussfolgerungen aus den Untersuchungsergebnissen für zukünftige Maßnahmen zur Stärkung der demokratischen Zivilgesellschaft und der Prävention von Rechtsextremismus, die künftige Bekämpfung des Rechtsextremismus, für eine verbesserte demokratische und parlamentarische Kontrolle der handelnden Behörden, für eine notwendige Neuorganisation der Sicherheitsbehörden in Thüringen unter Beachtung bestehender verfassungsrechtlicher Grenzen, einschließlich der Änderung gesetzlicher Regelungen und für die Verbesserung der Lage der tatsächlichen und potentiellen Opfer rechtsextremer und rassistischer

vitäten rechtsextremer Strukturen, insbesondere des ›Nationalsozialistischen Untergrunds‹ (NSU) und des ›Thüringer Heimatschutzes‹ (THS) und seiner Mitglieder sowie mögliche Fehler der Thüringer Sicherheits- und Justizbehörden bei der Aufklärung und Verfolgung der dem NSU und ihm verbundener Netzwerke zugerechneten Straftaten«; Thüringer Landtag (2012): Drs. 5/3902, 18.1.2012.

[9] Thüringer Landtag (2012): Plenarprotokoll 5/76, 26.1.2012.

[10] Thüringer Landtag (2012): Drs. 5/3902, 18.1.2012.

Gewalt vorschlagen«.[11] Dazwischen wird in acht weiteren Punkten beschrieben, welches mögliche Fehlverhalten und Zutun auf Seiten der Sicherheitsbehörden untersucht werden solle, infolgedessen drei gesuchte Neonazis unauffindbar untertauchen, unbemerkt sich verbrecherische Netzwerke bildeten und eine unvorstellbare Verbrechensserie begehen konnten.

Den ersten Paukenschlag leistete sich der Untersuchungsausschuss, als er neben einer Vielzahl von Aktenbeiziehungsbeschlüssen auch einstimmig entschied, die Hauptbeschuldigte Beate Zschäpe vorzuladen. Die öffentlichen Reaktionen auf den von der Vorsitzenden des Ausschusses eingereichten Beweisantrag waren einhellig skeptisch. In einer gemeinsamen Beratung von VertreterInnen des Thüringer und Bundestagsuntersuchungsausschusses am 1. März 2012 in Berlin machten Bundestagsabgeordnete aller Fraktionen Probleme, rechtliche Grenzen und ungewollte Nebenwirkungen einer solchen Vernehmung deutlich. Durch Zschäpes Anwalt wurde Anfang März schließlich mitgeteilt, dass sie ihr umfassendes Aussageverweigerungsrecht gegenüber dem Gremium wahrnehmen werde. Die Vorladung wurde daraufhin zurückgezogen und der Untersuchungsausschuss begann in seiner Sitzung am 12. März 2012 schließlich mit der längst überfälligen Strukturierung seiner Arbeit. Neben der Bildung von fünf Themenkomplexen und einer chronologischen Aufarbeitung wurde die Anhörung von Sachverständigen aus Wissenschaft und Zivilgesellschaft beschlossen. Bemerkenswert ist, dass durch die CDU lediglich zwei Vorschläge für Anzuhörende unterbreitet wurden und diese nur schwerlich als Sachverständige infrage kommen. Erstens Eckard Jesse, ein glühender Anhänger der Totalitarismusthese, der in der politischen Linken eine größere Gefahr als im Neonazismus sieht und sich durch Äußerungen im Zusammenhang mit dem NSU eher als nicht-sachverständig erwies.[12] Zweitens der langjährige Mitarbeiter des Bundesamtes für Verfassungsschutz Rudolf van Hüllen. Er war dort u.a. in der Abteilung 3 Linksextremismus/Linkster-

[11] Ebd.

[12] Vgl. den Beitrag »Der ›Experte‹« von Paul Wellsow und Sören Frerks in diesem Buch.

rorismus tätig und ist Autor der Studie »›DIE LINKE‹ stellen«[13] von der Konrad-Adenauer-Stiftung. Ingesamt wird der Untersuchungsausschuss mehr als 20 tatsächlich Sachverständige hören, die sowohl zu soziologischen und politischen Hintergründen als auch zur sich in den 1990er Jahren in Thüringen darstellenden Situation bei der Entwicklung militanter Neonazi-Strukturen aussagen sollen. Dabei wird auch der Frage nachgegangen, ob die Gefahr der Herausbildung derartiger Strukturen durch Verantwortliche in Politik und Behörden falsch eingeschätzt und somit deren Herausbildung und Verfestigung begünstigt wurde.

Die parlamentarischen Untersuchungsgremien haben ihre Arbeit begonnen. Doch kritische Stimmen bleiben. Zu groß ist die Skepsis gegenüber der Aufklärungsbereitschaft der Behörden; zu groß deren vermutete Beteiligung, die dazu führen könnte, dass die Untersuchungsausschüsse feststellen müssen, dass Details und Verantwortlichkeiten ungeklärt bleiben. Als hinderlich hat sich das spezialgesetzliche Recht für die Untersuchungsausschüsse in Thüringen erwiesen. Selbst Mitglieder der Koalitionsfraktionen mussten feststellen, dass das Thüringer Untersuchungsausschussgesetz rückständig ist und im Vergleich mit Bundesrecht hinten ansteht. Einem zeitgleich durch DIE LINKE dem Landtag vorgelegten Novellierungsvorschlag fehlt es bisher an einer Mehrheit. Auf eigene Vorschläge zur Verbesserung der Untersuchungsmöglichkeiten verzichten CDU und SPD. Damit bleibt fraglich, ob die am 1. März 2012 gefassten Festlegungen zum wechselseitigen Besuchsrecht und dem vollständigen Austausch von Protokollen auf den Weg kommen. Wenn die Novellierung des Thüringer Gesetzes an der Koalitionsdisziplin scheitert, wäre dies vielleicht noch verschmerzbar. Nicht hinnehmbar wäre hingegen ein Kalkül, den Untersuchungsausschuss als stumpfes Schwert bis zum Ende der Legislaturperiode arbeiten zu lassen.

---

[13] Hüllen, Rudolf van (2009): »Die Linke« Stellen. Handreichungen zur politischen Auseinandersetzung. Sankt Augustin/Berlin: o. V.

Kerstin Köditz

Wo kein Wille ist, ist doch ein Weg

Der lange Weg zum Untersuchungsausschuss in Sachsen

Es soll Menschen geben, die den sächsischen Innenminister Markus Ulbig (CDU) für einen klugen und tatkräftigen Mann halten. Ich will diese Ansicht nicht kommentieren. Auf jeden Fall ist er ein Freund markiger Worte. »Es müsse dringend geklärt werden, wieso die Täter jahrelang Morde verüben konnten und dabei unentdeckt geblieben sind«,[1] erklärte er in notwendiger Deutlichkeit. Das war am 8. Februar 2012 nach einem Treffen von Innen- und Justizpolitikern in Berlin. Der Tod von Uwe Mundlos und Uwe Böhnhardt am 4. November 2011 sowie die Sprengung des Wohnhauses in Zwickau am gleichen Tag lagen zu diesem Zeitpunkt drei Monate zurück. Eine späte, sehr späte Erkenntnis also. Besser spät als nie. Wirklich?

Zweifel sind in diesem Fall nicht nur angebracht, sondern nötig. Ulbig betonte nämlich umgehend, die Spur des Trios ziehe sich durch die gesamte Bundesrepublik. Die Aufklärung dürfe daher nicht an Ländergrenzen haltmachen. Die einzelnen Bundesländer könnten für ein Gesamtbild nur Mosaiksteinchen liefern. Deshalb sei die kurz vor seinen Äußerungen eingesetzte Bund-Länder-Expertenkommission der einzig richtige Weg zur Aufarbeitung des Terrors des Nationalsozialistischen Untergrundes (NSU). Das Gesamtbild könne jetzt endlich umfassend untersucht werden. Diese Kommission habe die Staatsregierung von Anfang an gewollt.

Eine bösartige Unterstellung sei die Kritik der demokratischen Opposition im Landtag, die den Aufklärungswillen der Staatsregierung anzweifelt. Vielmehr habe diese »von Beginn an für ›größte Transparenz‹ gesorgt«. Den zuständigen Gremien, nämlich der Parlamentarischen

[1] Dapd (2012): Ulbig begrüßt Expertenkommission zu Terrorzelle, in: Freie Presse, 8.2.2012, www.freiepresse.de (Stand: 29.3.2012).

Kontrollkommission und dem Innenausschuss, sei regelmäßig und umfassend über die sächsischen Erkenntnisse Bericht erstattet worden.

Nun, ich gehöre beiden Gremien an. Über das, was in der Parlamentarischen Kontrollkommission (PKK) besprochen worden ist, darf ich nichts sagen, da die Mitglieder zur Verschwiegenheit verpflichtet sind. Das Gremium hat zwar häufig getagt, ich habe aber den begründeten Eindruck, dass die fünf Mitglieder keineswegs umfassend informiert worden sind. Eigentlich bestand die Mehrzahl der Informationen lediglich in dem Hinweis, dass das Landesamt für Verfassungsschutz Sachsen (LfVS) über die gewünschten Informationen nicht verfüge. Um den Zugang zu bestimmten Dokumenten mussten wir noch kämpfen, als wesentliche Auszüge daraus bereits in den Medien veröffentlicht waren. Danach war es uns lediglich möglich, diese im Geheimschutzraum des Landtags einzusehen. Von der Existenz anderer brisanter Dokumente erfuhren wir ebenfalls oftmals erst aus den Medien.

Das gilt zum Beispiel für das mit »VS – Nur für den Dienstgebrauch«[2] gestempelte 50-seitige Papier des Bundesamtes für Verfassungsschutz (BfV) mit dem Titel »Gefahr eines bewaffneten Kampfes deutscher Rechtsextremisten – Entwicklungen von 1997 bis Mitte 2004«.[3] Darin werden auf über 40 Seiten Funde von Waffen und Sprengstoffen in der Bundesrepublik sowie als rechtsterroristisch eingestufte Aktivitäten aufgelistet. Doch dann kommen die Autoren zu dem überraschenden Schluss: »Für einen planmäßigen Kampf aus der Illegalität heraus (...) mangelt es an einer auf die aktuelle Situation in Deutschland bezogenen Strategie zur gewaltsamen Überwindung des ›Systems‹. Es fehlen geeignete Führungspersonen, Logistik und finanzielle Mittel. Ungeachtet der Tatsache, dass es den ›Bombenbastlern von Jena‹ jahrelang gelungen war, sich ihrer Verhaftung zu entziehen, gibt es keine wirkungsvolle Unterstützerszene, um einen nachhaltigen Kampf aus dem Untergrund heraus führen zu können.«[4]

---

[2] Bundesamt für Verfassungsschutz (2004): Gefahr eines bewaffneten Kampfes deutscher Rechtsextremisten – Entwicklungen von 1997 bis Mitte 2004, BfV Spezial Rechtsextremismus Nr. 21, Köln: o.V.

[3] Ebd.

[4] Ebd.

Eine Fehleinschätzung – eine gravierende sogar, wie wir heute wissen. Die »Bombenbastler von Jena«, wie sie beim Bundesamt heißen, oder das »Thüringer Terror-Trio«, so die sächsische Version, oder die »Zwickauer Zelle«, so vorzugsweise in Thüringen, hatte durchaus eine »wirkungsvolle Unterstützerszene«. Sie ermöglichte über ein Jahrzehnt das Leben im Untergrund und sorgte dafür, dass die Mordserie begangen werden konnte. Für Transparenz spricht es jedenfalls nicht, wenn eine Kontrollkommission zur Kontrolle nur diejenigen Dinge erhält, die die zu Kontrollierenden für ungefährlich und unverfänglich halten. Vor allem aber ist Transparenz dann ausgeschlossen, wenn die erhaltenen Informationen geheim sind.

Bleibt der Innenausschuss. Dieser ist nicht geheim, er ist lediglich nicht-öffentlich. Es gibt die Zusage des Ministers, im Ausschuss regelmäßig über neue Entwicklungen bei der Aufklärung des Tatkomplexes NSU zu informieren. Im März 2012 bestand diese Information darin, dass der Innenminister nichts zu der Meldung des MDR-Magazins Fakt sagen könne, das von zwei weiteren Unterstützern des NSU im Raum Chemnitz berichtete. Es handele sich um ein laufendes Ermittlungsverfahren. Ergänzend fügte er hinzu, der Mord an einem Migranten in Döbeln im Herbst 2011 habe nichts mit dem NSU zu tun. Wenn Parlamentarier regelmäßig durch die Medien besser über neue Erkenntnisse und den jeweils aktuellen Sachstand informiert werden als durch das zuständige Ministerium, dann darf der Aufklärungswille dieses Ministeriums bezweifelt werden.

Ein weiteres Beispiel gefällig? DIE LINKE im Sächsischen Landtag hatte einen Antrag »Unterbindung des Wirkens von Strukturen von ›Blood & Honour‹ und der ›Hammerskin Nation‹ in Sachsen sowie deren Unterstützernetzwerke«[5] eingebracht und eine Stellungnahme der Staatsregierung dazu gefordert. Hintergrund war, dass zahlreiche der bisher bekannten Unterstützer des Terrornetzwerkes NSU früher bei Blood & Honour (B&H) oder in dessen Umfeld aktiv waren. Der letzte bekannt gewordene Fall waren eben jene beiden Brüder, über die der MDR berichtete. Einer von ihnen soll der Verbindungsmann zwischen den B&H-Sektionen Sachsen und Thüringen gewesen sein. Innenminister Ulbig

[5] Sächsischer Landtag (2012): Drs. 5/8218, 14.2.2012.

monierte in seiner Stellungnahme, der Antrag sei »zu großen Teilen auf die Vergangenheit ausgerichtet«,[6] er betreffe »einen sehr speziellen Ausschnitt aus dem Bereich ›rechtsextremistische subkulturelle Szene‹«.[7] Und weiter: »Die gewünschten Informationen liegen zusammengefasst nicht vor. Die Abfassung eines Berichts, wie ihn die Fraktion DIE LINKE wünscht, würde deshalb umfassende Recherchen in den Datenbeständen und Akten von Polizei und Verfassungsschutz erfordern. Andere Behörden müssten beteiligt werden, Spezialwissen müsste zusammengetragen und aufbereitet werden, Erkenntnisse, die nur außerhalb des Freistaats vorhanden sind, müssten beschafft und ausgewertet werden. Die Beantwortung einzelner Punkte des Fragenkatalogs (...) liefe zudem auf die Abgabe sozialwissenschaftlicher Expertisen in Spezialgebieten hinaus.«[8] Kurz: Wir wissen nichts. Und wir wollen auch nicht mehr wissen, denn die Erlangung dieses Wissens macht Arbeit: »Der immense Aufwand wäre ohne eine unvertretbare Einschränkung der Arbeitsfähigkeit der betroffenen Stellen nicht zu leisten und ginge zu Lasten der aktuellen Prioritäten, die nicht nur das Staatsministerium des Innern in der Aufklärung der rechtsterroristischen Strukturen und Verbrechen und in der Prüfung der Erfolgsaussichten eines NPD-Verbotes sieht.«[9] Böse Zungen könnten behaupten: Was interessiert uns die Aufklärung der Hintergründe des NSU, wir wollen das NPD-Verbot durchsetzen.

Selbst bei größtem Wohlwollen kommen wir zu der Feststellung, dass die Staatsregierung in einer Blockadehaltung verharrt und sich in Tatenlosigkeit gefällt. Das Angebot Thüringens, sich an der Arbeit der dort von der Landesregierung eingesetzten Schäfer-Kommission zu beteiligen, wurde ausgeschlagen. Hatte man Angst, sich in die Karten schauen zu lassen? Diese Kommission hatte im Februar 2012 ein förmliches Amtshilfeersuchen gestellt, um an die relevanten sächsischen Akten zu kommen. Eine Übergabe war bis Ende März nicht erfolgt. Es hätte die Möglichkeit gegeben, den Komplex NSU im bereits existierenden 2. Untersuchungsausschuss des Sächsischen Landtags zu be-

---

[6] Sächsisches Staatsministerium des Innern (2012): Stellungnahme zum Antrag der Fraktion DIE LINKE, Drs. 5/8218, 14.2.2012.

[7] Ebd.

[8] Ebd.

[9] Ebd.

handeln. Dieser hat die Aufgabe, den so genannten Sachsensumpf, die organisierte Kriminalität im Freistaat und deren teils legale, teils illegale Beobachtung durch das LfVS zu untersuchen. Wer würde bestreiten, dass es sich beim NSU um einen Fall organisierter Kriminalität handelt, die gegen die freiheitlich-demokratische Grundordnung gerichtet ist? Auch dieser Weg wurde durch die Landtagsmehrheit aus CDU und FDP abgelehnt.

Was blieb noch, wenn man den Willen zur Aufklärung umsetzen wollte? Nur ein eigener Untersuchungsausschuss. Objektiv betrachtet hätte auch die Staatsregierung ein Interesse daran haben müssen. Wie sonst könnte man Mythen entkräften, die von einer Förderung des Nazi-Terrors mindestens durch die Geheimdienste, wenn nicht gar durch die jeweiligen Regierungen ausgehen? Wie sonst sollte man strukturelle Defizite im sächsischen Polizeiapparat aufarbeiten, die es gegeben haben muss? Immerhin ist ein großer Teil der Banküberfälle des aus Jena stammenden Trios in Sachsen begangen worden. Ein Zusammenhang mit dem bekannten Untertauchen im Freistaat ab 1998 wurde nie hergestellt. Grund genug für kritische Nachfragen, selbst wenn sich ein solcher Ausschuss auf jene Fragen beschränken würde, die ausschließlich die Zustände in Sachsen zum Thema haben.

Volker Bandmann, innenpolitischer Sprecher und Scharfmacher der CDU-Fraktion, wusste es von Anfang an besser. Es gehe gar nicht um Behördenversagen in Sachsen. An der Kooperation der Behörden habe es gemangelt: »Die unzureichende Zusammenarbeit der Länder- und Bundesbehörden scheint eine der Hauptursachen für das jahrelange unerkannte Agieren der Neonazis zu sein.«[10] Der Untersuchungsausschuss drohe, »zu einer politischen Klamaukveranstaltung zu werden«.[11] In das gleiche Horn stieß in der Landtagssitzung am 7. März 2012 sein Fraktionskollege Professor Dr. Günther Schneider, zugleich Vorsitzender der PKK. Die Opposition wolle den Ausschuss »als politisches Kampfinstrument nutzen«.

Und er wiederholte anschließend ein Argument, das Staatsregierung, CDU und NPD im Landtag wie ein Mantra nutzen. Durch den Ausschuss

---

[10] Dapd, a.a.O.

[11] Zitiert nach: ebd.

würden »Erkenntnisgewinne über Strukturen und Vernetzungen des Verfassungsschutzes und seiner Mitarbeiter zur Extremismus-Bekämpfung in die Hände der NPD-Fraktion gelangen«.[12] Carsten Biesok (FDP), auch er Mitglied dieser Kommission, assistierte umgehend. Ein Untersuchungsausschuss sei eine »hilfreiche Handreichung der Opposition für die NPD«, er gäbe der Neonazipartei »tiefen Einblick in die Arbeit des Verfassungsschutzes«. Wer die Debatte verfolgte, konnte sich des Eindrucks nicht erwehren, der Schutz des LfVS sei den Regierungsparteien erheblich wichtiger als die Aufklärung der Mängel bei Behörden und Staatsregierung und ihres Versagens, die die Taten des NSU erst ermöglicht haben.

Um ebenso polemisch die Polemik zu kontern, könnte man anmerken, dass das einfachste Mittel zur Verhinderung dieser Gefahr die Abschaffung des LfVS wäre. Wer die sächsischen Zustände, die berühmt-berüchtigte »Sächsische Demokratie« kennt, weiß, dass dieses Landesamt ohnehin überflüssig ist. Doch kann die NPD tatsächlich Nutzen aus diesem Instrument zur Aufklärung ziehen? Wie stark Mitglieder und Funktionäre in den Komplex NSU verstrickt waren oder sind, dürfte sie selbst am besten wissen. Schlimmstenfalls könnte sie nichts zur Aufhellung beitragen. Doch das erwartet ohnehin niemand. Sie kann weder Akten anfordern, Zeugen vorladen oder andere Beweisanträge stellen, denn sie entsendet in das 19-köpfige Gremium lediglich einen einzigen Abgeordneten. Notwendig aber sind vier Unterschriften, um diese Mittel durchzusetzen.

Der Ausschuss wurde trotz der Polemik von CDU und FDP durch die drei demokratischen Oppositionsparteien eingesetzt.[13] Die NPD, die

---

[12] Nösner, Uwe (2012): Untersuchungsausschuss eingesetzt, in: Landtagskurier Nr. 2, S. 5.

[13] Dringlicher Antrag, vollständiger Titel: »Einsetzung eines Untersuchungsausschusses gemäß Art. 54 Abs. 1 der Verfassung des Freistaates Sachsen zum Thema: Untersuchung möglicher Versäumnisse und etwaigen Fehlverhaltens der Staatsregierung und der ihrer Fach-, Rechts- und Dienstaufsicht unterliegenden Sicherheits-, Justiz-, Kommunal- und sonstigen Behörden im Freistaat Sachsen beim Umgang mit der als Terrorzelle Nationalsozialistischer Untergrund (NSU) bezeichneten neonazistischen Terrorgruppe, deren personell-organisatorischem Umfeld und etwaigen Unterstützernetzwerken, insbesondere im Hinblick auf ihre

gemäß der erwähnten Polemik ein Interesse am Zustandekommen des Ausschusses hätte haben müssen, enthielt sich der Stimme. Eingesetzt wurde der Ausschuss am 7. März 2012. Arbeiten kann er aber noch nicht. Die Wahl der Ausschussmitglieder wurde auf April verschoben. Die größte Landtagsfraktion, die CDU, sah sich nicht in der Lage, ihre Vorschläge noch in der gleichen Plenarsitzung einzubringen – Aufklärungswille sieht anders aus. In der letztendlichen Arbeit des Gremiums wird sich zeigen, ob die CDU ihre Blockadehaltung fortsetzt. Der Untersuchungsausschuss ist die schärfste Waffe der Opposition und ein stumpfes Schwert. Beide Aussagen sind richtig, denn von unserer Arbeit wird es abhängen, wie stumpf oder scharf die Waffe sein wird. Eines steht bereits heute fest: Schon seine bloße Existenz ist der Garant dafür, dass der NSU und seine Mordtaten, die Netzwerke der Helfer und die verschwiegenen Gefahren der Naziszene in Sachsen in den Medien präsent bleiben werden. Das ist nicht viel, zugegeben, aber es ist ein Anfang.

Entstehung, Entwicklung und ihr Agieren in bzw. von Sachsen aus sowie bei der Aufklärung, Verfolgung und Verhinderung der der Terrorgruppe NSU und ggf. den mit ihr verbundenen Netzwerken zurechenbaren Straftaten und der Schlussfolgerungen hieraus (Neonazistische Terrornetzwerke in Sachsen)«; Sächsischer Landtag (2012): Drs. 5/8497, 6.3.2012.

Gerd Wiegel

Bundespolitische Reaktionen auf den NSU-Terror

Nach dem Tod von Uwe Mundlos und Uwe Böhnhardt am 4. November 2011 in Eisenach und der durch Beate Zschäpe herbeigeführten Sprengung ihrer Wohnung in Zwickau dauerte es nur wenige Tage, bis aus einem thüringischen und sächsischen Kriminalfall ein bundespolitischer Skandal wurde. Während die Namen des Trios bei AntifaschistInnen und auch einigen FachpolitikerInnen sofort Erinnerungen an die 1990er Jahre wachriefen, mussten sich die politisch Verantwortlichen im Bund erst einmal mit diesem Teil der Geschichte der extremen Rechten vertraut machen. Die Dimension von neun rassistischen Morden, dem Mord an einer Polizistin, zwei mutmaßlichen Bombenanschlägen und einer Reihe von Banküberfällen machte schnell klar, dass man es mit einer Zäsur zu tun hatte. Die Verstörung über das Versagen der Sicherheitsorgane war bis in die Union spürbar.

Kennzeichnend dafür waren die Sitzungen des Innenausschusses des Bundestages im November 2011. Die Spitzen von Bundeskriminalamt (BKA) und des Bundesamtes für Verfassungsschutz (BfV), der Generalbundesanwalt, die Vertreter der Landesämter für Verfassungsschutz (LfV) und natürlich der Bundesinnenminister standen dem Ausschuss Rede und Antwort und die ParlamentarierInnen wurden – ob der vielen fehlenden Antworten – unruhiger. Aus politischer Sicht am drängendsten war die Frage, ob weitere Zellen aktiv sind. Die Frage, wie viele nicht vollstreckbare Haftbefehle gegen Angehörige der rechten Szene vorlägen, konnte das BKA nicht beantworten. Schließlich bedurfte es bis zur öffentlichen Beantwortung mehrere Monate. Eine Anfrage der LINKEN förderte zutage, dass es 160 unvollstreckbare Haftbefehle gab, von denen bis März 2012 jedoch 46 Personen ermittelt wurden. Was das für die Gefahr weiterer Gewalt von rechts bedeutete, blieb unklar.

Die Rolle des Verfassungsschutzes spielte von Anfang an eine zentrale Rolle. Peinlichen Fragen sahen sich die VertreterInnen Thüringens und Hessens ausgesetzt, als es um die Frage des Abtauchens des Trios und um die Rolle des Verfassungsschutzmitarbeiters ging, der in Kassel am Tatort eines Mordes des Nationalsozialistischen Untergrundes (NSU) zugegen war. Ausweichende Antworten und die geringe Bereitschaft, den parlamentarischen Gremien Rede und Antwort zu stehen, riefen bei den Abgeordneten über Parteigrenzen hinweg Unverständnis hervor und waren Gründe, die den Untersuchungsausschuss des Bundes nötig machten.

Schließlich muss für diese frühe Phase der Aufarbeitung die Rolle des Verfassungsschutzpräsidenten Heinz Fromm hervorgehoben werden. Er hatte offensichtlich schnell erkannt, dass sein Amt und die LfV ins Zentrum der Kritik rücken würden. Zwei Strategien wurden von ihm entwickelt, um der Kritik die Spitze zu nehmen: größtmögliche Selbstkritik und der Verweis auf das Versagen in den Ländern. Fromm sprach im Innenausschuss als einziger vom Versagen der Sicherheitsbehörden und von einer Niederlage, die er sich auch selber zurechne. Doch die Zerknirschung ging nicht soweit, auch nach den systemimmanenten Gründen des Versagens zu fragen. Schnell wurde klar, dass das System der V-Leute und die damit verbundene oberste Priorität des Quellenschutzes offenbar zu einer hausgemachten Blindheit der Dienste geführt hatte und so eher als Schutzschild für die Naziszene diente denn der öffentlichen Aufklärung über sie. Während der Präsident des BfV verkündete, man hätte es besser wissen müssen und können, wurde politisch bereits an einer Stärkung der Institutionen gearbeitet, die für das Versagen öffentlich verantwortlich gemacht wurden.

Wer sich die jährlichen Verfassungsschutzberichte mit der Frage ansah, wie die Ämter die Gefahr des Terrors von rechts einschätzten, erfuhr, dass es seit Ende der 1990er Jahre keine Anzeichen für organisierte terroristische Strukturen gäbe – eine fatale Fehleinschätzung. Basis dafür war die unzureichende Kenntnis der Szene und des Netzes, das zum Umfeld des Trios und zur Struktur der UnterstützerInnen werden sollte. KennerInnen der Naziszene konnten damals und können heute die gewaltbereiten Strukturen sehr viel besser und genauer beschreiben, als es von Seiten der Dienste jemals erfolgte. Trotz dieser Unzulänglichkeiten – will man nicht gar von einer noch weiteren Verstrickung der Dienste mit den Nazis ausgehen, für die es bis heute keine Belege gibt – bestand die erste Maßnahme von Innenminister Hans-Peter Friedrich

(CSU) in der Stärkung der Sicherheitsbehörden des Bundes. Ein Gemeinsames Abwehrzentrum gegen Rechtsextremismus (GAR) wurde aus der Taufe gehoben und soll die Kompetenzen des Bundes gegenüber den Ländern stärken. In einer neuen zentralen Datei sollen rechte Gewalttäter gespeichert werden, um ihnen schneller auf die Spur zu kommen. Die Mordserie des NSU offenbart jedoch die ganze Fragwürdigkeit solcher symbolischer Maßnahmen: Nicht die Unkenntnis über Böhnhardt, Mundlos und Zschäpe war das Problem, sondern die fehlende Vorstellung, es könne sich bei den Morden um eine rassistische Motivation gehandelt haben. Keiner der Morde wäre unter diesen Umständen jemals mit der neuen Datei im GAR in Verbindung gebracht worden – Polizei und Behörden hatten sich weitgehend auf Organisierte Kriminalität, Drogenhandel und »Ausländerkriminalität« festgelegt. Überlegungen, wie dem fehlenden Bewusstsein der Behörden beim Thema Rassismus beizukommen sei, wurden trotz Mahnungen von Barbara John, Ombudsfrau der Hinterbliebenen der Mordopfer, bis heute nicht angestellt.

Übertroffen hat diese Form des Aktionismus Bundesfamilienministerin Kristina Schröder (CDU), die Verantwortliche für die Bundesprogramme zum Rechtsextremismus. Zum Thema selbst war von ihr nichts zu hören, doch Anfang 2012 kündigte sie auf einer Pressekonferenz mit Innenminister Friedrich die Einrichtung eines Kompetenzzentrums gegen Rechtsextremismus an. Nachdem Schröder ursprünglich zwei Millionen Euro bei den Bundesprogrammen einsparen wollte, wurde diese Kürzung über Nacht in der Haushaltsdebatte am 30. November 2011 zurückgenommen, ganz unter dem Eindruck der Morde. Auf Nachfrage hieß es, das Geld solle den Initiativen zugutekommen. Das stellte sich jedoch schnell als Täuschung heraus, denn jene zwei Millionen Euro wurden nun zur Einrichtung eines völlig unklaren Kompetenzzentrums verwendet. Erst nach zahlreichen Fragen aus dem Parlament wurde deutlich, dass Schröder das Geld zur Stärkung der von ihr favorisierten »Akzeptierenden Jugendarbeit« mit rechten Jugendlichen verwenden will. Dieser zweifelhafte Ansatz erfährt ausgerechnet durch die Aufdeckung der Nazi-Mordserie ein unverdientes Comeback. Praktisches Regierungshandeln sah also als Folge der Mordserie eine Stärkung der versagenden Sicherheitsbehörden und eine schon einmal als »Glatzenpflege« bezeichnete Hinwendung zur Arbeit mit rechten Jugendlichen vor. In der Anhörung des Untersuchungsausschusses des Bundestages zum Nazi-Terror am 22. März 2012 wies die Journalistin Andrea Röpke im Übrigen darauf hin, dass auch Böhnhardt und Zschäpe in ihrer Jugend in den Genuss akzeptierender Jugendarbeit gekommen seien.

Der Aktionismus der Bundesregierung und die Planlosigkeit des Innenministers zeigten sich auch in der übereilten Einsetzung einer Expertenkommission, die das Versagen der Sicherheitskräfte untersuchen sollte. Passenderweise wählte Innenminister Friedrich dafür ehemalige Leiter von Sicherheitsbehörden, so den früheren Chef des BfV und des Bundesnachrichtendienstes Hans-Jörg Geiger, den früheren BKA-Präsidenten Ulrich Kersten und den ehemaligen CSU-Bundestagsabgeordneten und Innenexperten Wolfgang Zeitelmann. Über diesen unabgesprochen und planlos wirkenden Vorstoß des Innenministers breitete sich schnell der Mantel des Schweigens. Heute hört man von diesem Gremium nichts mehr. Stattdessen ging es schnell um die Frage, ob ein Parlamentarischer Untersuchungsausschuss (PUA) oder eine Bund-Länder-Kommission (BLK) zur Aufklärung eingerichtet werden soll. Während sich DIE LINKE schon im November für einen Untersuchungsausschuss auf Bundesebene aussprach, gab es vor allem bei der SPD Zweifel. Möglicherweise auch mit Blick auf die eigene politische Verantwortung zur Zeit der Mordserie wurde von Teilen der SPD zunächst die BLK bevorzugt. Im Gegensatz zum PUA hat sie jedoch keine gesetzliche Kompetenz gegenüber Regierung und Behörden und ist voll und ganz auf den guten Willen der Regierung angewiesen. Bis Anfang Januar hatte sich dann aber auch die SPD zu einem Untersuchungsausschuss durchgerungen, der schließlich mit den Stimmen aller Fraktionen eingerichtet wurde. Schnell zeichnete sich ab, dass keine Fraktion als »Bremser« dastehen wollte, sondern alle ein demonstratives Interesse an einer umfassenden Aufklärung verkündeten. So wurde ein Untersuchungsauftrag formulieret, der die Chance auf eine weitgehende Aufklärung des Geschehens bietet, wenngleich diese durch die nur einjährige Untersuchungsdauer beschränkt wird. Der Gegenstand umfasst die Zeit von 1992 bis zur Festnahme Zschäpes am 8. November 2011 und soll unter anderem folgende Fragen in den Blick nehmen: Welche Fehler und Versäumnisse der Sicherheitsbehörden können festgestellt werden? Welches Netzwerk umgab den NSU? Welche internationalen Verbindungen bestanden? Welche Rolle spielten die V-Leute der Dienste im Umfeld des NSU? Welche Schlussfolgerungen ergeben sich für die Aufstellung der Sicherheitsbehörden, welche für die Prävention zum Thema extreme Rechte und welche Folgerungen werden aus dem Umgang mit den Hinterbliebenen der Opfer gezogen?

Seit Februar 2012 tagt der PUA in jeder Sitzungswoche des Bundestages und hat bisher über 100 Beweisanträge im Konsens aller Fraktionen gestellt. Priorität hat die Herbeiziehung der Akten von Bundes- und Landesbehörden, die mit dem Fall befasst waren und sind. Hier werden sich die größten politischen Komplikationen ergeben, denn die Länder scheinen keineswegs begeistert von der Aussicht zu sein, ihr Handeln dem PUA gegenüber offenzulegen. Zwei Strategien der Exekutive gegenüber dem PUA zeichneten sich zu Beginn ab. Während die Länder keine Eile bei der Bereitstellung der Akten zeigen, werden von Seiten des Bundes schon einmal bis zu 20.000 Aktenordner in Aussicht gestellt. Auch so wird gezielte Aufklärung sabotiert. Der Ausschuss hat sich vier Untersuchungskomplexe für seine Arbeit vorgenommen: die Phase 1992 bis 1997 als ideologischer Hintergrund und Herausbildung des NSU, die Jahre 1997-2000 als Zeit des Abtauchens des Trios, die Jahre 2000-2007, in denen die Taten stattfanden, und schließlich den Zeitraum 2007 bis 2011 nach dem Ende der Mordserie. Für DIE LINKE ist es sinnvoll, diese Phasen chronologisch zu bearbeiten, doch die Mehrheit aus Union, FDP und Grünen im Gremium hat für einen Untersuchungsbeginn mit der Mordserie votiert. So stehen ab dem 26. April 2012 die ersten Zeugenvernehmungen mit Ermittlern und politisch Verantwortlichen zur Mordserie an.

DIE LINKE ist durch Petra Pau und Jens Petermann im Ausschuss vertreten. Beide machen sich wenige Illusionen, dass der Ausschuss sensationelle Ergebnisse zutage fördern wird. Aus Sicht der LINKEN bietet sich mit dem PUA allerdings die Möglichkeit, die politische Auseinandersetzung mit der extremen Rechten endlich nachhaltig und ernsthaft in den Blick zu nehmen. Mehr als 160 Todesopfer rechter und rassistischer Gewalt seit 1990 stehen für eine schreckliche Normalität im Lande, über die kaum noch gesprochen wurde. Die Ausblendung von Rassismus und extremer Rechter durch die Ermittlungsbehörden und die fatale Praxis der V-Leute, die nicht nur als Schutzschild der NPD dienen, sondern auch wesentlich die frühere Aufklärung des NSU verhindert haben, werden Themen sein. Ebenso wird die immer wichtiger werdende Forderung nach einer unabhängigen Beobachtungsstelle Rechtsextremismus, Rassismus, Antisemitismus, die das Problem dem eingeschränkten Blick des Verfassungsschutzes entziehen würde, auf der Tagesordnung stehen. Einen anschaulichen Eindruck von der Kompetenz unabhängiger Recherche zur extremen Rechten konnten die Mitglieder des PUA in der Sitzung am 22. März 2012 durch die Journalistin Andrea Röpke gewinnen. Die Befragung von ihr wurde zu einer Lehrstunde in Sachen Nazi-Strukturen. Selten hatte man in einer Anhörung so viele wissbegierige Abgeordnete gesehen, und es oblag dem Obmann der Union, die Anhörung auf den Punkt zu bringen: Die von Röpke vorgetragenen Fakten und Zusammenhänge würde er gerne in den Berichten des Verfassungsschutzes lesen – dort finde man sie aber nicht.

Martina Renner

Sieben Maßnahmen gegen Rechts

1. Opferperspektive einnehmen

Zu lange wurden die Angehörigen der Opfer des Nazi-Terrors mit ihrer Trauer, Verzweiflung, Wut und Furcht vor weiteren Anschlägen allein gelassen. Neben ihrer öffentlich geäußerten Angst forderte die türkisch-kurdische Gemeinschaft in Deutschland vergeblich vorurteilsfreie Ermittlungen im Fall der rassistischen Mordserie des Nationalsozialistischen Untergrunds (NSU) und einen effektiven Schutz des Staates für alle BürgerInnen – ohne Ansehen ihrer Hautfarbe und Herkunft. »Wir wollen kein 10. Opfer!«, »Die Serienmorde müssen ein Ende finden!« und »Wo ist die Polizei?«, stand auf den Transparenten einer Trauerveranstaltung 2006 in Kassel. BürgerInnen, Gesellschaft und Staat sind gefordert, den Ängsten von Menschen, Opfer einer rechten und rassistischen Gewalt- oder Mordtat zu werden, ernsthaft und effektiv zu begegnen. Aber es stellen sich auch berechtigte Fragen nach dem Versagen der Zivilgesellschaft. Zu sehr hat sich eine liberale, linke, kritische Öffentlichkeit mit der Distanz zu MigrantInnen und einer rassistischen Verrohung in den Massenmedien abgefunden. Die staatliche Schuld an der fatalen, aber politisch gewollten Fehleinschätzung der Gefahren durch den Neonazismus und an dem Versagen der Sicherheitsbehörden ist die eine Seite. Die andere Seite ist, dass auch viele, die sich antifaschistisch und antirassistisch engagiert haben, mit Scham eingestehen müssen, dass es uns an Verständnis und Solidarität gemangelt hat.

2. Ideologischen Nährboden austrocknen

Rassistische Einstellungen und die so genannte Gruppenbezogene Menschenfeindlichkeit haben sich im Osten wie Westen Deutschlands zu einer Konstante entwickelt. Theorien der Ungleichheit der Menschen wie Sozialdarwinismus, Biologismus und Rassismus sind alltags- und medientauglich. Dabei sind die Äußerungen eines Thilo Sarrazin oder die Ausfälle der BILD nur die krassesten Beispiele. Es geht aber nicht nur um eine wirksame Auseinandersetzung mit rechten und rassistischen Einstellungen und Ideologien. Gleichzeitig bedarf es neuer Bündnisse und parlamentarischer Mehrheiten, um staatliche Ungleichbehandlung durch rassistische Sondergesetze zu beenden. Wer von Staats wegen Menschen in verschiedene Kategorien unterteilt, ihnen je nach Herkunft Bürger- und Menschenrechte beschneidet oder vorenthält – zum Beispiel durch die Residenzpflicht, durch das Asylbewerberleistungsgesetz oder durch ungleiche Bildungs- und Arbeitsmarktchancen –, der verschafft den Hetzern hoheitliche Legitimation.

3. Keine Verharmlosung des Neonazismus

Viel zu häufig gab es das Kleinreden neonazistischer Gefahren. Und dabei geht es nicht allein darum, dass die Sicherheitsbehörden den Aufbau und die Existenz von terroristischen Nazi-Strukturen verneinten. Die braune Szene wurde nie als politische, neonazistische Bewegung gesehen, sondern deren Gruppen getrennt voneinander betrachtet und eine falsche Unterteilung in Parteien, Organisationen und die so genannte Skinheadszene vorgenommen.

Eine dramatische Fehleinschätzung mit verheerenden Folgen für die Ermittlungen rund um den NSU-Terror. In den Folgejahren blieb der Geheimdienst als ideologischer Leitwolf einer falschen behördlichen Betrachtung des Neonazismus bei seinen Beschwichtigungen. Mit der Verharmlosung durch die Sicherheitsbehörden ging die Behandlung des Problems vorrangig als Gewaltphänomen einher. Daraus abgeleitet orientierten Staat und Gesellschaft auf Jugend- und Sozialarbeit. Die politische wie behördliche Fehljustierung in der Auseinandersetzung mit dem Neonazismus resultierte aus ihrem ideologischen Überbau, der »Extremismustheorie«. Zwanghaft wurde jedem Versuch von Bürgerbündnissen, Gewerkschaften, Linken, AntifaschistInnen oder investigativen JournalistInnen, die Spezifik der neonazistischen Gefahr herauszuarbeiten, eine ebenso große Gefahr durch einen vermeintlichen »Linksextremismus« entgegengehalten. Daher ist es nun Aufgabe, nicht nur eine sachgerechte, fachliche, und regional differenzierte Analyse des Neonazismus vorzunehmen. Es bedarf auch einer Eindeutigkeit in den Begriffen sowie einer Gesamtschau von Einstellungen, Äußerungen und Handlungen der extremen Rechten. Dem subkulturellen Neonazismus darf nicht länger der ideologische Hintergrund und organisatorische Bezug abgesprochen werden.

4. Schluss mit der staatlichen Unterstützung für Neonazis

Jegliche Form von staatlichen Subventionen und finanziellen Zuwendungen muss beendet werden. Darunter fallen Gelder für staatliche Spitzel in der Neonaziszene, Fördermittel beispielsweise aus Denkmalschutz- oder Dorferneuerungsprogrammen für von Neonazis erworbene Immobilien; ebenso Existenzgründerdarlehen und Fördermaßnahmen für Gewerbe und Firmen von Neonazis. Auch die steuerlichen Vorteile für scheinbar gemeinnützige neonazistische Vereine müssen auf den Prüfstand.

5. Entwaffnung von Neonazis und Verbot militanter Strukturen

Auch den Sicherheitsbehörden war das Interesse von Neonazis an Waffen und Sprengstoff nicht entgangen. Man erklärte, Neonazis seien Waffennarren und planlose Einzeltäter ohne Organisation im Hintergrund. Intensive Recherchen und Dokumentationen zu Waffenbesitz, Sprengstofferwerb, Anlegen von Depots und Schießübungen durch Neonazis haben nichts an dieser Einschätzung ändern können. Nun muss den Hinweisen aus den letzten Jahren auf paramilitärische Übungen, Waffen- und Sprengstoffbesitz entschieden nachgegangen werden. Waffenlager müssen ermittelt und geräumt werden, kurz: die Naziszene entwaffnet werden. Dies betrifft nicht nur illegal erworbene Waffen, sondern auch Waffen im legalen Besitz. Zu prüfen ist, ob bei extrem rechten und neonazistischen Aktivisten und Funktionären die Voraussetzung der Zuverlässigkeit nach dem Waffengesetz vorliegt; auch der legale Erwerb und Handel mit Waffen und Militaria im Rahmen einer Gewerbeanmeldung ist zu prüfen. Daneben gilt es, militante und gewalttätige Neonazi-Strukturen mit staatlichen Sanktionen zu belegen.

6. Rehabilitierung des Antifaschismus – gesellschaftliche Auseinandersetzung stärken

Nach einer Reihe antisemitischer Anschläge wurde 2001 das Bundesprogramm Civitas ins Leben gerufen. Daraus entstanden institutionelle Strukturen der Opferberatung und der Beratung gegen Rechts. Unter dem Druck von CDU/CSU und FDP wurde das Programm zu einem Instrument transformiert, das unter der Bundesfamilienministerin Kristina Schröder (CDU) in das Fahrwasser der inhaltlichen wie methodischen Gleichsetzung von Links und Rechts geriet. Gleichzeitig wurden dem Inlandsgeheimdienst zunehmend Aufgaben der pädagogischen Präventionsarbeit übertragen und Förderempfänger des Bundesprogramms durch den Zwang zur Unterzeichnung einer »Extremismusklausel« einem Gesinnungscheck unterzogen. Während staatlich finanzierte Projekte zunehmend gegängelt wurden, begann eine intensive Phase der Diskreditierung zivilgesellschaftlichen und antifaschistischen Engagements. So konnte beispielsweise die antifaschistische Zeitschrift »Lotta« aus Nordrhein-Westfalen ihre Nennung im Verfassungsschutzbericht erst in einem Rechtsstreit unterbinden, in Bündnissen versuchten CDU und CSU, »Unvereinbarkeitsbeschlüsse« durchzusetzen, und die Verfolgung von BlockiererInnen gegen die Naziaufmärsche in Dresden im Februar 2010 und 2011 dauert bis heute an. Eine mutige Forderung muss die politische wie rechtliche Rehabilitierung antifaschistischen Engagements sein. Gestärkt würde die Abwehr von Neonazismus auch durch eine antifaschistische Klausel im Grundgesetz und in den Landesverfassungen, die der besonderen Verpflichtung des Staates gerecht würde, endlich das Fortwirken nazistischer Ideologie, Personen und Strukturen nach 1945 zu benennen, aufzuarbeiten und zu unterbinden.

7. Verfassungsschutz abschaffen – Demokratiezentren schaffen

Der Verfassungsschutz ist Teil des Problems und muss abgeschafft werden. Der Geheimdienst untergräbt mit seinen grundrechtsgefährdenden und unkontrollierbaren Instrumentarien die Demokratie. Er hat als Frühwarnsystem kläglich versagt, er hat den Neonazismus kleingeredet, er hat die Neonaziszene insbesondere in Thüringen erst mit zu dem gemacht, woraus der NSU erwachsen ist. Das Versagen der Behörden resultiert nicht aus zu wenig Überwachung, Informanten, Befugnissen und Dateien, sondern aus einem strukturellen Unvermögen, das ideologische, personelle und organisatorische Potenzial des Neonazismus richtig einzuordnen. Alte und neue Nazis wollen eine autoritäre, völkisch orientierte Diktatur errichten. Sie propagieren nicht nur »Rassenkrieg« und singen nicht nur von »Mord und Terror«, sondern sie handeln entsprechend und gehen mit Gewalt gegen alles vermeintlich »Undeutsche« vor. Diese Gefahr zu benennen und Handlungskonzepte zu entwickeln, muss Aufgabe eines transparenten und unabhängigen Demokratiezentrums sein, das als Informations- und Dokumentationsstelle an der Schnittstelle von Wissenschaft und kommunaler Praxis agiert, mit Expertise und enger Verzahnung zu zivilgesellschaftlichen Akteuren und als Partner staatlicher Stellen. Ein Demokratiezentrum darf nicht instrumentalisiert und daran gehindert werden, Rassismus und menschenverachtende Ideologie auch dort ohne Scheu zu benennen, wo sie sich im bürgerlichen Gewand zeigen.

Petra Pau

Kein Land im Schock

John Mann ist ein britischer Parlamentarier. Wir kennen uns aus internationalen Konferenzen gegen Antisemitismus. Die Fußball-EM 2012 findet in Polen und in der Ukraine statt. John Mann erzählte mir: Die britische National-Elf wird ein politisches Zeichen gegen Antisemitismus und Rechtsextremismus setzen und deshalb die Gedenkstätte KZ Auschwitz aufsuchen.

2010 war ich in Ungarn. Gemeinsam mit dem damaligen Präsidenten des Deutschen Fußballbundes Dr. Theo Zwanziger und mit dem Vorsitzenden des Zentralrates der Sinti und Roma in Deutschland Dr. Romani Rose. Wir fuhren in ein Dorf, in dem das Haus einer Roma-Familie angezündet, der flüchtende Vater und sein Sohn von Nazis erschossen wurden. Kein Einzelfall.

In Babi Jar, nahe Kiew, wurden 1941 über 30.000 Jüdinnen und Juden durch Deutsche ermordet. Auch das darf nicht vergessen werden. Also regte ich gemeinsam mit dem Zentralrat der Juden in Deutschland an: Das DFB-Team möge dort innehalten. Bislang vergeblich. Theo Zwanziger ist derweil zurückgetreten. Ein verlässlicher Mahner fehlt. Zu viele fehlen.

In Budapest besuchte ich damals einen Club im Jüdischen Viertel. Kurz zuvor war eine neue Regierung gewählt worden. Kommentatoren bezeichnen sie als rechtskonservativ-neofaschistisch. Bei ihrer öffentlichen Vereidigung jubelten ihr 70.000 Ungarinnen und Ungarn zu. Das parallel laufende Fußball-Länderspiel Ungarn-Deutschland besuchten nur 7.000 Zuschauer. Die Jugendlichen im Club mühen sich um mehr Miteinander: interreligiös und multikulturell. Und sie erzählten mir eine altbekannte Geschichte. Die soziale Lage in Ungarn sei für viele katastrophal. Folglich würden Schuldige gesucht. Und gefunden. Es seien die faulen Kriminellen »da unten«, also die Roma. Und es wären die raffenden Reichen »da oben«, also die Juden. Das Gift wirkt.

Das alles gab es in der Geschichte schon einmal. Allen voran in der deutschen, aber nicht nur. Es endete tödlich für Millionen Menschen, für die Kultur, für die Zivilisation. »Nie wieder Krieg! Nie wieder Faschismus!« Das schworen sich nach 1945 viele. 2009 sprach Imre Kertész im Deutschen Bundestag. Der Ungar hatte Auschwitz überlebt und ist Literaturnobel-Preisträger.

Er mahnte im Rückblick auf den Holocaust eindrücklich: Was einmal geschah, obwohl es undenkbar schien, kann wieder geschehen! Ich empfehle sein Buch »Kaddisch für ein ungeborenes Kind«. Es bietet nachdenkliche Einblicke in die ewig verwundeten Seelen von Holocaust-Überlebenden und in die tödlichen Gefahren, die auch Jahrzehnte danach nicht gebannt sind.

Zehn Jahre lang forschten Professor Dr. Wilhelm Heitmeyer von der Universität Bielefeld und sein Wissenschaftsteam über »Deutsche Zustände«. Ihr Fazit: Die »gruppenbezogene Menschenfeindlichkeit« nimmt zu. Damit ist nicht nur Rassismus gemeint. Sondern auch die unterschwellig wachsende Ablehnung von Arbeitslosen, von Homosexuellen, von Andersgläubigen und so weiter.

Erinnert sei an 1992. Damals gab es Pogrome gegen Asylbewerberinnen und Asylbewerber in Rostock-Lichtenhagen, in Mölln und in vielen anderen Orten. Allein die offizielle Statistik wies damals 681 Brandanschläge auf Heime und Hütten von »Ausländern« aus. 681 Anschläge in 366 Tagen! Für die Betroffenen war es die Hölle im ach so gelobten Deutschland. Der rechtsextreme Mob schlug zu, Biedermänner zollten Beifall, die Polizei schaute weg und die Politik war zu Diensten. Sie schuf das Asylrecht de facto ab. Der Mob frohlockte. Das war die Zeit, in der sich der Nationalsozialistische Untergrund (NSU), wie sich das Nazi-Trio Uwe Böhnhardt, Uwe Mundlos und Beate Zschäpe selbst nannte, germanisch-rassistisch radikalisierte und so später zu kaltblütigen Mördern wurde.

Seit Januar 2012 gibt es im Bundestag einen parlamentarischen Untersuchungsausschuss. Er soll die NSU-Nazi-Mordserie aufklären. Und ihre gesellschaftlichen Umstände. DIE LINKE berief Jens Petermann und mich in dieses Gremium. Die Arbeit hat gerade erst begonnen. Aber schon zu Beginn steht eine erhellende Frage: Über wie viele Morde reden wir eigentlich?

Das Bundesinnenministerium weist seit 1990 knapp 50 Tote aus. Journalisten vom »Tagesspiegel« und der Wochenzeitung »Die Zeit« recherchierten über 150 Fälle, bei denen Menschen durch Rechtsextreme umgebracht wurden. Die Antonio-Amadeu-Stiftung listet 182 Ermordete, Daten, Orte und Taten auf. Bei alledem geht es nicht um einen Zahlenstreit, sondern um politische Differenzen.

Die NSU-Nazi-Mordserie ist einzigartig. Aber war sie eine abartige Ausnahme von einer ansonsten guten Normalität oder ist sie »lediglich« ein extremer Beleg einer ohnehin gefährlichen Tendenz? Wer die kleine Zahl unterstellt, tendiert zur vermeintlichen Ausnahme. Wer jedoch 200 Opfer annimmt, belichtet eine viel weitergehende Gefahr. Und spätestens da scheiden sich die Geister.

»Das Soziale wird ökonomisiert, die Demokratie entleert, die Solidarität schwindet.« Das ist die politische Anklage, die Professor Heitmeyer und sein Team erheben. Es ist eine prägnante Generalabrechnung mit zehn und mehr Jahren Neoliberalismus. Und auch das belegen die Forscher: Gewalt als Problemlösung wird zunehmend in der Gesellschaft akzeptiert.

Seit Jahren mahne ich: Demokratieverdruss ist immer ein Einfallstor für Rechtsextreme mit ihren menschenfeindlichen Parolen. Mit Sorge schaue ich nach Griechenland. Das Parlament dort wurde de facto entmachtet. EU-Sparkommissare diktieren Armut. BILD titelte: »Nehmt den Griechen endlich den Euro weg!« Und die CDU tönte: »Europa spricht wieder deutsch!«

Selbst in meinem Facebook-Freundeskreis, also unter Linken, kursieren vermeintliche Witze. »Die Kröten-Wanderung hat begonnen – von Deutschland nach Griechenland«, albert eine Karikatur. Feindbilder sind nicht lustig und Nationalismus ist keine Lösung. Aber inmitten der Gesellschaft kultiviert, ermutigen sie immer den rechtsextremen Rand. Bis zum Exzess.

Nachdem die NSU-Nazi-Mordserie publik wurde, gab es zerknirschte Gesichter. »Wir haben total versagt«, räumte der Chef des Bundeskriminalamtes Jörg Ziercke ein. »Wir hätten es besser wissen müssen«, befand der Präsident des Bundesamtes für Verfassungsschutz Heinz Fromm. Beides stimmt. Aber die Blindheit der Sicherheitsbehörden ist bestenfalls die halbe Wahrheit.

Die gesamte Bundesregierung hat bislang nichts begriffen. Es gab ein offizielles Gedenken für die NSU-Opfer im Berliner Schauspielhaus am Gendarmenmarkt. Ich war dabei. Die Bundeskanzlerin sprach und entschuldigte sich. Kerzen des Gedenkens und der Mahnung wurden angezündet. Hinterbliebene der Nazi-Opfer kamen zu Wort. Es wurde ehrlich getrauert.

Wenig später fand die erste Anhörung im Untersuchungsausschuss des Bundestages statt. Sie war erschreckend erhellend. Allemal, als die Ombudsfrau der Bundesregierung für die Opfer-Familien der NSU-Morde, Barbara John (CDU), berichtete. Sie erzählte einfach Geschichten, die sie umtreiben. Sie scheinen unglaublich, aber sie sind offenbar passiert.

Die Witwe eines von der NSU-Nazibande ermordeten Mannes erhielt aus einem Opferfonds des Bundesjustizministeriums 10.000 Euro. Sofort meldete sich die Agentur für Arbeit. Staatliche Sozialleistungen würden eingestellt, bis die unverhoffte Summe aufgebraucht sei.

Die Tochter eines weiteren Nazi-Opfers brach ob der Schrecknisse ihr Studium ab. Jahre später schrieb sie sich erneut an einer Universität ein. Lapidar wurde ihr mitgeteilt, dies sei ihr gutes Recht. Aber ihre vormaligen Ansprüche auf BAföG seien inzwischen erloschen.

Eine dritte Betroffene zweifelte, ob sie weiterhin in Deutschland leben könne oder ob sie in der Türkei nicht sicherer sei. Sie wollte die doppelte Staatsbürgerschaft beantragen. Der Bescheid war preußisch korrekt: Das sieht das bundesdeutsche Recht nicht vor!

Seit dem 4. November 2011 ist die NSU-Mordserie bekannt. »Ein Land im Schock!«, hieß es. Welch mediale Übertreibung! Komplett an der Realität vorbei! Nach einem Anschlag im Jahr 2000 protestierten Hunderttausende. Diesmal gab es keinen »Aufstand der Anständigen«. Und die politisch Zuständigen zündeln weiter, als sei nichts geschehen.

Steffen Dittes/Sören Frerks

Eine Chronik

Von den Vorläufern des NSU zu den rassistischen Morden

1992

15. August: Nach dem Verbot des Hess-Marsches in Wunsiedel ziehen 2.000 Neonazis durch Rudolstadt. Zwei der Organisatoren sind Tino Brandt und Thomas Dienel.

1994

Das Thüringer Landesamt für Verfassungsschutz (LfV) wirbt Tino Brandt an, Führungsspitze der Anti-Antifa-Ostthüringen und des Thüringer Heimatschutzes (THS).

Im Thüringer Verfassungsschutzbericht 1994 wird die Anti-Antifa-Ostthüringen erstmals erwähnt.

1995

Die Zahl der THS-Mitglieder hat sich von 20 auf 80 erhöht.

In der Neonaziszene wird über die Bildung terroristischer Gruppen diskutiert.

Uwe Böhnhardt, Uwe Mundlos und Beate Zschäpe werden erstmals im nachrichtendienstlichen Informationssystem (NADIS) der Verfassungsschutzbehörden gespeichert.

10. November: In einer Jenaer Flüchtlingsunterkunft explodiert eine Bombe; es gibt keine Verletzten; die Täter entkommen unerkannt. Böhnhardt sprach zu der Zeit über einen geplanten Anschlag und spähte das Gebäude mit einem »NPD-Ordnungsdienstleiter« aus.

1996

13. April: Böhnhardt hängt an eine Autobahnbrücke bei Jena einen Puppentorso mit Davidstern, einem Schild mit der Aufschrift »Jude«, zwei Kabeln und einer Bombenattrappe.

Oktober: Verurteilung Böhnhardts zu zwei Jahren und drei Monaten Jugendstrafe; die Strafe wird nie vollzogen.

Herbst: Bei einem Prozess gegen den Rechtsterroristen Manfred Roeder treten Böhnhardt und Mundlos mit Ralf Wohlleben, einem weiteren NPDler, und André K. aggressiv auf.

November: Am Jenaer Sportfeld wird eine Bombenattrappe gefunden.

November: Bei einer Verkehrskontrolle findet die Polizei in Böhnhardts Wagen ein Messer, Wurfsterne und Gaskartuschen.

30. Dezember: Unbekannte versenden bis zum 2. Januar Briefbombenattrappen; die Ermittlungen gegen das Trio und andere THS-Mitglieder werden eingestellt.

1997

2. September: Auf dem Jenaer Theaterplatz wird ein Koffer mit Hakenkreuzen und Sprengstoff ohne Zünder gefunden, der dem Fund vom November 1996 ähnelt.

11. Oktober: Die Polizei hebt in einer Gaststätte in Heilsberg, dem THS-Treffpunkt, ein Waffenlager aus.

18. November: In einem von Portugiesen bewohnten Haus in Stadtroda wird eine Bombe deponiert; sie detoniert nicht.

24. November: Das LfV observiert Böhnhardt und Mundlos bis zum 1. Dezember, wie sie mögliche Bombenbauteile kaufen und in eine Garage bringen.

26. Dezember: Ein dritter Hakenkreuz-Koffer taucht in Jena auf, dieses Mal an der Gedenkstätte für einen antifaschistischen Widerstandskämpfer auf dem Nordfriedhof.

1998

17. Januar: Zschäpe läuft bei einem Aufmarsch von THS und NPD in Erfurt mit; auch der NPD-Funktionär Frank Schwerdt nimmt teil.

26. Januar: Die Polizei durchsucht Wohnungen und eine von Zschäpe gemietete Garage; sie entdeckt die Bombenwerkstatt und vier funktionsfähige Rohrbomben mit 1,4 kg TNT. Böhnhardt fährt ungehindert davon – das Trio taucht bei einem Bekannten in Chemnitz unter.

28. Januar: Zwei Tage später folgen ein internationaler Haftbefehl und eine Zielfahndung.

Februar: Das Thüringer LfV observiert in Naumburg einen mutmaßlichen Kontaktmann und die Wohnung von Mundlos' Vater – erfolglos.

Februar: Mandy S. bringt die Flüchtigen bis Spätsommer bei den Brüdern F. und danach bei ihrem Freund Max B. in der Limbacher Str. 96 in Chemnitz unter; Zschäpe nutzte auch den Namen Mandy Struck als Tarnname. Im Zwickauer NSU-Versteck werden später Bahncards einer der Brüder gefunden.

12. Februar: André K. trifft in Berlin u.a. Frank Schwerdt und fragt ihn nach Adressen im Ausland, bei denen sich das Trio verstecken könne; er lehnt nach eigener Aussage ab. K. besucht zudem einen rechten Wohnmobilverleih.

März: Das LKA hört bis April Telefonate und liest SMS zwischen Wohlleben und den Untergetauchten ab bzw. mit. Sie rufen aus Chemnitz an und fragen nach Geld und Kleidung. Wohlleben übergibt die Sachen in Zwickau an einen anderen Kurier; das LKA nutzt die Gelegenheit nicht.

August: André K. reist mit einem zweiten Neonazi nach Südafrika auf die Farm von Claus Nordbruch.

Die Neonazi-Band Eichenlaub solidarisiert sich mit dem Lied »5. Februar« öffentlich mit den Untergetauchten.

Juni: Das BfV informiert das Landesamt in Thüringen über ein konspiratives Versteck für die Untergetauchten in Dresden; das Thüringer LKA bleibt untätig.

September: Ein V-Mann »Piato« teilt dem LfV Brandenburg mit, Jan W., Chef der Blood & Honour-Sektion Sachsen, soll dem Trio Waffen und Geld für Überfälle besorgen; danach wollen sie Deutschland verlassen. Die LfV und LKA Sachsen werden mündlich informiert.

September: Die Drei ziehen unter falschem Namen bis April 1999 in eine eigene Chemnitzer Wohnung.

Es gibt widersprüchliche Aussagen darüber, ob das Thüringer LKA zwischen 1998-1999 den Aufenthaltsort der Flüchtigen kannte und einen SEK-Zugriff stoppte.

1999

Das LfV Thüringen versucht, die Tarnidentitäten der Flüchtige aufzudecken. Über Brandt und André K. sollten 2.000 DM und falsche Pässe an diese gelangen, aber K. verwandte das Geld für sich; das Trio bleibt unentdeckt.

Januar: Wohlleben spricht mit einem Vertrauten über finanzielle Probleme des Trios.

März: Böhnhardt telefoniert mit Brandt; er bittet ihn um Geld und beschwert sich über André K., der das Geld nur teilweise weitergegeben hätte.

Die Untergetauchten stellen das Spiel Pogromoly her; das Thüringer LfV erwirbt über Brandt mehrere Exemplare für je 100 DM.

März: Das Thüringer LfV bietet den Untergetauchten über Böhnhardts Anwalt Strafminderung an, sollten sie sich stellen, doch der Oberstaatsanwalt in Gera lehnt ab.

März: NPD-Anwalt Hans-Günther Eisenecker beantragt mit einer Vollmacht Zschäpes Akteneinsicht bei der Staatsanwaltschaft Gera.

März: Brandt übergibt Wohlleben 500 DM.

April: André E. mietet auf seinen Namen eine Wohnung in der Wolgograder Allee 76 in Chemnitz und lässt die drei dort wohnen.

Juni: Der spätere mutmaßliche NSU-Unterstützer Holger G. und Brandt besuchen auf Wohllebens Betreiben hin die Hochzeit des bundesweit aktiven Neonazi-Aktivisten Thorsten Heise.

September: Claus Nordbruch hält beim THS einen Vortrag über den Verfassungsschutz.

6. Oktober: In Chemnitz erbeuten Böhnhardt und Mundlos in einer Bank mehrere 1.000 DM; es ist der erste von mindestens 13 weiteren Überfällen bis 2011 in Chemnitz, Zwickau, Stralsund, Arnstadt und Eisenach.

Herbst: Das Thüringer LfV vermutet das Trio bei Holger G. Auf Ersuchen observiert das LfV Niedersachsen ihn für drei Tage, ohne Ergebnis.

Jahresende: Wohlleben beauftragt den späteren Funktionär der NPD und der Jungen Nationaldemokraten Carsten S. mit dem Kauf einer Pistole; dieser besorgt die Česká für 2.500 DM bei Andreas S. im Jenaer Neonazi-Geschäft Madley.

Carsten S. hat bis 2000 als einziger Telefonkontakt zu den Untergetauchten.

2000

Diskussionen des Trios mit Wohlleben und Holger G., ob sie sich bewaffnen sollten.

6.-8. Mai: Böhnhardt wird in Chemnitz bei einer Observation durch den Verfassungsschutz fotografiert, das Foto an das BKA und Thüringer LKA weitergeleitet. Er kann in der Zwischenzeit erneut untertauchen.

7. Juni: Enttarnung Dienels als V-Mann; er war 1996/1997 für das Thüringer LfV tätig. Amtspräsident Roewer wird daraufhin suspendiert.

Juli 2000-Mai 2001: Umzug des Trios nach Zwickau in die Heisenbergstr. 6.

August: Hausdurchsuchung wegen einer geplanten Heß-Aktion bei Carsten S.; die Polizei übersieht eine versteckte SIM-Karte, die er zum Telefonieren mit dem Trio nutzt.

10. August: Der Neonazi-Aktivist Patrick Wieschke war als Anstifter an einem Bombenanschlag auf einen türkischen Imbiss in Eisenach beteiligt. 2002 wird er wegen Anstiftung zur Herbeiführung einer Sprengstoffexplosion verurteilt.

9. September: In Nürnberg wird der Blumenhändler Enver S. ermordet. Es ist der Beginn der NSU-Mordserie; ihr fallen zehn Menschen zum Opfer. Die Tatwaffe ist neunmal die gleiche Česká 83.

15. September: Wohlleben fürchtet ein THS-Verbot; er schreibt dem Trio, dass er sich im Moment nicht melden kann.

29. September: In Chemnitz observiert das Sächsische LfV die Wohnung mutmaßlicher UnterstützerInnen. Fotos sollen Zschäpe und Böhnhardt zeigen; 2012 wird dies vom BKA dementiert. Ein Zugriff erfolgte damals nicht.

Oktober: Der THS lässt verlautbaren, die Untergetauchten seien nie Mitglieder der Organisation gewesen.

2001

19. Januar: Sprengstoffanschlag auf ein deutsch-iranisches Geschäft in Köln; ein 19-jähriges Mädchen wird schwer verletzt. 2011 wird die Tat dem NSU zugeschrieben.

26. Februar: Laut Antwort der Thüringer Landesregierung auf eine Kleine Anfrage im Landtag gibt es keine Anhaltspunkte für rechtsterroristische Aktivitäten Thüringer Neonazis; LfV und BKA teilen diese Auffassung.

9. März: Ein erstes NSU-Bekennervideo wird von den Untergetauchten abgespeichert.

Mai: Das Trio zieht in die Polzenstr. 2 in Zwickau und wohnt dort bis April 2008; offizieller Mieter ist der Sächsische Neonazi Matthias D; er zahlt einen Teil der Miete.

12. Mai: Brandt fliegt als weiterer V-Mann des Thüringer LfV auf. Roewer hat ihn 2000 kurz entlassen; dessen Nachfolger Peter Nocken heuerte ihn bis Januar 2001 erneut an; später gab es noch sieben weitere Treffen. Nach eigener Aussage hat Brandt insgesamt 200.000 DM Honorar erhalten; alle 35 Ermittlungsverfahren gegen ihn wurden eingestellt. Ein zweiter V-Mann im THS ist bis heute unerkannt.

13. Juni: Zweiter Mord an Abdurrahim Ö. in Nürnberg.

27. Juni: Sülleyman T. wird in Hamburg ermordet.

29. August: Ermordung von Habil K. in München.

Ein zweites NSU-Bekennervideo entsteht.

Im Zeitraum 2001-2002 beschafft Wohlleben dem Trio eine Pistole und beauftragt Holger G., die Waffe zu übergeben, der sie in die Zwickauer Wohnung bringt.

2002

März: Die Untergetauchten schreiben einen Unterstützerbrief und speichern ihn ab.

Im Neonazi-Fanzine »Der Weisse Wolf« ist zu lesen: »Vielen Dank an den NSU, es hat Früchte getragen ;-) Der Kampf geht weiter...«

2003

17. September: Verjährungsfrist; die Staatsanwaltschaft Gera stellt die Verfahren wegen Vorbereitung einer Sprengstoffexplosion gegen das Trio ein; dieses sei unauffindbar. Es bleibt ungewiss, ob sich die Untergetauchten wenig später per Anwalt bei der Staatsanwaltschaft meldeten.

2004

25. Februar: Mehmet T. wird in Rostock ermordet, er ist das fünfte Opfer des NSU.

9. Juni: In Köln explodiert eine Nagelbombe, es gibt 22 Verletzte. Der NSU soll den Anschlag verübt haben.

2005

Das Passwort des Thüringer Neonazi-Aktivisten Thomas G. in zwei Neonaziforen lautet »struck-mandy«.

5. Juni: Ermordung von Ismail Y. in Nürnberg; die Polizei vermutet Drogengeschäfte als Hintergrund.

15. Juni: Theodorus S. wird in München ermordet. Ein Handyanruf geht aus der Nähe zu einer Telefonzelle in Zwickau.

Mundlos hält sich in Oberweißbach auf.

2006

4. April: Ermordung von Mehmet K. in Dortmund.

6. April: Halit Y. wird in einem Kasseler Internetcafé ermordet. Ein Mitarbeiter des LfV Hessen ist mindestens noch eine Minute zuvor am Tatort; sein Spitzname lautet »Kleiner Adolf«; in seiner Wohnung findet die Polizei NS-Bücher, Waffen, Munition; eine Verbindung zum Mord bleibt ungeklärt.

2007

Eine Pistole Kaliber 7,65 Browning wird in Tschechien als gestohlen gemeldet; sie gehört zum Waffenarsenal der Untergetauchten.

Andre E. soll das NSU-Bekennervideo produziert haben.

Januar: Polizisten sprechen zweimal mit Zschäpe wegen eines Wasserschadens in ihrem Haus; sie gibt sich als Susann E. aus und fliegt nicht auf.

25. April: Zehnter und letzter Mord an Michèle Kiesewetter; das NSU-Trio war zu dritt in Heilbronn. Die ermordete Polizistin sprach am Vortag in Oberweißbach von ihrer Sonderschicht.

2008

April: Matthias D. mietet eine Wohnung in der Frühlingsstr. 28 in Zwickau an; dort wohnt das Trio bis zum Ende des NSU.

2009

Mai: Andre E. überlässt Böhnhardt und Zschäpe eine Bahncard; diese ist auf Andre E. und seine Frau Susann E. ausgestellt.

2010

Die Neonazi-Band Gigi & Die braunen Stadtmusikanten veröffentlicht das Lied »Döner-Killer Song«.

2011

Mai: Von Holger G. in Lauenau lassen sie sich für Böhnhardt einen neuen Reisepass ausstellen; G. zögert zunächst.

3. November: Zschäpe soll in Wieschkes Eisenacher Wohnung gewesen sein; Polizeihunde schlagen dort später an.

4. November: Böhnhardt und Mundlos begehen ihren letzten Banküberfall in Eisenach; die Polizei spürt das Fluchtwohnmobil auf; ein Schuss wird aus dem Fahrzeug abgegeben. Die Täter setzen es in Brand und richten sich selbst.

4. November: Zschäpe legt Feuer in der Wohnung in Zwickau und flieht; ein Teil des Hauses explodiert. Die Polizei findet u.a. konspirative Räume, ein Bekennervideo und mindestens 20 Waffen, darunter die Česká 83 und die Dienstwaffe von Michèle Kiesewetter.

4.-8. November: Die Flüchtige telefoniert mit Andre E. und verschickt Bekennervideos; sie fährt mit dem Zug nach Chemnitz, Leipzig, Eisenach, Bremen, Hannover, Magdeburg, Halle, wieder nach Eisenach und von dort erneut nach Halle. Schließlich reist sie über Dresden nach Jena. Dort stellt sie sich in Begleitung eines Anwalts der Polizei, die sie zunächst nicht erkennt.

11./13. November: Die Bundesanwaltschaft ermittelt und erlässt Haftbefehl gegen Zschäpe.

13. November: Holger G. wird in Lauenau bei Hannover festgenommen; er mietete auf seinen Namen Wohnmobile für das Trio an und überließ ihm u.a. Führerschein, Reisepass und Krankenkarte.

24. November: Andre E. aus Zwickau wird bei seinem Zwillingsbruder in Grabow festgenommen; Hausdurchsuchung bei Max B. in Dresden.

29. November: Festnahme Wohllebens in Jena.

9. Dezember: Auf eine BKA-Email hin, soll die Bundespolizei Handydaten von Andre E. löschen.

11. Dezember: Hausdurchsuchung bei Mandy Struck in Schwarzenberg; Festnahme von Matthias D. in Johanngeorgenstadt.

2012

25. Januar: Hausdurchsuchungen in Chemnitz, Dresden, Ehrenfriedersdorf, Laasdorf, Wolfersdorf und Ludwigsburg; betroffen sind auch Jan W. und die ehemaligen Madley-Betreiber.

1. Februar: Festnahme von Carsten S. in Düsseldorf.

9. Februar: Beginn des Bundestags-Untersuchungsausschusses.

16. Februar: Beginn des Untersuchungsausschuss im Thüringer Landtag.

18. Februar: Generalbundesanwalt Harald Range kündigt für Herbst dieses Jahres an, Anklage zu erheben.

7. März: Der Sächsische Landtag beschließt mit Stimmen der Fraktion DIE LINKE, Grünen und SPD einen Untersuchungsausschuss.

22. März: DIE LINKE beantragt im Thüringer Landtag die Auflösung des TLfV und die Einrichtung eines Informations- und Dokumentationszentrums, CDU, FDP, Grüne und SPD lehnten das ab.

28. März: Hausdurchsuchungen unter anderem bei Brandt (Rudolstadt) und Dienel (Leipzig); Verdacht auf gewerbsmäßigen Bandenbetrug durch fingierte Versicherungsfälle und Suche nach Sprengstoff und Waffen; es wurden Schreckschusspistolen und Schwerter gefunden.

Eine ausführlichere Fassung dieser Chronik mit Quellenangaben finden Sie unter www.die-linke-thl.de/naziterror

Anfragen & Antworten

Immer wieder haben vor allem die PDS und DIE LINKE, aber auch Bündnis 90/Die Grünen und die SPD, in den Landtagen sowie im Bundestag nach den Gefahren von Rechts gefragt und diese so thematisiert. Die Antworten der Regierungen waren oftmals nichtssagend. Dennoch finden sich in den Fragen und Antworten relevante Hinweise auf die Aktivitäten der Neonaziszene, auf Waffen- und Sprengstofffunde und zahllose Gewalttaten. Wir führen hier eine Auswahl von Anfragen und Antworten zum Komplex des Nationalsozialistischen Untergrundes (NSU) und seines Umfeldes sowie zu Waffen- und Sprengstofffunden in der Neonaziszene auf. Alle genannten Dokumente sind im Volltext unter www.die-linke-thl.de/naziterror zu finden.

Thüringer Landtag (www.parldok.thueringen.de/parldok/)

Rechtsextremismus in Thüringen (u.a. zu Organisationen, Bands, Straftaten, Veranstaltungen), Drs. 2/1075, 26.4.1996

Aktivitäten der neonazistischen »Blood & Honour«-Bewegung in Thüringen (u.a. zu einer »Todesliste«), Drs. 2/1999, 29.5.1997

Aktionen von Rechtsextremisten anläßlich des Todestags des Hitler-Stellvertreters Rudolf Heß (u.a. zu Aktivitäten des Thüringer Heimatschutz (THS)), Drs. 2/2327, 21.10.1997

NPD-Demonstration am 17. Januar 1998 in Erfurt (u.a. zum THS), Drs. 2/2687, 4.3.1998

Rassistische und rechtsextremistische Aktivitäten in Thüringen in den Monaten April bis Juni 1998 (u.a. zu Aktionen, Konzerten, Straftaten), Drs. 2/3064, 5.8.1998

Rassistische und rechtsextremistische Aktivitäten in Thüringen in den Monaten Juli bis September 1998 (u.a. zu Aktionen, Konzerten, Straftaten), Drs. 2/3263, 12.11.1998

Rassistische und rechtsextremistische Aktivitäten in Thüringen in den Monaten Oktober bis Dezember 1998 (u.a. zu Aktionen, Konzerten, Straftaten), Drs. 2/3502, 24.2.1999

Rassistische und rechtsextremistische Aktivitäten in Thüringen in den Monaten Januar bis März 1999, (u.a. zu Aktionen, Konzerten, Straftaten), Drs. 2/3694, 11.5.1999

Veranstaltung des Thüringer Heimatschutzes am 14. September 1999 in Jena, Drs. 3/83, 15.11.1999

Das Landesamt für Verfassungsschutz und der »ideologiefreie Rechtsextremismus«, Drs. 3/866, 2.8.2000

Die »Kameradschaft Gera« und der Rechtsextremismus (u.a. zu Ermittlungen gegen Mitglieder der Kameradschaft und des THS), Drs. 3/915, 30.8.2000

Die Junge Landsmannschaft Ostpreußen (u.a. zu einem Aktivisten des THS als Funktionär der Jungen Landsmannschaft [JLO]), Drs. 3/914, 30.8.2000

Rassistische und rechtsextremistische Aktivitäten in den Monaten April bis Juni 2000 (u.a. zu Aktionen, Konzerten, Straftaten), Drs. 3/876, 14.8.2000

Rechtsextreme Drohanrufe gegen Politiker, Drs. 3/886, 17.8.2000

Rechtsextremistische Aktivitäten in Thüringen (u.a. zum THS), Drs. 3/889, 22.8.2000

Untersuchungsbericht des Justiz-Staatssekretärs a.D. Dr. Karl-Heinz Gasser zum Thüringer Verfassungsschutz (u.a. zur V-Mann-Tätigkeit von Thomas Dienel), Plenarprotokoll 3/29, 13.10.2000

Rechtsextremes Konzert in Großfurra, Drs. 3/1226, 18.12.2000

Das Thüringer Landesamt für Verfassungsschutz und die Beschäftigung des Rechtsextremisten Dienel, Drs. 3/1257, 21.12.2000

Rechtsextremismus und Sprengstofffunde bzw. -anschläge in Thüringen (u.a. zum Sprengstofffund 1998 bei Böhnhardt, Mundlos, Zschäpe), Drs. 3/1383, 26.2.2000

Die Thüringer Landesregierung und der Bund der Vertriebenen (u.a. zu THS, JLO, Duo Eichenlaub), Drs. 3/1812, 19.9.2001

Rechtsextreme Veranstaltungen in Porstendorf/Saale-Holzland-Kreis und in Kamsdorf/Landkreis Saalfeld-Rudolstadt (u.a. zum THS), Drs. 3/1780, 3.9.2001

Auswirkungen der V-Leute-Tätigkeit von Neonazis auf das NPD-Verbotsverfahren (u.a. zum V-Mann Tino Brandt und THS), Drs. 3/2318, 4.4.2002

Bericht des Untersuchungsausschusses 3/3 »Einsatz des Landesamts für Verfassungsschutz zur Informationsgewinnung über Kandidatinnen und Kandidaten für Kommunalwahlen durch den Thüringer Innenminister«, Drs. 3/3420, 19.6.2003

Rassistische und rechtsextremistische Aktivitäten in den Monaten April bis Juni 2003 (u.a. zu THS, Nationales und Soziales Aktionsbündnis Westthüringen (NSAW), Straftaten), Drs. 3/3501, 12.8.2003

Rassistische und rechtsextremistische Aktivitäten in den Monaten April bis Juni 2005 (u.a. Veranstaltung des THS), Drs. 4/1114, 8.8.2005

Beobachtung und Prüfung von Internetseiten mit rechtsextremistischen Inhalten (u.a. zu NSAW, THS, White Youth), Drs. 4/1668, 7.2.2006

Rechtsextremismus und demokratische Gegenwehr (u.a. zur Kameradschaft Eisenach/Nationaler Widerstand Eisenach als Fortsetzung des THS), Drs.

4/1404, 2.12.2006

Rechtsextremismus im Landkreis Saalfeld-Rudolstadt (u.a. zu Aktivitäten des THS), Drs. 4/3756, 23.1.2008

Versagen des »Frühwarnsystems« Verfassungsschutz, Wirtschaftsfördermittel für NPD-Funktionär, Plenarprotokoll 5/38, 8.12.2010

Zusammenarbeit von NPD und den »Grauen Wölfen« (u.a. zum Freien Netz), Drs. 5/2551, 8.4.2011

Freies Netz Kahla, Drs. 5/2563, 12.4.2011

Strukturen des sogenannten »Freien Netzes« in Thüringen (u.a. zu Straftaten, Zusammenarbeit mit der NPD), Drs. 5/3194, 26.8.2011

Regierungserklärung der Ministerpräsidentin zu dem Thema »Entwicklung des Rechtsextremismus und des rechtsextremistischen Terrorismus« sowie Debatte, Plenarprotokoll 5/69, 16.11.2011

Waffenbesitzkarten für Thüringer Rechtsextreme?, Drs. 5/3605, 25.11.2011

Sprengstofffunde bei Rechtsextremen in Thüringen, 23.3.2012 [noch keine Drs. Nr.]

Legaler Waffenbesitz von Rechtsextremen in Thüringen, Drs. 5/3950, 24.1.2012

Flüchtige Rechtsextreme, Drs. 5/3967, 27.1.2012

Todesopfer rechter Gewalt in Thüringen seit 1990, Drs. 5/3992, 2.2.2012

Rechtsextreme Konzerte Saalfeld-Rudolstadt 1990 bis 2011, Kleine Anfrage 2139, 7.2.2012 [noch nicht beantwortet]

Aktivitäten von Karl-Heinz Hoffmann in Thüringen, Kleine Anfrage 2198, 22.2.2012 [noch nicht beantwortet]

Waffendepots in Thüringen, Drs. 5/4121, 29.2.2012

Status und Nutzung der Immobilie »Zum Löwen« in Jena/Lobeda-Altstadt (u.a. zur Nutzung des Braunen Haus durch mutmaßliche NSU-Unterstützer), Drs. 5/4156, 8.3.2012

V-Personen in Strukturen des Thüringer Heimatschutzes, Drs. 5/4198, 15.3.2012

Sachsen (http://edas.landtag.sachsen.de/)

Rittergut Sahlis und Karl-Heinz Hoffmann, Drs. 5/4674, 9.2.2011

Mitgliedschaft von Aktivisten der extremen Rechten in Reservistenkameradschaften und Schützenvereinen, Drs. 5/7205, 9.11.2011

Information des Staatsministers des Innern zum Sachstand zum »Nationalsozialistischen Untergrund« und Debatte, Plenarprotokoll 5/44, 23.11.2011

Neonazi-Zelle in Zwickau, Drs. 5/7471, 13.12.2011

Banküberfälle durch die Gruppierung »Nationalsozialistischer Untergrund« im

Freistaat Sachsen, Drs. 5/7474, 13.12.2011
Haftbefehle gegen die Mitglieder der Neonazigruppe »Nationalsozialistischer Untergrund«, Drs. 5/7487, 13.12.2011
Verfassungs- und Staatsschutz im Freistaat Sachsen, Drs. 5/7488, 15.12.2011
Überfälle auf Sparkasse, Bank- und Postfilialen im Freistaat Sachsen, Drs. 5/7550, 20.12.2011
Personal von Polizeibehörden, Staatsanwaltschaft und Verfassungsschutz zur Beobachtung und Ermittlung politisch motivierter Kriminalität, Drs. 5/7639, 28.12.2011
Waffen- und Sprengstoff-Erddepots gewalttätiger Rechtsextremisten und ihre Verbindung zum »Nationalsozialistischen Untergrund« (NSU) in Sachsen, Drs. 5/7899, 3.2.2012
»Untergetauchte« RechtsextremistInnen seit 1990, Drs. 5/7884, 3.2.2012
Verbindungen der sächsischen NPD zu österreichischen Neonazis, Drs. 5/4676, 4.2.2011
Ausstellung von Ausweispapieren für Mitglieder der NSU durch sächsische Behörden, Drs. 5/7923, 6.2.2012
Waffenfunde in Sachsen mit vermutetem rechtsterroristischem Hintergrund, Drs. 5/7906, 9.2.2012
Waffen-, Munitions- und Sprengstofffunde in Sachsen seit 1990, Drs. 5/7961, Drs. 5/7961, 13.2.2012
Beauftragter der Staatsregierung beim Untersuchungsausschuss NSU des Bundestages, Drs. 5/8644, 19.3.2012

Deutscher Bundestag (http://www.bundestag.de/dokumente/index.jsp)

Ungeklärte Mordfälle unter Gewerbetreibenden türkischer bzw. griechischer Herkunft, Drs. 16/5057, 20.4.2007
Waffenfunde bei Rechtsextremen, Drs. 16/6151, 27.7.2007
Waffenfunde bei Rechtsextremen in den Jahren 2007 und 2008, Drs. 16/12564, 6.4.2009
Aufdeckung von 20 Waffen- und Bombendepots sowie Verwicklung ausländischer Nachrichtendienste, Drucksache 16/14157, 27.10.2009
Waffenfunde bei Rechtsextremisten 2007-2010 und Ermittlungsverfahren wegen Bildung einer kriminellen Vereinigung bzw. terroristischen Vereinigung, Arbeitsnummern 11/181; 11/183, 28.11.2011
Abteilungen, Gremien und Dateien deutscher Sicherheitsbehörden für den Kampf gegen Rechtsextremismus, Drs. 17/8263, 21.12.2011
Einstellung der Ermittlungen der Bundesanwaltschaft gegen thüringische Rechtsterroristen im Jahr 1999, Drs. 17/8292, 2.1.2012

Die fatalen Fehleinschätzungen zum Rechtsterrorismus durch das Bundesamt für Verfassungsschutz, Drs. 17/8431, 23.1.2012

Unvollstreckte Haftbefehle gegen Rechtsextremisten, Drs. 17/8997, 15.3.2012

Hamburg (https://www.buergerschaft-hh.de/parldok/)

Neonazistische Mord- und Terroranschläge – Aufklärungsbedarf auch in Hamburg, Drs. 20/2309, 25.11.2011

Bericht des Innenausschusses über die Drucksache 20/2455: Rechtsterroristische und neonazistische Gewalt – Hamburg muss zur lückenlosen Aufklärung beitragen, Drs. 20/3022, 2.2.2012

Mecklenburg-Vorpommern (http://www.landtag-mv.de/parlamentsdokumente.html)

Kenntnisstand über die rechtsradikale Gruppierung »Nationalsozialistischer Untergrund« (NSU) und deren Verbindung zur rechtsradikalen Szene in Mecklenburg-Vorpommern, Drs. 6/209, 11.1.2012

Niedersachsen (http://www.landtag-niedersachsen.de/parlamentsdokumente/)

Neonazismus in Niedersachsen, Drs. 16/4304, 1.12.2011

Verweigert die Landesregierung die Mitwirkung an der Aufklärung der neonazistischen Terrorserie?, Stenografischer Bericht der 133. Sitzung, 22.3.2012

Waffen, die sich legal im Besitz von niedersächsischen Neonazis befinden, Stenografischer Bericht, 130. Sitzung, 24.2.2012

Bayern (www.bayern.landtag.de/cps/rde/xchg/landtag/x/-/www1/441.htm)

Mögliche Zusammenarbeit und Kontakte des Bayerischen Landesamts für Verfassungsschutz (BayLfV) mit dem Rechtsextremisten Tino Brandt, Drs. 6/10915, 10.2.2012

Waffen bei Rechtsextremisten und NPD-Mitgliedern in Bayern, Drs. 16/11515, 12.3.2012

Entwicklung von Waffenfunden bei Rechtsextremen, Drs. 16/11323, 6.3.2012

Sachsen-Anhalt (www.landtag.sachsen-anhalt.de/index.php?id=200)

Waffenfunde bei Neonazis in Sachsen-Anhalt, Drs. 6/770, 24.1.2012

Weiterführende Literatur

ABAD Erfurt/ABAD Gera/Infoladen Jena/Initiative Storz/Ebenau, Michael/Junge Gemeinde Jena/Mobit Gotha/Mobit Regionalbüro Saalfeld/Antifaschistische Aktion Gera (2003): Rechtsextreme Häuser in Thüringen. o.O.: o. V. (Abrufbar auf: www.die-linke-thl.de/naziterror)

Antifaschistisches Autorenkollektiv (Hrsg.) (1996): Drahtzieher im braunen Netz. Ein aktueller Überblick über den Neonazi-Untergrund in Deutschland und Österreich. Hamburg: Konkret Literatur.

Antifaschistisches Infoblatt (2011): Rechtsterrorismus. Der Nationalsozialistische Untergrund. 25. Jg., H. 93.

Borchert, Ralf (2004): ...bisschen was Derberes. Rechtsextremismus und Zivilgesellschaft – das Beispiel Weimar, Weimarer Beiträge zur politischen und kulturellen Jugendbildung Bd. 2. Jena: Glaux.

Broschürengruppe (Hrsg.) (2001) : ...nicht vom Himmel gefallen. Rechtsextremismus in Jena. Jena: o. V. (Abrufbar auf: www.die-linke-thl.de/naziterror)

Broschüregruppe JAPS Jena/JG Stadtmitte Jena (o. J.). Rechtsextreme Strukturen in Jena. Jena: o. V. (Abrufbar auf: www.die-linke-thl.de/naziterror)

Burschel, Friedrich (Hrsg.) (2010): Stadt – Land – Rechts. Brauner Alltag in der deutschen Provinz, Texte Rosa-Luxemburg-Stiftung Bd. 63. Berlin: Dietz.

Burschel, Friedrich (Hrsg.) (2011): Auf ein Wort: Extremismus. Berlin: Rosa-Luxemburg-Stiftung (Abrufbar auf www.rosalux.de)

Burschel, Friedrich (2011): Geld gegen Gesinnung. Bundesförderung gegen alle möglichen »Extremismen« gibt es künftig nur noch nach einem ideologischen Kotau, in: Standpunkte, Rosa-Luxemburg-Stiftung, 10. Jg., H. 6. (Abrufbar auf www.rosalux.de)

Butterwegge, Christoph (2010): Die Entsorgung des Rechtsextremismus, in: Blätter für deutsche und internationale Politik, 55. Jg., H. 1, S. 12-15.

chronik.LE (Hrsg.) (2010): Leipziger Zustände. Dokumentation und Analyse rassistischer, faschistischer und diskriminierender Ereignisse in und um Leipzig. Leipzig: o. V.

Der Rechte Rand (2012): NSU/VS. 24. Jg., H. 134.

Dornbusch, Christian/Raabe, Jan (2006): RechtsRock – Made in Thüringen. Erfurt: Landeszentrale für politische Bildung Thüringen.

Dwars, Jens-F./Günther, Mathias (Hrsg.) (2001): Das braune Herz Deutschlands? Rechtsextremismus in Thüringen, Quer aktuell Bd. 1. Jena: Quer.

End, Markus/Herold, Kathrin/Robel, Yvonne (Hrsg.) (2009) : Antiziganistische Zustände. Zur Kritik eines allgegenwärtigen Ressentiments. Münster: Unrast.

Forum für kritische Rechtsextremismusforschung (Hrsg.) (2011): Ordnung.

Macht. Extremismus. Effekte und Alternativen des Extremismus-Modells. Wiesbaden: VS.

Fraktion DIE LINKE im Landtag NRW (Hrsg.) (2012): Außer Kontrolle! Wie der Verfassungsschutz die Verfassung bedroht. Düsseldorf: o. V. (Abrufbar auf: *www.linksfraktion-nrw.de)*

Fraktion DIE LINKE im Thüringer Landtag (Hrsg.) (2009): Schwarzbuch CDU-Herrschaft in Thüringen. Erfurt: o. V. (Abrufbar auf: www.die-linke-thl.de/naziterror)

Fromm, Rainer (1993): Rechtsextremismus in Thüringen, 2. Aufl. Marburg: Schüren.

Gloël, Rolf/Gützlaff, Kathrin (2010): Gegen Rechts argumentieren lernen, 2. Aufl. Hamburg: VSA.

Günther, Mathias (Hrsg.) (2004): Heute Sachsen, morgen Deutschland?, Quer aktuell, Bd. 4. Jena: Quer.

Günther, Mathias/Helas, Horst (Hrsg.) (2009): Der Nazi vor der eigenen Tür. Zur strategischen Positionierung der Linken bei der Verteidigung von Demokratie, Freiheit und Zivilgesellschaft, Quer aktuell Bd. 5. Hildburghausen: Quer.

Heinrich-Böll-Stiftung Thüringen/Nazis in Parlamenten Redaktionskollektiv (Hrsg.) (2011): Nazis in Parlamenten. Eine Bestandsaufnahme und kritische Analyse aus Thüringen. Erfurt: o. V.

Helas, Horst/Rubisch, Dagmar (Hrsg.) (2006): Rechtsextremismus in Deutschland. Analysen, Erfahrungen, Gegenstrategien, Manuskripte Rosa-Luxemburg-Stiftung Bd. 61. Berlin: Dietz.

Heymann, Tobias v. (2008): Die Oktoberfest-Bombe. München, 26. September 1980. Berlin: Nora.

Klotz, Johannes/Wiegel, Gerd (Hrsg.) (2001): Geistige Brandstiftung. Die neue Sprache der Berliner Republik. Berlin: Aufbau.

Köditz, Kerstin (2009): Und morgen? Extreme Rechte in Sachsen. Berlin: Verbrecher.

Kopke, Christoph/Rensmann, Lars (2000): Die Extremismus-Formel. Zur politischen Karriere einer wissenschaftlichen Ideologie, in: Blätter für deutsche und internationale Politik, 45. Jg., H. 12, S. 1451-1462.

Korte, Jan (2010): Das NS-Erbe in deutschen Behörden und Bundesministerien. Zur aktuellen Vergangenheitspolitik, in: Standpunkte, Rosa-Luxemburg-Stiftung, 9. Jg., H. 36. (Abrufbar auf www.rosalux.de)

Kraske, Michael/Werner, Christian (2007): ...und morgen das ganze Land. Neue Nazis, »befreite Zonen« und die tägliche Angst – Ein Insiderbericht. Herder: Freiburg.

Langenbacher, Nora/Friedrich-Ebert-Stiftung/Forum Berlin (Hrsg.) (2010): Die Mitte in der Krise. Rechtsextreme Einstellungen in Deutschland. Berlin: o. V.

Leggewie, Claus/Meier, Horst (Hrsg.) (2002): Verbot der NPD oder Mit Rechtsradikalen leben? Frankfurt/Main: Suhrkamp.

Lotta. Antifaschistische Zeitung aus NRW, Rheinland-Pfalz und Hessen (2012): Nationalsozialistischer Untergrund. Kontinuitäten des Rechtsterrorismus und die Rolle des Verfassungsschutzes. 14. Jg., H. 46.

Mecklenburg, Jens (Hrsg.) (1996): Handbuch deutscher Rechtsextremismus. Berlin: Elefanten Press.

Mecklenburg, Jens (Hrsg.) (1997): Gladio. Die geheime Terrororganisation der Nato. Berlin: Elefanten Press.

Mobit (Hrsg.) (2002): Im Westen nichts Neues? Rechtsextremistische Strukturen in Westthüringen. Erfurt: o. V. (Abrufbar auf: www.mobit.org/MaterialienMobit.htm)

Müller, Yves/Winkler Benjamin(2012): Gegen Nazis sowieso. Lokale Strategien gegen rechts. Crashkurs Kommune 6, hrsg. von Katharina Weise. Hamburg: VSA.

Nazis in Parlamenten Redaktionskollektiv/Heinrich Böll Stiftung/Weiterdenken – Heinrich Böll Stiftung Sachsen (Hrsg.) (2008): Die NPD im Sächsischen Landtag. Analysen und Hintergründe. Dresden, o. V. (Abrufbar auf: www.nip-thueringen.de)

PDS-Fraktion im Thüringer Landtag (Hrsg.) (1997): Saalfeld - Demokratie im Würgegriff? Dokumentation zur Öffentlichen Anhörung der PDS-Fraktion im Thüringer Landtag am 5.November 1997. Erfurt: o. V.

Peters, Jürgen/Schulze, Christoph (Hrsg.) (2009): Autonome Nationalisten. Die Modernisierung neofaschistischer Jugendkultur, Unrast transparent. Münster: Unrast.

Priester, Karin (2003): Rassismus. Eine Sozialgeschichte. Leipzig: Reclam.

Röpke, Andrea/Speit, Andreas (Hrsg.) (2004): Braune Kameradschaften. Die neuen Netzwerke der militanten Neonazis. Berlin: Ch. Links.

Röpke, Andrea/Speit, Andreas (Hrsg.) (2008): Neonazis in Nadelstreifen: Die NPD auf dem Weg in die Mitte der Gesellschaft. Berlin: Ch. Links.

Röpke, Andrea/Speit, Andreas (2011): Mädelsache! Frauen in der Neonazi-Szene. Berlin: Ch. Links.

Schedler, Jan/Häusler, Alexander (Hrsg.) (2011): Autonome Nationalisten. Neonazismus in Bewegung, Edition Rechtsextremismus. Wiesbaden: VS.

Schenk, Dieter (2001): Auf dem rechten Auge blind. Die braunen Wurzeln des BKA. Köln: Kiepenheuer & Witsch.

Schmid, Bernhard (2011): Distanzieren, leugnen, drohen. Die europäische

Rechte nach Oslo, Antifaschistische Politik Bd. 1. Münster: Edition assemblage.
Schröder, Burkhard (1997): Der V-Mann. Hamburg: Rotbuch.
Schröm, Oliver/Röpke, Andrea (2002): Stille Hilfe für braune Kameraden. Das geheime Netzwerk der Alt- und Neonazis. Ein Inside-Report, 2. Aufl. Berlin: Ch. Links.
Searchlight/Antifaschistisches Infoblatt/Enough is Enough/rat (Hrsg.) (2000): White Noise. Rechts-Rock, Skinhead-Musik, Blood and Honour – Einblicke in die internationale Neonazi-Musik-Szene, Reihe antifaschistischer Texte. Münster: Unrast.
Speit, Andreas/Wellsow, Paul (Hrsg.) (2012): Die extreme Rechte in Deutschland, Unrast transparent. Münster: Unrast, im Druck.
Speit, Andreas/Wellsow, Paul (2012): Nazi-Morde unter staatlicher Aufsicht, in: Blätter für deutsche und internationale Politik, 57. Jg., H. 1, S. 47-52.
Staud, Toralf (2005): Moderne Nazis. Die neuen Rechten und der Aufstieg der NPD, 2. Aufl. Köln: Kiepenheuer & Witsch.
Thüringer Staatskanzlei (Hrsg.): Reihe Thüringen Monitor. Politische Kultur im Freistaat Thüringen Bd. 2000-2011. Erfurt/Jena: o. V. (Abrufbar auf: www.thueringen.de/de/politisch/tm/)
Virchow, Fabian (2007): Von der »antikapitalistischen Sehnsucht des deutschen Volkes«. Zur Selbstinszenierung des Neofaschismus als Anwalt der »kleinen Leute«, in: Utopie Kreativ, 9. Jg., H. 198, S. 352-360.
Virchow, Fabian/Dornbusch, Christian (Hrsg.) (2008): 88 Fragen und Antworten zur NPD. Weltanschauung, Strategie und Auftreten einer Rechtspartei – und was Demokraten dagegen tun können. Schwalbach: Wochenschau.
Virchow, Fabian (2011): Für Volk und Nation. Der Rechtsterrorismus ist keine Folge der Wiedervereinigung. Er begleitet die Bundesrepublik seit den fünfziger Jahren, in: Die Zeit Nr. 48, 24.11.2011, S. 26.
Wiegel, Gerd (1995): Nationalismus und Rassismus. Zum Zusammenhang zweier Ausschließungspraktiken. Köln: Papyrossa.
Wiegel, Gerd (2012): Völkischer Antikapitalismus. Kapitalismuskritik der extremen Rechten. Münster: Unrast, im Druck.
Wippermann, Wolfgang (1997): Totalitarismustheorien. Die Entwicklung der Diskussion von den Anfängen bis heute. Darmstadt: Primus.
Wippermann, Wolfgang (2010): Politologentrug. Ideologiekritik der Extremismus-Legende, in: Standpunkte, Rosa-Luxemburg-Stiftung, 9. Jg., H. 10. (Abrufbar auf www.rosalux.de)
Wogawa, Stefan (2007): Die Akte Ramelow. Ein Abgeordneter im Visier der Geheimdienste. Berlin: Dietz.

Zeitschriften und Dokumentationszentren

Antifaschistisches Infoblatt
Gneisenaustraße 2a | 10961 Berlin
http://aib.nadir.org

Antifaschistische Informations-, Dokumentations- und Archivstelle München e. V.
Postfach 400 123 | 80 701 München
http://www.aida-archiv.de

Antifa – Magazin der VVN-BdA für antifaschistische Politik und Kultur
Franz-Mehring-Platz 1 | 10243 Berlin
http://antifa.vvn-bda.de

Antifaschistische Nachrichten c/o GNN-Verlag
Venloer Straße 440 | 50825 Köln
http://www.antifaschistische-nachrichten.de

Antifaschistisches Pressearchiv und Bildungszentrum Berlin e. V.
Lausitzerstr. 10 | 10999 Berlin
http://www.apabiz.de

Blick nach Rechts | http://www.bnr.de

Der Rechte Rand
Postfach 30 41 80 | 20324 Hamburg
http://www.der-rechte-rand.de

Gamma – antifaschistischer Newsflyer für Leipzig und Umgebung
http://gamma.noblogs.org

LOTTA – antifaschistische Zeitung aus NRW, Rheinland-Pfalz und Hessen
Am Förderturm 27 | 46049 Oberhausen
http://www.lotta-magazin.de

Rundbrief der AG Rechtsextremismus/Antifaschismus DIE LINKE
Kleine Alexanderstraße 28 | 10178 Berlin
http://www.die-linke.de

Die Autorinnen und Autoren

Kai Bekos ist Student der Rechtswissenschaft und Stipendiat der Rosa-Luxemburg-Stiftung.

Frauke Büttner arbeitet freiberuflich in der Prävention gegen Rechtsextremismus und Rassismus und ist Mitglied im Forschungsnetzwerk Frauen und Rechtsextremismus sowie im Verein für Demokratische Kultur in Berlin e.V. Sie baute die Mobile Beratung gegen Rechtsextremismus in Thüringen (MOBIT) mit auf.

Friedrich Burschel ist Referent zum Schwerpunkt Neonazismus und Strukturen/Ideologien der Ungleichwertigkeit bei der Akademie für Politische Bildung der Rosa Luxemburg Stiftung Berlin.

Steffen Dittes ist wissenschaftlicher Mitarbeiter der Fraktion DIE LINKE im Thüringer Landtag.

Michael Ebenau arbeitet bei der IG Metall in Gera und Jena-Saalfeld. Er ist Gründungsmitglied und Mitglied im Vorstand der Mobilen Beratung gegen Rechtsextremismus in Thüringen (MOBIT).

Sören Frerks ist Student der Soziologie und Sachverständiger im Thüringer Untersuchungsausschuss 5/1 zum NSU und rechten Terror.

Gamma ist ein antifaschistischer Newsflyer und informiert über Nazi-Strukturen und -Aktionen in Leipzig und dem Umland. Die Redaktion berichtet online unter http://gamma.noblogs.org.

Kerstin Köditz ist Abgeordnete der Fraktion DIE LINKE im Sächsischen Landtag, Sprecherin der Fraktion für antifaschistische Politik.

Katharina König ist Abgeordnete im Thüringer Landtag und Sprecherin der Fraktion für Jugendpolitik, Netzpolitik und Antifaschismus.

Felix Korsch arbeitet als freier Journalist in Leipzig sowie als Parlamentarische Hilfskraft der Fraktion DIE LINKE im Sächsischen Landtag.

Aiman A. Mazyek ist Vorsitzender des Zentralrats der Muslime in Deutschland und Mitglied der Deutschen Islamkonferenz.

Wolfgang M. Nossen ist Vorsitzender der Jüdischen Landesgemeinde Thüringen.

Petra Pau ist Vizepräsidentin des Deutschen Bundestages und für DIE LINKE Mitglied im 2. Parlamentarischen Untersuchungsausschuss des Bundestags (»Terrorgruppe nationalsozialistischer Untergrund«).

Matthias Quent ist wissenschaftlicher Mitarbeiter am Institut für Soziologie der Friedrich-Schiller-Universität Jena und Sachverständiger im Thüringer Untersuchungsausschuss 5/1 zum NSU und rechten Terror.

Bodo Ramelow ist Vorsitzender der Fraktion DIE LINKE im Thüringer Landtag und Vorstandsmitglied der Rosa-Luxemburg-Stiftung.

Martina Renner ist stellvertretende Vorsitzende der Fraktion DIE LINKE im Thüringer Landtag und stellvertretende Vorsitzende des Untersuchungsausschusses 5/1 zum NSU und rechten Terror.

Andrea Röpke arbeitet als Journalistin u.a. für Panorama, Monitor und Stern.

Romani Rose ist Vorsitzender des Zentralrats Deutscher Sinti und Roma und Vorsitzender des Dokumentations- und Kulturzentrum Deutscher Sinti und Roma.

Ottomar Rothmann war Häftling des Konzentrationslagers Buchenwald, er ist ehemaliger Leiter der pädagogischen Abteilung in der Nationalen Mahn- und Gedenkstätte Buchenwald, Mitglied des Häftlingsbeirates der Stiftung Gedenkstätten Buchenwald/Mittelbau-Dora und seit 2011 Ehrenbürger der Stadt Weimar »in besonderer Anerkennung seiner Verdienste um das Vermächtnis von Buchenwald«.

Annette Rudolph ist Mitarbeiterin der Fraktion DIE LINKE im Thüringer Landtag.

Philipp Vergin ist wissenschaftlicher Mitarbeiter im Büro des Bundestagsabgeordneten der Fraktion DIE LINKE Jan Korte.

Paul Wellsow ist wissenschaftlicher Mitarbeiter der Fraktion DIE LINKE im Thüringer Landtag.

Gerd Wiegel ist wissenschaftlicher Mitarbeiter der Fraktion DIE LINKE im Deutschen Bundestag und Redakteur von Z. Zeitschrift Marxistische Erneuerung.

Stefan Wogawa ist Internet-Redakteur der Fraktion DIE LINKE im Thüringer Landtag.